九三学社
民主与科学专题论文集

九 三 学 社 中 央 宣 传 部
九三学社中央思想建设研究中心 主编

學苑出版社

图书在版编目（CIP）数据

九三学社民主与科学专题论文集／九三学社中央宣传部，九三学社中央思想建设研究中心主编．-- 北京：学苑出版社，2014.6

ISBN 978-7-5077-4545-0

Ⅰ．①九… Ⅱ．①九… ②九… Ⅲ．①九三学社－思想建设－文集 Ⅳ．①D665.7-53

中国版本图书馆 CIP 数据核字 (2014) 第 129996 号

出 版 人：孟　白
责任编辑：刘　丰
出版发行：学苑出版社
社　　址：北京市丰台区南方庄 2 号院 1 号楼
邮政编码：100079
网　　址：www.book001.com
电子邮箱：xueyuan@public.bta.net.cn
销售电话：010-67675512、67678944、67601101（邮购）
印 刷 厂：北京京华虎彩印刷有限公司
开本尺寸：710×1020　1/16
印　　张：22.25 印张
字　　数：365 千字
版　　次：2014 年 8 月第 1 版
印　　次：2014 年 8 月第 1 次印刷
定　　价：70.00 元

编 委 会

在九三学社民主与科学研讨会上的讲话

（2013 年 11 月 6 日）

丛　斌

一、深刻认识民主科学的内涵

人类社会的发展进步必须与民主、科学同行。这应成为人类社会的普遍认同。辩证唯物主义认为，民主、科学不是抽象的、超越时空的，而是具体的、历史的。民主、科学分属两个不同范畴。民主属于上层建筑和政治范畴，其要义是现代社会政治关系、政治制度，民主以自由、平等、人权为基础，民主还是一种政治理念和精神，是一种态度与作风，是社会化的社会管理形式；民主与封建、专制相区别、相对立。科学属于哲学和认识论范畴，其要义是关于客观规律性的知识体系以及探知规律的思想方法，即实事求是的认识路线和自由批判精神的方法。科学与迷信愚昧相对立、相区别。那么，如何认识民主科学内涵呢？

首先是关于对民主内涵的理解。中华文明源远流长，然而民主却出现得很晚。尽管我国古代很早就有“民主”一词，但其意并不是“人民做主”，而是“为民做主”。在中国传统社会，唯一的政治形式就是集独裁制、终身制、世袭制于一体的君主专制。

五四运动以前，一些知识分子开始探求中国的民主之路，当时提倡民主，是为了反对北洋军阀封建专制，反对仍然在中国占支配地位的封建专制主义思想、等级观念和伦理原则。他们想在中国复制西方资产阶级民主，如严复向往英国式民主，孙中山幻想美国式民主。当时所说的民主，是指“西洋式”之“新国家”，即西方资产阶级现代国家及其民主主义制度；也指“自由平等之新信仰”，即资产阶级民主主义思想。近代中国的仁人志士学习西方民主的热情之高、用心之诚可谓感天动地，但西方民主并未给中国带来国家统一、民族团结、社会稳定，并未带来经济发展、政治进步、文化繁荣，反而显得“水土不服”。而那些标榜民主的列强，对中国不但不讲民主，反而凭借坚船利炮进行野蛮侵略。无情的事实一次次教育了中国知识分子，迫使他们重新思考中国究竟需要什么样的民主。

十月革命的一声炮响，为中国送来了马克思主义。在人类历史上，马克思主义第一次提示了民主的阶级实质，阐明了民主的科学内涵，为人民群众争取解放、实现人民当家做主指明了方向。在马克思主义影响下，中国一大批民主主义者转变为共产主义者。他们所追求的民主不再是狭隘的资产阶级民主，而是旨在消灭剥削阶级和剥削制度的无产阶级民主，即李大钊所说的“庶民”的民主、“劳工”的民主。

对于民主的认识，我认为应该把握以下几点。

第一，民主历来是中国共产党人高举的一面旗帜。中国共产党成立后，提出要建立一个独立、自由、民主、统一、富强的新中国，并为之进行了28年艰苦卓绝的斗争。从北伐战争、土地革命、抗日战争到解放战争，不断探索中国发展民主的道路，倡导了统一战线的民主形式，实践了苏维埃工农民主政权和抗日民族统一战线的“三三制”政权模式，提出了“联合政府”政治主张，并为之进行了不懈努力。以毛泽东为代表的共产党人把马克思主义民主理论，即唯物史观，运用于我国民主建设的具体实践，建立起崭新的社会主义民主政治制度，使亿万受压迫劳动人民翻身得解放，成为国家的主人。新中国成立60多年特别是改革开放30多年来，中共不断改进领导和执政方式，建立了反映和集中人民愿望并使党的主张经过法定程序变为国家意志的民主制度，坚持和完善人民代表大会制度、共产党领导的多党合作和政治协商制度、民族区域自治制度和基层民主自治制度。民主实践的范围空前扩大，已经成为人民群众看得见、摸得着的管理国家的有效形式。

第二，民主作为一种国家形态从属于一定阶级。有什么样的阶级掌握国家政权，就有什么样的民主。古代欧洲有奴隶制民主，现代西方国家实行的是资产阶级民主，我国实行的是社会主义民主。这些民主的性质有着根本区别。比如，资产阶级民主是建立在生产资料私有制基础之上的政治制度，不论采取什么样的具体形式，本质上都是资产阶级用以保护和巩固其财产私有权和政治统治的工具，说到底，就是只供富人、少数人享有的民主。我国社会主义民主是与社会主义经济制度相适应的政治制度，本质上是保障广大人民群众享有最广泛的民主权利。因此，民主绝对不是只有一个模式，不存在适用于各国的“通用民主模式”。

第三，民主与具体国情紧密相关。任何一个国家的民主都要以本国的政治制度、历史传统、文化背景和经济发展水平为依据，不能脱离自身条件去生搬硬套，只能在深刻了解和把握国情基础上，选择适合自己的民主政治发展道路及其步骤措施。“三统一”、“四制度”、“五不搞”共同构成了我国社会主义初级阶段民主政治制度的核心内容和基本框架。这一制度框架不仅在当代中国充分体现社会主义民主的广泛性和社会主义制度优越性，还鲜明体现对巩固社会主义制度和推进现代化建设的促进和保障作用。在当代中国，要进一步发展社会主义民主，就必须坚定不移地坚持这一制度框架并在坚持中不断发展完善。任何别的选择都是没有出路的。

第四，发展社会主义民主是一个渐进过程。任何一个国家的民主政治都有一个渐进发展过程。比如，美国的选举制度发展了近 200 年，才形成今天的模式。人民民主是社会主义的生命，我国要发展更加广泛、充分、健全的民主，也需要一个相当长的历史进程，这一进程不可能一蹴而就，只能循序渐进。一切超越社会发展阶段的主观臆想或违背事物发展规律急于求成的做法，不仅达不到发展民主的目的，还会对经济发展和社会稳定造成损害。荀子说：“骐骥一跃，不能十步；驽马十驾，功在不舍。”只要把握正确方向，积极稳妥、一步一个脚印地奋力前行，我们就一定能够建成高度民主的政治文明。

第五，发展民主必须与健全法治紧密结合。民主要基于权力与权利之间的制衡，即势均力敌。唯有此，权力才能有效管控社会，民众也才能有效监督权力。权力小于权利，社会就会失控，出现无政府状态；反之，权力大于权利，就会出现权力滥用，发生“四风”。因此，要赋予民众知情权、参与权、表达权、监督权及选举权。社会主义民主是社会主义法治的前提和基础，社会主义法治为社会主义民主提供法律规范和制度保障。在我国，人民意志是民主，而民主只有通过法律和制度固定下来，才能得以确立。在推进民主政治进程中，同步加强法治建设，才能保障社会主义民主政治制度的巩固，保障人民群众真正享有民主权利。

第六，协商民主是中国特色社会主义民主的重要形式。党的十八大指出，“社会主义协商民主是我国人民民主的重要形式。要完善协商民主制度和工作机制，推进协商民主广泛、多层、制度化发展”。协商民主是政治民主最基本的要素之一，也是任何其他方式所不可取代的，是民主政治的发展方向，是当代民主的核心所在。一些当今西方政治思想界的领军人物，也纷纷表明自己对协商民主的支持态度，如美国著名政治哲学家约翰·罗尔斯、英国著名社会政治理论家安东尼·吉登斯、德国思想领袖于根·哈贝马斯等人，都是协商民主的积极倡导者。社会主义协商民主的实质就是要在中国共产党的领导下，实现和推进公民有序的政治参与，把协商民主与选举（票决）民主结合起来，始终体现公民有序的政治参与这一现代民主精神，并把它作为民主和法治的重要内容，引导群众以理性合法的形式表达利益要求、解决利益矛盾，共同构建社会主义和谐社会。我国的协商民主有着悠久传统。早在新中国成立初期就形成了中国共产党领导的多党合作和政治协商制度，人民政协是我国实行协商民主的重要渠道。西方协商民主还主要停留在学者层面上，还是一种民主理想，而我国的协商民主早已通过政治协商会议这种组织形式在实施，而且还在积极探索新的形式。协商民主可以有多种形式，不仅仅指政治协商会议里的协商。比如，参政协商，人民代表大会常委会或者人民政府召开公共政策听证会，有的地方实行的民主恳谈会，都是协商民主的形式。协商民主在中国深受欢迎，我们完全可以通过这种形式来保证公民有序的政治参与，完善社会主义民主政治。

其次是对科学的理解。中国古代虽然有“科学”一词，但是“科举之学”的意思，与现代意义上的“科学”之意相去甚远。从洋务运动开始，现代科学才逐渐登陆中国。以 1915 年陈独秀创办《新青年》杂志为标志，中国兴起了一场以民主科学为旗帜的新文化运动。1915 年 9 月，陈独秀在《敬告青年》中倡言国人“当以科学与人权并重”。1919 年 1 月，他在《本志罪案之答辩书》中提出要“拥护民主和科学两位先生”，并且明确宣告：“我们现在认定只有这两位先生，可以救治中国政治上、道德上、学术上、思想上一切的黑暗。”当时提倡科学，是为了反对封建复古潮流和迷信盲从倾向。其内涵，狭义是指自然科学，广义包括社会科学在内。94 年前爆发的五四运动，荡涤了几千年来的封建旧礼教、旧道德、旧思想、旧文化，为新思想、新文化在中国的广泛传播开辟了道路。以陈独秀、李大钊为代表的一批追求真理、追求进步的知识分子，积极传播马克思主义，提倡用马克思主义观点来观察研究社会和历史，使科学方法的运用从自然科学领域扩展到社会、历史研究领域。随着科学基础研究和应用研究的不断延伸，人们逐渐将自然科学、人文科学、社会科学领域的知识、方法和手段集成起来，不断认识和把握自然和社会发展规律，并进一步提升出科学文化和科学精神。

对于科学的认识，我认为应该把握以下几点。

第一，科学技术是第一生产力。科学技术的发展和广泛应用创造了巨大的物质财富，推动了物质文明和精神文明大发展。我国近现代发展历史和经验也在一定程度上验证了这一点。20 世纪 80 年代，邓小平同志提出“科学技术是第一生产力”的重要论断，科学技术在我国得到迅猛发展，改革开放 30 多年来积累的物质财富、带来的经济社会进步举世瞩目。科学技术在改变生产和生活方式的同时，也改变着人类世界观、方法论和认识论，科学文化便应运而生。

第二，深刻理解和把握科学文化的内涵。科学文化是在人类认识并改造自然界的背景下提出的，早在 16 世纪，科学家将理性探索与经验研究相结合，形成新的科学方法，科学文化便登上了历史舞台。科学文化是人类在追求真理过程中所创造的，表现为世界观和方法论，并反过来成为人们追求真理的科学指导。它是人类发展史上继神话、宗教、艺术和文学之后又一次伟大创造。人类经过了三个文明时期，原始文明、农业文明、工业文明，之后又产生了一次伟大的文化创造——生态文明。科学文化必须伴随生态文明而行，所以生态文明又称为人类社会第四个文明阶段。19 世纪到 20 世纪中叶，中国命运跌宕起伏，最根本原因就是缺席了科学文化兴盛发展的浪潮，从而导致落后乃至被动挨打的局面。科学文化至少包括五个要素。一是理性。科学文化的核心价值是理性。做科学、学科学、成为科学人、成为大家，甚至成为诺贝尔奖获得者，最根本的是要理性。现今社会现象千奇百怪、五花八门，让人眼花缭乱，如果人缺乏理性，就会变得迷失、盲从和轻信。二是实事求是。实事求是就是从实际出发，不能异想天开。在科研立项之前，可能有时会产生诸多灵感、创新思维，但最后还是要通过可行性论证才能将项目任务书完成。落实到项目书当中的研究内容和技术路线，必须实事求是，要有可能性和可行性。三是遵循客观规律。物质世界的演变和发展有其一定的本质属性和规律，在科学研究过程中，必须遵循这些规律。这些规律是靠人们的发现和探索总结出来的，是物质演变的属性，是本质性的东西，忽视了这些规律，就可能犯错误，走向偏离。四是创新。对未知领域的好奇心和探索激情，是一个真正的科技工作者投身科学的原动力，也是保持创新能力的内在源泉。科学研究必须有创新意识。创新是科研的精神支撑，也是对科研成果的重要评价标准。五是诚信。诚信是维护学术道德的基础，是坚守科学良知的底线。目前，诚信缺失不仅局限在普通人群和下层，科教领域和行政领导层也有，它严重地影响中国形象、中国的未来发展和中国梦的实现。

第三，科学精神是灵魂。追求真理是科技工作者在科学道路上不懈探索的通行证，百折不挠地追求真理、捍卫真理、造福人类，是从事科技事业的首要价值标准。60 多年前，竺可桢先生曾经指出，科学精神就是“只问是非，不计利害”。一代代科学家以追求真理为目标，执著探索，展示了科学精神对塑造人类精神世界的引领作用。倡导质疑和批判精神是科学精神的重要价值标准。科学的本质就是批判，科学是最高意义上的革命，敢为天下先，坚持严谨缜密的研究方法，任何人的研究，任何研究结论，都必须经过严密论证和客观检验。科学研究从来都是在不断纠错的基础上向前发展的，敢于质疑批判，科学才能不断进步。培养广阔胸怀和视野是科学精神题中应有之义。科学面前人人平等，摒弃门户之见，鄙视“学霸”陋习，让科学大门对任何人敞开，以能力和品德论英雄。以海纳百川、兼容并蓄的气度，加强合作与协同，扩大资源和信息共享，才能孕育创新的沃土。应有宰相肚里能撑船、将军额上能走马的胸襟宽容失败。宽容失败是科学精神的内在要求。在科学道路上，最大的失败是害怕失败。科学事业就是探索未知的事业，需要在证伪和试错中取得进步，只有不怕失败、宽容失败，才能为那些勇于打破常规的“出头鸟”提供宽广舞台。

最后是正确理解民主与科学的关系。民主与科学属于两个不同范畴，但二者具有内在统一性和关联性，即民主是科学之母、科学是民主之魂。人类社会近 200 年有两个最伟大的发明：一是政治上的民主，二是经济上的股份制。有了民主，才能使人思想解放，才能允许科学家自由思维，才能实现社会化的社会管理方式，而不是某个小集团式或个人式的社会管理方式。民主的核心是社会化大生产前提下的社会化管理方式。要从多种角度去理解民主。不只是多数人说了算才是民主。那是民粹。真正的民主，不是人多人少的问题。如果少数人说的是正确的，那也是民主。列宁曾经说过，真理往往在少数人手里。红军时期，很多人反对毛主席的军事思想，你能说毛泽东同志就不民主吗？其他人就民主？不能简单地把民主理解为多数与少数的比例关系。只要少数人的观点能够实现社会化管理方式，那就是民主。另一个是基于民主理念实现的经济上的股份制。它催生了社会经济发展，为各种发展提供物质基础。没有民主，就产生不了突飞猛进的科学发现，它是科学的基础；而要发展民主，要完善民主，要让民主在人类社会发展中发挥更强大的作用，必须要有科学的引领。因此，应当从二者的统一性上去思考，积极倡导民主的科学精神和科学的民主之器，既不能离开民主讲科学，也不能离开科学讲民主。

二、深刻认识民主和科学的哲学基础

当今世界，资本主义和社会主义两种社会制度并存，社会主义仍然处于低潮。而中国正处在社会转型期，国内外思想文化交流交锋交融深刻复杂，各种社会矛盾相互叠加、集中呈现。对意识形态领域一些热点问题的认识存在不少误区。比如，有的主张“全盘西化”，有的主张“走回头路”。因此，只有上升到哲学层面或者说世界观和方法论的高度来认识民主、科学，才能全面把握民主、科学的深刻内涵和本质特征。

第一，唯物史观是民主的哲学基础。经典马克思主义作家用唯物论和辩证法的观点去研究人类社会的发展规律，创立了唯物史观。唯物史观有两个最基本观点，即生产力观点和群众观点。承认生产力是推动社会发展的基本动力，意味着承认人民群众追求自身利益的历史活动是推动社会进步的根本力量。利益在本质上属于社会关系范畴。由于人的需求是多方面的，因此从需求上讲利益的表现形式有两种：一是基于生产关系体系中的地位而形成的对物质产品的占有关系，是物质利益；二是基于意识形态和上层建筑关系方面而表现出的精神生活方面的需求，是精神利益。马克思主义认为，人们奋斗所争取的一切，都同他们的利益有关。恩格斯说："每一个社会的经济关系首先是作为利益表现出来。"人们的社会地位、在生产关系体系中的地位决定人们的利益及其满足程度。

对利益的追求，形成人们的行为动机，成为推动人类社会发展的动因，它既包括人们对物的占有的物质利益，也包括对自身价值的追求，向社会和他人奉献的精神利益。人对利益的追求不仅是人们发展生产力的刺激因素，而且是推动人们改造社会、改革同生产力发展要求不相适应的社会制度的直接动因。在社会主义社会中，利益仍然是人们活动的客观动因。列宁指出，千百万群众走向社会主义和共产主义，"不是直接依靠热情，而是借助于伟大革命所产生的热情，依靠个人兴趣、依靠从个人利益上的关心、依靠经济核算"。在社会主义社会，国家利益、集体利益和个人利益，在根本上是一致的，三者可以兼顾。国家利益和集体利益在不同程度上代表了整体利益和长远利益，归根结底也符合个人利益。只有社会主义社会才能给这种个人利益以最充分的满足。

马克思和恩格斯在创立唯物史观时，就是从"现实的、活生生的人"出发，发现了"一个简单的事实"，即人们首先必须解决衣食住行，然后才能从事政治、科学、艺术、宗教等活动，所以人类要做的第一件事便是物质生活资料的生产。正是在考察人类物质生产活动过程中，马克思和恩格斯发现了推动人类社会发展的基本矛盾，即生产力和生产关系的矛盾及其运动规律，发现了资本主义生产的秘密，即剩余价值，从而得出了资本主义必然死亡、共产主义必然胜利的科学结论。"人终于成为自己的社会结合的主人，从而也就成为自然界的主人，成为自身的主人——自由的人。"只是从这时起，"人在一定意义上才最终脱离了动物界，从动物的生存条件进入真正人的生存条件。人们才完全自觉地自己创造自己的历史"。由此可见，唯物史观体现了民主的最高境界和根本价值取向。

经过新中国成立 60 多年特别是改革开放 30 多年来的艰辛探索，中共对中国特色社会主义的认识不断深化，科学回答了什么是社会主义、怎样建设社会主义这一根本命题，形成了中国特色社会主义道路、理论体系和制度。其中的要义就是把握社会主义初级阶段总依据，围绕"五位一体"总布局，实现社会主义现代化和民族复兴的总任务。把促进人的全面发展作为根本目的，不断满足人民群众日益增长的物质文化需要，切实保障人民群众的各项实际利益，让全体人民共享经济社会发展的丰硕成果，促进社会公平正义、和谐发展，是中国特色社会主义最本质的特征。只有公平才能实现正义，只有正义才能保证公平；只有和谐才能促进发展，只有发展才能实现和谐。这既是人类社会追求的价值目标，也是发展人、完善人所必须秉持的方法论。看看古今中外的历史，哪一位仁人志士不是坚持真理，抛头颅洒热血，用生命和鲜血去实现社会的公平和正义。因此，坚持用马克思主义唯物史观来认识民主、看待民主、追求民主，才能全面把握中国特色社会主义民主的深刻内涵。

中国共产党人是为绝大多数人谋利益的。习近平总书记在解读中国梦时指出，“百姓追求更好的教育、更稳定的工作、更可靠的社会保障、更高水平的医疗卫生服务、更舒适的居住条件、更优美的环境，期盼孩子们能成长得更好、工作得更好、生活得更好。共同享有人生出彩的机会，共同享有梦想成真的机会，共同享有同祖国和时代一起成长与进步的机会”。这是为发展人、完善人所做的庄严承诺，是对马克思主义唯物史观的深度解读，是对科学发展观的发展和进一步阐释。

马克思、恩格斯在《共产党宣言》中指出，“代替那存在着阶级和阶级对立的资产阶级旧社会的，将是这样一个联合体，在那里，每个人的自由发展是一切人的自由发展的条件”。这一论断被恩格斯视为《共产党宣言》的主题思想，它向我们指明了，社会的一切发展，其目的是发展人，发展是人类社会永恒的主题，且发展必须要满足遵循客观规律的科学发展的“条件”，才能实现一切人的自由发展。深刻理解《共产党宣言》的主题思想，对于牢固树立实现中国梦的人本主义世界观具有重要的理论意义和现实意义。这一主题思想是对唯物史观的高度概括，是科学社会主义的理论基石，是科学发展观的理论基础，也是实现中国梦的立身之本、理论之源、目标所向。

第二，唯物辩证法是科学的哲学基础。科学史实表明，唯物辩证法植根于科学实践，反过来又去指导科学实践，并接受科学实践的检验。随着科学的进步，原有的一门学科演变出许多分支学科，各门学科彼此渗透、互相影响，在各种知识的融会贯通中形成更高层次的新兴综合性学科，例如控制论、信息论等。这就使科学出现了既高度分化又高度综合的趋势，使科学与哲学的联系更加紧密。作为方法论，唯物辩证法对推动现代科学发展特别是在揭示普遍规律、选择研究方向、确定主攻目标、提出方法路径等方面的指导作用越发重要。现代科学专业分工越来越细，往往使人自觉或不自觉地只看到树木，却不见森林，从而陷入片面主义、唯心主义的泥淖。恩格斯曾经说过："当我们深思熟虑地考察自然界或人类历史或我们自己精神活动的时候，首先呈现在我们眼前的，是一幅由种种联系和相互作用无穷无尽地交织起来的画面。"用联系、发展和矛盾的观点看问题，是辩证思维的基本观点。运用辩证思维的方法来考察科学问题，我们可以得出一个结论：科学是一个巨复杂系统，是由多门学科、多个领域相互联系、相互作用构成的矛盾统一体。科学的不断发展就是这个统一体内各种矛盾运动变化的产物，就是这些矛盾不断产生又不断解决的过程。

推而广之，我们在认识和改造自然、实现人与自然和谐相处和可持续发展的历史进程中，在推动经济、政治、文化、社会、生态文明建设五位一体全面协调发展的总体布局中，既要抓住主要矛盾，坚持以经济建设为中心的重点论；同时又要坚持政治、文化、社会、生态文明与经济全面协调发展的系统论。如果眼睛只盯着 GDP、忽视体系中的其他要素的相关关系，即使经济暂时上去了，最后还得掉下来。只有正确把握主要矛盾与次要矛盾的辩证关系，坚持统筹兼顾，才能实现全面协调可持续发展。因此，坚持用唯物辩证法来认识科学、看待科学、指导科学实践，才能开阔我们的视野，抓住科学发展规律，全面把握科学的深刻内涵。

三、民主科学是九三学社的旗帜

民主、科学与九三学社有着深厚渊源，为九三学社先辈推崇备至，成为我社创社动机与立社宗旨，并逐步孕育为九三学社组织文化的精髓。回首五四运动，闪现着许多追求真理和进步的九三学社先贤身影，有学生领袖、《北京学生界宣言》（又称五四宣言）执笔人许德珩，有怀揣“教育救国”理想的潘菽，有“用一支秃笔鞭挞吃人旧社会”的杨振声，有被誉为高师“八君子”之一的初大告，还有黎锦熙、黄国璋、杨钟健、张雪岩、俞平伯等。他们的作为表现出强烈的爱国主义情怀和民主科学精神。

随着时光的流逝，五四运动渐行渐远。九三学社先贤的民主、科学理念却刻骨铭心、难以释怀。25 年后的 1944 年，抗战时期从全国各地来到重庆的部分文教科技界高级知识分子，组织了民主科学座谈会。由于其主要发起人或是五四运动学生领袖，或是运动中积极分子，因而创社伊始就带有浓重的“五四”精神色彩。座谈会冠以“民主科学”之名，就是致力于高擎五四运动的两面旗帜，其继承和发扬五四运动民主科学精神，倡导“团结、民主、抗战到底”，反对国民党一党独裁，响应中共建立抗日民族统一战线的政治主张，更是集中体现了五四精神的精髓。1945 年 9 月 3 日，为纪念全国民主力量击败日本法西斯，“民主科学座谈会”更名为“九三座谈会”。在五四运动 27 周年之际的 1946 年 5 月 4 日，九三学社在重庆成立。成立宣言明确提出，“本社同人，即本‘五四’的精神，为民主与科学之实现而努力，始终不懈”。从此，九三学社作为一支重要政治力量，汇入中共领导的新民主主义革命洪流。由此可见，五四运动为九三学社成立奠定了思想和组织基础，民主科学是九三学社的逻辑起点和思想精髓。

一代代“九三人”历经风雨，民主科学精神薪火相传。穿越时空隧道，清晰可见的是，在九三学社 68 年历史的几个关节点上，民主科学理念引领的至关重要，民主科学精神支撑是不可或缺的。其一，民主革命时期，九三学社为民主与科学的实现始终不懈，在反对国民党一党专政、争取民主自由斗争中，与中国共产党并肩战斗，坚持真理，视死如归。其二，新中国成立前夕，九三学社审时度势，公开响应“五一口号”，接受共产党领导，拥护召开新政协，认为“唯有循此途径，始可导中国于民主、自由、富强、康乐之境，愿共同努力，以求实现”。其三，1949 年 9 月，九三学社参加新政协，参与了《共同纲领》的制定、中央人民政府的组成和新中国的成立，标志着九三学社作为民主党派之一的历史被公认，且正式成为多党合作制度的一个组成部分，为九三学社发展提供了可靠的政治保障。其四，新中国成立后，九三学社从认为民主革命使命已经完成，酝酿解散，到接受中共意见，继续巩固发展。标志着九三学社向新民主主义政党的历史性转变，从此走上为社会主义服务的道路。其五，在向社会主义过渡时期，九三学社以“参”、“代”、“监”、“改”为己任，到社会主义改造运动结束时，完成了由小资产阶级文教科学工作者为主要成分的阶级联盟的新民主主义政党向社会主义劳动者政党的根本性转变。其六，改革开放新时期，九三学社以民主科学态度认真分析社会环境、社员队伍和所肩负任务的新变化，提出九三学社已经成为一部分社会主义劳动者、社会主义建设者和拥护社会主义爱国者的政治联盟，履行参政议政、民主监督职能，成为主要任务。

民主科学是九三学社从成立到现在始终坚守的精神旗帜。在这一精神旗帜感召下，催生了许多值得铭记的九三学社历史人物，如许德珩、周培源、吴阶平等我社历代主要领导人，23 位“两弹一星”元勋中的 5 位九三人。新的历史时期，我们要更好地继承爱国民主科学优良传统，在理性上深刻认识民主与科学对我社自身建设和履职工作的重要引领作用。

（作者丛斌系全国人大常委、法律委员会副主任委员，九三学社中央副主席，河北医科大学副校长，中国工程院院士。）

目　录

理论篇

历史篇

实践篇

理论篇

讲清说透用活民主科学之“道”

穆建民

民主科学是九三学社的“道”。这个“道”当然包括“爱国”。虽然2007年12月之前，我们未单独列出“爱国”，不等于没有“爱国”，其中始终蕴涵着浓烈的爱国之情。我社是靠这个“道”起家的。把“道”的内涵说透、脉络理清，将“道”的理念融入各项社务工作，是把九三学社优良传统内化于心的客观要求，是夯实九三学社事业的根基所在，也是增强九三学社组织吸引力、凝聚力、领导力和执行力的关键环节。

一、说透“道”的内涵

民主科学源自西方，引进中国始于“五四”，至今不足百年。近年来，民主科学是在社内文件、讲话、书刊中出现频率很高的一个词，而且越来越高。那么，到底什么是民主科学？其内涵是什么？民主与科学是一个什么样的关系？弄清这些问题，既十分必要，也非常迫切。

民主为何物？这是一个长期以来被用得比较混乱的词。不同角度可以有不同的理解。民主是制度、是权利、是手段、是工具、是目标，也是精神。在古希腊，民主一词被理解为“人民的权利”和“多数人的统治”。此后直到中世纪，民主长期被忽视，只是到了近代才为资产阶级所关注。历史上作为国家概念的民主先后出现过奴隶主阶级内部民主、资本主义民主和社会主义民主。尽管其阶级实质、表现形式有很大不同，但主权在民和按多数人决定原则是共同的。从这里也就引出了民主的内涵：民主就是为了实现主权在民原则，在公民自由平等发表意见的基础上，根据多数人意愿决定的社会活动机制。民主的内涵（共性）通过外延（个性）体现。外延与国情相联系，国情不同，民主实现形式也各有千秋。同样是代议制，英国是君主立宪制，美国和法国就是民主共和制；同样是民主共和制，美国是总统制，法国就是总统内阁制；“三权分立”在美国很典型，其他西方国家则表现为议会制（立法权与行政权不分立）。国外政党制度有两党制、多党制，还有一党制。简单地将民主的外延等同于内涵，将某些国家民主模式（外延）当作民主内涵照搬，这是理论上的误区。

当今世界两种社会制度及其民主并存，如何正确处理二者的关系，既不“全盘西化”、照抄照搬，又不视为洪水猛兽、“全盘否定”，需要我们保持清醒头脑。改革开放以来，执政党提出建设中国特色社会主义民主政治的目标，体现了民主的共性要求。我国宪法规定，国家一切权力属于人民；法律确认和保护公民自由和平等权利；通过民主集中制体现少数服从多数；通过民主制度化规范化贯彻民主程序化。这些都体现了民主的一般价值原则。

与此同时，根植于中国经济社会发展水平、政治文化传统的中国特色社会主义民主，又具有自己鲜明的特点，即“三统一”、“四制度”、“五不搞”。“三统一”就是坚持党的领导（根本保证）、人民当家做主（本质要求）、依法治国（基本方略）的有机统一。这是发展社会主义民主政治的根本原则，解决的是发展方向问题。“四制度”就是“一根本加三基本”制度，解决的是制度保障问题。“五不搞”就是不搞多党轮流执政、不搞指导思想多元化、不搞“三权分立”和两院制，不搞联邦制，不搞私有化，明确的是与西方资本主义的界限问题。另一方面也必须认识到，社会主义与资本主义制度在民主的一些基本要素上是相通的。与经济发展上借鉴资本主义市场经济某些做法一样，在政治上同样可以借鉴资本主义民主中某些人类共同文明成果。比如，人民代表大会制度与西方议会性质虽有很大不同，但运作机制和程序可以相互借鉴。在民主法治化成果、新闻舆论监督等一些民主的具体形式和方法上，值得借鉴的地方更多。正所谓他山之石可以攻玉。至于民主精神，主要指的是民主理念、民主思想和民主文化，更多强调的是百姓主体性，体现对权力的制约，不唯上、不唯官、只唯实；体现尊重差异、包容多样，对利益表达的折中与妥协；体现百姓主动参与社会公共事务，借助自身力量推动问题解决。

科学是什么？科学是知识、是方法，也是精神。科学知识是人类对客观规律的认识和总结，是人类认识客观真理的过程。科学方法是人类运用条理化系统化知识进行科学思维、解决实际问题的能力。科学方法包括归纳、演绎、分析、综合等，但最重要的是唯物辩证法。科学精神是推动科学创新的精神动力，包括探索求真的理性精神、实验取证的求实精神、开拓创新的进取精神、竞争协作的包容精神、执著敬业的献身精神等，求真务实、开拓创新是贯穿其中的内在驱动力，科学知识、方法、精神是相互联系、相互作用的统一体。科学知识是基础，科学方法是能力，科学精神是灵魂。科学方法和科学精神贯穿于学习运用知识改造世界的实践活动之中。科学精神的核心是对真理的执著。中国现代科学先驱对此有着透彻理解。早在 1916 年，中国科学社的创建人任鸿隽就指出，“科学精神者何，求真理是矣”。竺可桢曾坦言：“科学精神是什么？科学精神就是‘只问是非，不计利害’。”金石之言，掷地有声。这样的精神高度，值得当代人毕生追求。只有保持这种追求，才有对科学的激情，心无旁骛地专注于研究；才能不怕失败，百折不挠，敞开宽容失败的胸怀，才能为那些新思想、新观点萌生的“出头鸟”提供广阔舞台。科学精神的精髓是理性，追求真理的道路曲折复杂，唯有崇尚理性，克服功利主义，才能帮助我们拨云见日。

民主科学相辅相成。民主与科学是现代社会发展的两个主要动力。民主催生科学、科学助力民主。民主制度是“独立之精神，自由之思想”的必要条件，专制社会否定表达和思想的自由，必然抑制科学技术的健康发展；科学发现和技术进步为社会文明奠定物质基础，促进百姓民主意识提高和社会民主化进程。因此，民主与科学相互促进、相辅相成。与此同时应该明确，民主科学互为条件，但并非必要条件。民主的结果不一定是科学的目标，即多数人的意志也可能是错误选择；科学决策不能靠“少数服从多数”，尤其需要科学方法的论证和实践标准的检验。

二、理清“道”的脉络

民主科学并非九三学社原创，也非我社所独享，但却与九三学社有着深厚渊源。其发轫于五四运动，为九三学社先贤推崇备至，遂成为九三学社创社动机与立党宗旨，并逐步孕育为九三学社组织文化的精髓。

94年前爆发的五四运动，是一场伟大的思想解放运动，猛烈冲击了几千年来的封建礼教、道德、思想和文化。一批青年知识分子高举民主科学旗帜，以大无畏的爱国情操和英雄气概，诠释了民主科学的丰富内涵，树立了一座推动中国历史进步的不朽丰碑。在这场划时代的反帝反封运动中，闪现着许多追求真理和进步的九三学社先贤身影，有学生领袖、《北京学生界宣言》(又称五四宣言)执笔人许德珩，有怀揣“教育救国”理想的潘菽，有“用一支秃笔鞭挞吃人旧社会”的杨振声，有被誉为高师“八君子”之一的初大告，还有黎锦熙、黄国璋、杨钟健、张雪岩、俞平伯等。他们涌上街头、走在队伍前列，为救亡图存奋不顾身。许德珩、潘菽、杨振声、初大告还成为五四当天被捕的32名学生中的4位。他们的作为表现出强烈的爱国主义情怀和民主科学精神。

随着时光的流逝，五四运动渐行渐远。九三学社先贤的民主科学理念却刻骨铭心、难以释怀。25年后的1944年，抗战时期从全国各地来到重庆的部分文教科技界高级知识分子，组织了民主科学座谈会。由于其主要发起人或是五四运动学生领袖，或是运动中积极分子，因而创社伊始就带有浓重的“五四”色彩。座谈会冠以“民主科学”之名，就是致力于高擎五四运动的两面旗帜；其继承和发扬五四运动民主科学精神，倡导“团结、民主、抗战到底”，反对国民党一党独裁，响应中共建立抗日民族统一战线的政治主张，更是集中体现了“五四”精神的精髓。1945年9月3日，为纪念全国民主力量击败日本法西斯，“民主科学座谈会”更名为“九三座谈会”。在五四运动27周年之际的1946年5月4日，九三学社在重庆成立。成立宣言明确提出，“本社同人，即本‘五四’的精神，为民主与科学之实现而努力，始终不懈”。从此，九三学社作为一支重要政治力量，汇入中共领导的新民主主义革命洪流。由此可见，五四运动为九三学社成立奠定了思想和组织基础；民主科学是九三学社的逻辑起点和思想精髓。

一代代“九三人”历经风雨，民主科学精神薪火相传。穿越时空隧道可以清晰所见，在九三学社68年历史的几个节点上，民主科学理念的引领至关重要，民主科学精神的支撑不可或缺。其一，民主革命时期，九三学社为民主科学的实现始终不懈奋斗，在反对国民党一党专政、争取民主自由斗争中，坚持真理，视死如归。其二，新中国成立前夕，九三学社审时度势，公开响应“五一口号”，接受共产党领导，拥护召开新政协，认为“唯有循此途径，始可导中国于民主、自由、富强、康乐之境，愿共同努力，以求实现”。其三，1949年9月，九三学社参加新政协，参与了《共同纲领》的制定、中央人民政府的组成和新中国的成立。标志着九三学社作为民主党派之一的历史被公认，且正式成为多党合作制度的一个组成部分，为九三学社发展提供了可靠的政治保障。其四，中华人民共和国成立后，九三学社从认为民主革命使命已经完成，酝酿解散，到接受中共意见，继续巩固发展。标志着九三学社向新民主主义政党的历史性转变，从此走上为社会主义服务的道路。其五，在向社会主义过渡时期，九三学社以“参”、“代”、“监”、“改”为己任，到社会主义改造运动结束时，完成了由“小资产阶级文教科学工作者为主要成分的阶级联盟的新民主主义政党向社会主义劳动者政党的根本性转变。其六，改革开放新时期，九三学社以民主科学的态度认真分析社会环境、社员队伍和所肩负任务的新变化，提出九三学社已经成为一部分社会主义劳动者、社会主义建设者和拥护社会主义爱国者的政治联盟，参政议政、民主监督职能成为主要任务。

现在回过头来看，或许是那么的自然而然，那么的“平铺直叙”。其实，如果当时在哪一个节点上九三学社先贤缺乏民主科学的深邃目光，缺乏对历史方位的深刻思考，缺乏政治智慧的深谋远虑，都会使九三学社组织遭受挫折，或者多走弯路，甚或误入歧途，当然也就不可能有九三学社的今天。

三、将“道”融入社务工作

将“道”融入各项社务工作，需要我们运用唯物辩证法，在以“道”代代相传、绵延不息为荣的同时，充分认识到在我社68年历史进程中，还存在某些偏离“道”的问题；充分认识到在社务工作中还存在着不那么合乎“道”的现象，从而有针对性地加以改进，把民主科学这面旗帜握得更紧、举得更高。

把握“道”的同时反思“道”。如前所述，回望68年历史，在几个重要节点上，九三学社先贤秉持了民主科学理念，使九三学社虽历经风雨，却始终紧跟时代前进脚步。在肯定本质和主流的同时我们也不应回避支流、不问瑕疵。这方面主要有六点。其一，在创社伊始对民主科学并非高度认同，一些人有意回避，忌讳政治性太明显。其二,九三学社成立初期，主张超越政治的学术思想绝对自由。其三，1957年前后，有200多名九三学社社员加入中共，同时要求退出九三学社所任职务。其四，1957年反右出现两个极端观点。当年6月2日，九三学社中央委员、光明日报总编储安平以“向毛主席和周总理提些意见”为题，提出“党天下”是一切宗派主义现象最终根源的论调；同时也有认为九三学社在反右斗争中从中共助手变成进攻党的打手的极左言论，为完成右派指标在社内搞反右扩大化。在这期间，制定社会主义竞赛决心书，提出又红又专、争取5年内专深红透，“左和中左派”达到80%的目标。其五，1958年12月第二届全国社员代表大会通过的社章，罔顾事实把九三学社定性为以“资产阶级知识分子为主要成员的民主党派”。其六，中华人民共和国成立后较长一个时期内，在组织作用发挥上存在偏重领导层个人、忽视发挥组织整体作用的情况；在组织内部存在一定程度的家长制、“一言堂”等问题。分析这些问题就会发现，既有国内外大的政治环境的影响或者更进一步说是强大政治压力下的委曲求全，也有社内组织结构松散、制度建设薄弱、理论准备不足、思想共识凝聚不够的原因。这就需要我们用民主科学的视角来审视；用历史发展的眼光来看待；从我社幼年期到不断成长期到逐渐成熟期的过程来认识，总结经验教训、反思主客观原因、探寻内在规律、克服自身弱点。

以史为鉴，赋予“道”新的时代内涵。九三学社的昨天蕴涵着先贤的实践经验，凝聚着前辈的政治智慧，记载着我社的发展轨迹。“温故而知新”，从中汲取营养，进而提高对我社参政党建设规律的认识，这是民主科学精神的使然，也是多党合作事业发展的需要。

政党是民主政治发展的产物。中共作为执政党，无论从其执政理念还是法理依据，都是超越社会各党派各群体利益之上的力量。就九三学社而言，其组织本质是社员政治参与和利益表达的工具。新的历史时期，作为1+8多党合作制度中的一员，我社具有政治参与、利益表达、社会整合、民主监督、维护稳定五大基本功能。我们所有的社务工作都应着眼于如何更好地体现五个功能展开。为此，首先，需要认清我社历史方位。以增强“三个自信”为核心，以学习践行社会主义核心价值体系为引领，以继承民主科学优良传统为重点，凝聚全社思想共识，注重无形与有形组织文化建设并举。其次，既不故步自封，也不生搬硬套，理直气壮地代表社员及其所联系知识分子的利益。切实畅通表达渠道，灵活运用多种手段和途径，反映他们的正当诉求和心声。再次，需要扩大社内民主。创新议事决策、干部选拔方式，尝试代表常任制、领导机构成员差额选举，鼓励基层积极探索，服从多数、保护少数、寻求最大公约数，保障社员的知情权、参与权、表达权和监督权；加大人才强社战略实施力度，进一步优化人才队伍结构，研究论证现阶段我社组织规模与发挥作用的最佳结合点；从社员最不满意的地方入手，从小事做起，整肃长期在体制内形成的行政化、官僚化弊端，转变工作作风；密切与基层社员的联系，倡导直言不讳说真话，主动回应社员关切的问题，多做得人心、暖人心、稳人心的工作。再其次，需要更好发挥作用。在今年初党外人士迎春座谈会上，习近平同志强调各民主党派“要敢于讲真话，敢于讲逆耳之言，真实反映群众心声”。加强民主监督（党际监督）是原 8 字方针、现 16 字方针的基本要求，是我社作为参政党的安身立命之本，也是形势发展的迫切需要。过去我社主要是在参政议政上发挥作用（当然其中也含有某些民主监督内容），今后需要加长民主监督的短板，既要提“建议”，更要提“意见”甚至是反对意见，强化理性思维，在深入调研、科学论证基础上，为推进政治体制改革、改进执政党领导方式和执政方式，加强反腐倡廉建设做出有胆有识的贡献。最后，需要加强制度系统性建设。将其放到构建执政党与参政党长效良性互动机制，提高参政党建设科学化水平的高度来认识，既重视制定出台规定、条例、意见等制度要素，更要注重制度的科学性和系统性，避免出现头痛医头、脚痛医脚，东一榔头、西一棒槌，前后矛盾、相互抵消的情况，发挥好制度体系的保障、规范和导向作用。

传承好民主科学之“道”，是全社的共同责任，是建设思想坚定、履职坚实、组织坚强的参政党的客观要求，也是凝聚广大社员为实现中华民族伟大复兴中国梦接力奋斗的精神纽带。

（作者穆建民系九三学社中央宣传部部长）

责任编辑：张博燕

“参与”和“协商”

——民主的两个中国特色

李海彬

中国共产党的十八大报告首次提出并系统论述了健全社会主义协商民主制度，体现了中国共产党在社会主义民主问题上最新的实践创新和理论创新，是历史的一大进步。

就历史而言，自西周开始，就有所谓的“率土之滨，莫非王臣”的说法，两千多年来，我们一直都是“君做主”，而不是“民做主”，中国是人类历史上君主专制时间最长的国度。故此，我们历来缺少“民主”的传统。只有到了“五四”时期，“德先生”才姗姗来迟。这个时候，作为一种关于政治权力的政治安排，“民主”在西方已经存在了两千多年。对于中国而言，“民主”是一个舶来品，是一个新鲜而陌生的东西，“协商民主”更是如此。究竟什么是“民主”？什么是“协商民主”？估计很少有人能够说得清楚。

因此，我一直坚持认为，在新中国成立之前，中国是一个缺少“民主”的国家。因为，我们不仅缺少“民主”的传统（如上所说），我们更为缺少的是“民主”的精神。漫长的君主专制的封建社会，形成了中国人根深蒂固的“奴性”意识，使得中国文化传统中鲜有“民主”的元素和基因。尽管革命先行者孙中山先生提出了“三民主义”，欲民主建国，但蒋介石“独裁无胆，民主无量”，在中国共产党所结成的“民主统一战线”面前，蒋家王朝最终走向了覆亡。1949 年，新中国成立，人民当家做主，“民主”在中国才具有了根本的可能性。

继孙中山先生当年“合众政府”概念提出之后，1945 年毛泽东提出了“联合政府”的概念，1949 年更提出了“政治协商”的理念。64 年之后的 2013 年，中共十八大则最终提出了“协商民主制度”的全新命题。无论是“政治协商”也好，还是“协商民主”也好，都体现了鲜明的中国特色。本人认为，中国式“民主”有两大特色：一个是“参与”，一个是“协商”。

一、“参与型民主”同样可以实现“制衡”和“监督”这两个民主政治的最基本的功能

本人认为，中国的民主党派只能是“参政党”，而不能是“执政党”和“在野党”或“反对党”。这个答案虽然已经由历史给出，但仍需要相应的、必要的中国文化角度的解释。

由于缺乏对中西文化，尤其是中西思维方式之间差异性的理解，许多人认为，一个党派既然不是“执政党”，那么它就是“在野党”或“反对党”，否则就有“非驴非马”之嫌。其实不然！

在思维方式上，西方人是“二分法”，讲“一分为二”，是“非此即彼”的。按照这个逻辑，一个政党不是“执政党”，就是“在野党”或“反对党”；而中国人是“三分法”，讲“合二为三”，是“二生三”的。按照这个逻辑，可以有既不执政也不在野的“参政党”。这里的“参”就是中国文化的“三”、“叁”。西方的思维是“直线的”，中国的思维是“曲线的”（阴阳鱼是“S”线），西方的思维是“刚性的”，中国的思维是“弹性的”。

比如，西方人发明了“红绿灯”，中国人又发明了“黄灯”。按照西方人的理解，要么“红灯”，要么“绿灯”；而按照中国人的理解，还需要“黄灯”。这个“黄灯”是第三（叁）种“灯”，它是“过渡性”的、“弹性”的，虽然它不能像“绿灯”和“红灯”那样决定是“行”（执政）还是“停”（在野或反对），但是它却是不可或缺和举足轻重的。同样，“参政党”也是不可或缺和举足轻重的，它虽然既不是执政党也不是在野党或反对党，它却可以实现“制衡”和“监督”这两个民主政治的最基本的功能。

二、“协商型民主”在“政治协商会议”和“协商民主制度”中得到充分的体现

就文化角度而言，在天人关系上，中国人讲“和”，西方人讲“争”；中国人讲“天人合一”，西方人讲“天人相分”。中国人讲“和为贵”，讲“家和万事兴”、“协和万邦”；西方人讲“与天争、与地争、与人争”。

这种文化的差异体现在民主的样式上，中国人侧重“协商式”民主，而西方则崇尚“竞争式”民主。我们承认西方民主要比中国民主早得多，我们也承认西方民主积累了丰富而宝贵的经验，我们也必须承认西方民主有许多值得我们学习的地方，我们必须“心胸宜广，眼量宜放”。但是，我们不能说中国没有“民主”，也不能说西方的“民主”比中国的“民主”更加优越。一方水土一方人，一个民族一个价值观。在“民主”问题上亦可作如是观。

1949 年，新中国成立后，“主权在民”使得“民主”真正成为可能。“政治协商会议”的召开，是中国人迈向民主政治的第一个步伐。当下，党的十八大首次提出系统论述了健全社会主义协商民主制度，使得中国的民主政治终于驶入了快车道。

三、不能用民主的“中国特色”来否定其“普遍性”及其“普世价值”

“参与”和“协商”是民主的两个中国特色，这是民主的“特殊性”的一种具体体现。此外，民主的“民族性”、“时代性”、“阶级性”，也都是民主特殊性的不同体现。也就是说，不同的民族、不同的时代、不同的阶级，有着不同的民主。但是，无论这些不同差异有多大，它们又都无一例外地具有民主的“普遍性”，它们都必须遵循三个基本原则和发挥两个基本功能。这三个基本原则是：尊重多数人的意愿，保护少数人的权利，程序化、制度化。这两个基本作用是：监督与制衡。

改革开放这些年，“有中国特色的”、“特殊性”被突出地强调了，而“普世

的”、“普遍性”则被特别排斥了。但是，从哲学的角度讲，“特殊性”与“普遍性”从来都是一对矛盾性存在，是不能有所偏废的。

［作者李海彬系中国人民大学培训学院（国际教育学院）院长］

责任编辑：张博燕

“宗旨”轴向转移与“科学”内涵嬗变

闫贤良

当“民主与科学”成为政党宗旨，“科学”含义就超越了科学思想、科学方法、科学精神等哲学阐释，具有了清晰的政治意义。国家境遇和社会问题迫使政治中心任务不断调整，于是，政治组织的“宗旨”轴向不断转移，宗旨赋予“科学”的内涵也在不断嬗变，进而政党的思想建设、组织建设自觉与不自觉之间发生规律性变迁。

九三学社始终孜孜追求“科学”，以国家危亡、民族复兴为己任，在追求科学的道路上，与中国共产党共同走过了“科学救国”、“科学兴国”、“科学强国”的道路，在参政议政的历程中，思想不断调整，成员结构也不断发生变化。今天，面向转型期的中国，宗旨的轴向转向哪里？时代赋予科学怎样的新内涵？无论是思想建设，还是组织建设，都值得重新思考。

一、科学救国

如果说鸦片战争以后的中国屈辱源于自然科学的落后，那么，近半个世纪以来的“科学救国”指的是自然科学的兴邦富国。在国破家亡、民族寻求独立的历程中，以科学救国于存亡的思想，经过了实业救国、新文化运动、旧民主主义革命和新民主主义革命等阶段，科学救国之道分别指向科学对经济、文化、政治的蜕变。

1900 年前后出国留学的中华学子，基本以自然科学为主，探求“抵御外侵、实业救国”的道路。“中国存亡兴废，其根本在实业”的思想认识下，纺织业、铁路业、造船业等，在战争的烽火中艰难崛起。五四运动直接将“科学救国”指向国民的文化性问题，新文化运动的西学东渐，成为西方科学文化对中国文化的洗礼。蔡元培等教育救国、文化救国的主张，直接将“赛先生”的意义纳入国民教育之中。最终，科学的经济性、文化性不能救国于灾难之中，民族独立还需要科学对政治的洗礼。1944年“民主科学座谈会”的九三先人，许德珩、褚辅成、税西恒、潘菽、黄国璋等，正是基于科学的政治意义，将科学追求的意义纳入对官僚资产阶级的革命之中。从九三学社发起人从事的专业方向和经历的活动中，能够清晰地反映出这一时期的“科学”内涵，大多数选择了振兴民族实业为己任的求道之路，这时的宗旨轴向指向民族工业，科学的内涵主要指自然科学，科学的宗旨是反帝反封建，救民族于水深火热之中，求国家于主权独立。直到1949年中华人民共和国成立，实现了科学救国之道，九三学社追求科学的救国宗旨开始转向。这一时期九三学社的旗帜性人物和代表性人物主要集中在科学兴业、科学兴教的科学家群体之中。

我们不能忘记的是，“民主科学座谈会”启蒙了科学的政治意义，将科学家追求科学的宗旨指向政治功能，是九三学社前辈的先觉意识。

二、科学兴国

民族独立并不能解决国家的安危，九三学社前辈遂积极投身于国家安全建设之中，成为这一时期的科学宗旨新轴向。

解放后，国家安危成为中华人民共和国社会主义革命的首要任务。1949年中国科学院成立之初衷，就饱含了国家安全科技建设的内涵。第一批回国的科学家，钱三强、王大珩、朱光亚、钱学森、梁思礼、郭永怀、赵忠尧等，建立了我国国防科技体系，建设了新中国自然科学学科体系。这一时期，九三学社前辈王淦昌、邓稼先、赵九章、陈芳允、程开甲等，集中了一批从事国防科技和基础自然科学建设的科学家和科技工作者，九三学社的科学宗旨指向国家安全，出现一批两弹一星元勋。

社会主义建设时期，李四光等著名科学家为我国的工业体系建设做出杰出贡献。其中，张光斗、茅以升、严恺、朱物华、李薰、涂长望、师昌绪、陈学俊等一批九三学社先贤，在电力、水利、桥梁、电子、冶金、气象等方面成绩斐然；陈学俊成为我国锅炉专业、热能工程学科的重要创始人；柯召成为近代数论的创始人。这些科学家奠定了众多的基础学科体系和工业科技学科基础，成为九三学社永远的光辉。

从新中国成立到“文革”结束，我国经过30年的科学技术发展，可以说建立了国家科学技术基础体系，建设并不断完善了国防科技体系和工业科技体系。科学的内涵主要集中在数学、物理、化学等自然科学，科学的宗旨主要指向国家安全和国民教育。

我们不能忘记的是，九三学社这一时期的旗帜性人物集中于两弹一星元勋和教育体系的学科建设奠基人。

三、科学强国

改革开放30多年来，以市场经济学、现代管理学为核心的社会科学，成为这一时期“科学”含义的本质。一批经济学家、社会学家进入国家政治体系，社会科学的发展直接推动了国家的政治体制改革和经济体制改革。

这一时期，新型阶层人士成为九三学社发展成员的新目标，王选、闵乃本、冯培恩、徐采栋、安振东、王文元等一大批现代科学家为知识经济的国家创新工程做出积极贡献，并成为九三学社的杰出代表。

我国半个多世纪的航天科学事业发展，以天宫一号空间实验站为标志，中国航天事业进入世界强国。我国30多年的工业化发展，以GDP排名世界第二为标志，也进入了世界强国。以国防安全为轴向的“国防科技”和以经济建设为轴向的“工业科技”，成功地完成了民族复兴大业的两大历史使命。

我们不能忘记的是，这一时期的九三学社对“科学”含义的阐释依然停留在自然科学的边界之内，尽管成员结构发生了根本变化，但社会科学的杰出代表并没有成为九三学社新的标志，也没有形成这一时期典范的旗帜。

四、文化科技

如果说科学的内涵从自然科学到社会科学，影响了世界的科学进步，也成就了中国的独立和强盛，那么，未来的中国崛起将是什么？在当今世界正发生大变革大调整时期，在中国正在全面改革转型期，需要重新审视科学的宗旨和科学的意义。

300多年来，人类致力于“格物致知”，探索了宇宙世界、量子世界，研究了社会、经济、政治，却从来没有真正意义上涉足过人类自身，关切过人类本身的情感、情操、道义、理想、信念，关于人的德行、智慧、意志、审美、思想、信仰、联想。我们的关注点始终停留在人之外的东西，从未把注意力回归到我们自己，从未关切科技对人类自身的改变。这种改变不是人类物质层面的，因为人类的物质结构无异于小白鼠。这种改变是精神层面的，因为人只有文化才区别于其他动物。我们肯定科技对人类未来的影响，也就是肯定科技对人类未来的文化影响。可是，我们建立了科学、技术、工程，也建立了文学、艺术、戏剧，却从未建立起文学与科学、艺术与技术、戏剧与工程能够通达的桥梁。文化和科技融合，正是探求科技对人类未来文化的深刻影响。而这种深刻影响首先需要建立文化艺术和科学技术之间相互连通的桥梁，这就是文化科技研究主体的建设。

为什么社会焦虑集体凝视政体？为什么中华民族集体瞭望美国？为什么国民消费集体跳入娱乐？这些时代特征与当今的文化科技发展有着直接关系。文化科技正在使文化碎片化、思想多元化、交往直接化，科技对文化的意义正在直接影响国家政治、经济、社会的安定。网络文化的出现，从网络民主对传统媒体的主阵地的颠覆以及深刻影响，已经充分说明了文化媒体不再是文化独有的载体，而是正在走进国家政治体系、国民经济体系和社会公共服务体系。科技对文化，乃至对一个国家的政治、经济、社会，都产生了深刻影响。未来的科技创新方向何在，未来的科技影响领域何在，科技“新”与“重”何解，都应成我们九三学社重点关注的问题。

王志珍、马大龙等一批生物科学工作者代表性人物开始出现，韩启德主席于2005年在北京大学发起并成立了“前沿交叉学科研究院”，开始了生物医学跨学科研究、磁共振成像研究、纳米科学研究等，建设了具有科学前沿性和学科交叉性的科技创新平台，开展与生命、信息和材料等先进科学与高新技术相关的创新性研究工作，开始了整体性跨学科研究平台建设。建立在生物科技、认知科学、纳米技术、太赫兹通信技术基础之上的文化科技，越来越清晰地表现出未来科技的发展趋势，也越来越清晰地反映出科学宗旨指向文化的直接意义。

我们不能忘记，九三学社将科学视为宗旨的意义。科学内涵的嬗变和宗旨轴向的转移，是这一时代九三人的责任和义务。

（作者闫贤良系中国艺术科学研究所研究员、文化部文化标准研究中心主任）

责任编辑：张博燕

民主与科学的关系及时代启示

辛塞波　张雅婷　付贵元

一、新的历史时期对民主与科学的新要求

（一）民主的推进需要科学的机制

民主和科学相辅相成，是现代社会赖以发展、现代国家赖以生存的内在动力，是现代文明的基础，也应该是社会主义国家的立国之本。民主在满足社会的合法性诉求、体现公平正义、制约国家权力和促进公民参与等方面都发挥着不可替代的作用。民主是一个多维概念，它既可指一种制度形态的政体形态，又可表征公民享受的权利和自由，还可指一种以多数表决为基础的程序操作机制。科学则是对未知领域的探索，在未知领域中，没有现成的道路可循，只能一边摸索，一边观察分析，用各种可能设想到的办法去逐个尝试检验。因此，进行这种探索，需要有不墨守成规而善于独立思考、不怕失败而勇于创新的精神，也需要思想上和学术上的自由气氛。背离民主，践踏公民的基本权利必然出现人压迫人的现象，科学也必然受排斥和摧残，这也是对社会主义原则的根本背离。时下，一个热议的话题就是改变文风，媒体所患的文风之病，其根源就是官风之病、权力之病、官场之病，其实质则是一些领导干部和权力部门存在的严重脱离现实、脱离公众、脱离社会的膏肓之患。如果把坏的文风看作是脱离科学的表现，那么坏的官风则是破坏民主。试想：一个脱离公众、脱离实际的官员，怎么会欣赏没有任何虚词套话的文章？一个习惯阿谀奉承的官员，怎么会喜欢直抒胸臆、针砭时弊的文章？一个循规蹈矩不敢越雷池一步的官员，怎么会欣赏观点新颖、锐气勃发的文章？一个热衷沽名钓誉、四处炫耀的官员，怎么会钦敬虽朴实无华却蕴涵极高学术价值和深厚文化底蕴的文章？

今天，我们再谈解放思想，永不僵化，主要是突破我们自己以往单一的经

济增长观和政绩观。从以物质增长为根本目标转向以人的全面发展为根本目标；从唯 GDP 转向统筹经济与社会全面发展。跳出原有的高投入、高消耗、高排放、低产出、低效益的“三高两低”粗放式发展模式，制定改善民生、扩大内需、科技创新、产业升级、结构优化、节能增效、生态环保等新型发展模式的思路与举措，建立起以科学观为指导的干部考核评价体系，形成注重品行、崇尚实干、重视基层、群众公认的有益导向。目前科技领域中，诸如环保、生态、低碳等热点和突出问题里，环保目标责任制和考核评价制无疑是好制度，但关键是由谁来行使监督权？在公众监督方面，一方面，需要为公共参与、公益诉讼开辟更畅通的渠道，以保障民间力量对政府决策、环境问题形成有效制约；另一方面，对政府环保责任的监督以及对官员政绩的考核，有必要引入人大、社团以及公众监督等更多的民主化因素，从“内部型”监督更多转向“外向型”监督，由普通民众或第三方机构行使“环保政绩”的考核权和评价权，而不是由上级政府甚至个别领导所垄断。

（二）科学的发展需要民主的环境

鉴于民主的多数原则，“学术民主”就不是一个严格意义上的科学概念。因为学术上的是非只能通过自由争论和实践去解决，而不能单纯依靠多数人决定。政治民主给人们以言论自由、思想自由和学术自由的政治保证，但任何人都没有对学术是非的裁决权。因为知识和科学真理不同于人类社会的行为准则。通常情况下，科学真理在发现初期难以被多数人接受，若是机械执行多数原则，就可能混淆是非。当然，在科学知识的应用上，在对待科学工作的方针、政策上，在科学事业的管理工作上，在对待科学工作人员的培养和使用上，各个阶级、各个政党之间出于自身利益的考虑都会各不相同，但这并不能为所谓的“自然科学的党性原则”提供丝毫根据。因为这种差别仅限于一个阶级或政党对待科学工作的态度，而不能改变科学本身的内容和性质。何况，任何一个阶级或政党，认为科学对它有利，就会多方利用、支持和鼓励，根据科学发展的客观规律来制定政策、科学管理。反之亦然。历史告诉我们，科学发展规律是整个人类在认识和改造自然的历史过程中形成的，并不以任何阶级的意志为转移。

科学研究在历史上形成了任何科学研究者都必须遵守的一些共同原则，它们没有成文的形式，而是以无形的规范存在于每个有素养的科学研究人员的思想和习惯中。它们对于科学研究人员具有强大的约束力，以保证其研究成果能真正成为科学。求实和崇尚理性是科学研究中的两个基本态度，二者相辅相成。求实使人脚踏实地地从实际出发，崇尚理性使人有理想、有志向，相信人类的理性思维能力，相信科学和人类的必然进步。它们是文艺复兴运动和思想启蒙运动中，思想家用来打破封建精神枷锁的有力武器，也是现代人类精神文明的柱石。如今，我们的时代需要真正的科学家，他们能真正脱离本部门和自身利益，站在公众的立场讲话。我们还需要修正现行的科技评价机制，从项目立项到追踪效果都要修正，以科学家的良知进行评判。例如，公共政策分析人员和学者的一项关键任务是，向那些负责制定公共决策问题的人提供他们最专业的政策问题分析。社会科学知识要具有相关性，就必须适当调整以满足那些需要处理现实问题的人的需要。当然，在科学组织管理和科学事业行政领导工作中，必须贯彻民主原则。我们通过建立真正择优录取的公务员制度提升政府官员的专业水平，人员的任命是基于他们的学术和专业资格以及相关的工作经验，他们可以通过建立具有较高道德操守的有效管理者的良好声誉来提升自己的事业。

在政治民主保证下的学术自由和思想自由，提供尊重少数、保护少数的宽松环境。它要求学术上的是非问题由学术界同行自己去评议，防止外界特别是行政力量的干预。由于科学的发展有自己的相对独立性，外界不可去横加干涉，而应容许科学界有充分的自主权。当前，激发包括科技创新能力在内的全民族的文化创造力，需要的不只是，甚至主要不是资金、仪器、设备，更是文化、科技创造的宽松、自由环境。有了这样的宽松、自由环境和精神，一个民族的文化创造力就会激发出来，而作为文化创造力之一的科技创新能力也不可能不同时被激发出来。这就要求我们深入反思计划体制的弊端，重新思考国家、社会、个人的关系。计划体制的最大弊端之一，就是扼杀了社会自身的创造活力，文化领域、科技领域也是如此。新时期改革开放的重要举措，就是国家权力逐步、有序退出社会和文化，包括科技领域，结果包括科技创新能力在内的社会文化创造力得以大大提升。社会和个人在文化发展中的作用是政府无法替代的，政府管得太多太死只能扼杀社会和个人的文化创造力，而一个没有文化创造力的民族怎么可能有科技创新能力？一些重大的科技发明，当然需要国家和政府的投资，但更重要的是：在一个市场竞争空前激烈的时代，企业要生存发展，必然重视科技方面的投入。只有激发起社会的创新能力和企业的竞争活力，让企业热衷于投资新技术，这样才能激活全民族全社会的科技创新活力。这样的国家不可能不是一个充满文化创造力、科技创新能力的国家。

我们可以清晰地看到：要是科学事业顺利发展繁荣昌盛，必须要有容许学术自由和思想自由的社会环境，而这种环境必须由政治上的民主制来保障。当下，我们对阻碍经济发展的政治体制部分加快了改革的步伐，处理好中国二元结构转型过程中政治模式与经济模式的关系，坚决并逐步地推进改革向纵深发展，通过改革实现自由、民主、公平、公正、平等、正义，全面实现十几亿人的中国梦。李克强总理在 2012 年 11 月全国综合配套改革试点工作会议上说，现阶段推进改革不仅需要继续解放思想，转变观念，在很大程度上要触动利益。如果利益格局固化了，经济社会发展就缺乏活力。习近平总书记在 2012 年 12 月考察广东时也强调，我们要坚持改革开放的正确方向，既勇于冲破思想观念的障碍，又勇于突破利益固化的藩篱。他们所说的突破利益格局，关键是政府要对市场和社会放权，在经济领域更多地发挥市场配置资源的基础性作用，这是在新的历史时期民主精神的新诠释。

二、当前研讨民主与科学的意义

整个人类文明进步的历史毫不含糊地向我们展示：凡是有学术自由和思想自由的时代，学术和文化必然兴旺发达，中国的春秋战国、希腊的雅典时代莫不如此。反之，学术文化必然停滞和枯萎。思想自由对人类进步必要性的认识，如同人人生而平等，都有不可侵犯的权利，主权在民的民主思想的确立，是人类彻底摆脱以思想统治、封建特权、等级制和人身依附关系为标志的封建传统的精神大解放。这种思想的深入人心，是现代文明的基本前提。资产阶级就是借此把劳动人民聚集在自己的周围，推翻了封建统治。资产阶级夺取政权后，采取一系列有利于民主和科学的措施，其中最有深远影响的就是在思想上实行宽容政策。只要不触犯法律，容许各种思想自由发表，自由争论。这种宽容政策是对科学有力的保护，是古代历史上所谓“百家争鸣”的学术繁荣景象持续存在的原因，是人类文明史上具有划时代的意义。一旦社会有了这种宽容精神，那种把思想上的“异端”看作是洪水猛兽，以致当众烧死布鲁诺、刑讯逼迫伽利略放弃地动说这样的历史悲剧都将不再重演。“文革”结束后不久，中华民族获得了一种前所未有的、全新的精神世界。20 世纪 80 年代初，解除对知识的长期禁令后，民众压抑许久的对知识的渴求，变成全国上下涌动的崇拜知识和科学的热潮，这是古老的中国从未出现过的新气象。全民崇尚科学的风气，使这个东方古国突然焕发出勃勃生机。

饮水思源，今天我们有幸沐浴在如此灿烂的科学思想的光辉下，享用如此丰硕的科学成果，应该时刻不忘那些筚路蓝缕的创业者终生坎坷困顿的历史，学习他们的不屈不挠的奋斗和牺牲精神。在科学领域中，精神探索是常规状态，一切创新都来自标新立异，每一次科学飞跃都是一次精神升华，科学进步需要这样的国民：他们不亢不卑，做自己的主人；他们并非无所畏惧，但绝不屈从不义；他们懂得自己的义务，但绝不放弃自己的权利。只有这样，他们的精神才能实现真正的自由，精神自由使他们始终保持活跃的智力活动。在为“中国梦”而奋斗的科学技术工作者，在这样庄严的任务面前，有必要回溯民主与科学发展的历史进程，总结并吸取历史的经验教训，学习前辈的艰苦创业和献身精神；同时更要努力宣传科学和民主的思想，使科学和民主精神深入人心。根据十八大报告对健全社会主义协商民主的新要求，我们的工作不仅要关注科学层面的问题和对策，更应当在民主层面上（社会主义民主政治建设、法制建设、公共权力的监督以及社会公平正义保障等重大问题）加强建言献策的力度，这必定对科学长足发展提供更为有利、宽容的社会环境。

（作者辛塞波系河北建筑工程学院副教授，张雅婷系九三学社河北省张家口市委会专职副主委，付贵元系九三学社河北省张家口市委会秘书长）

责任编辑：张博燕

积跬步科学　扬万世民主

杨德军 杜保国

当今世界正处在大发展、大变革、大调整时期，当代中国正处在充满矛盾和挑战，中国共产党肩负任务的艰巨性、复杂性、繁重性世所罕见，面临诸如执政、改革开放、市场经济和外部环境等方面的考验更加严峻。新形势下，加强民主与科学的任务不是减轻而是更加繁重了。

作为参政党、中国共产党的亲密友党、我国多党合作格局重要组成部分的九三学社，更应在党的十八大精神指引下，继续吐故纳新勇于开拓，进一步弘扬民主与科学精神，在全面建设小康社会的宏伟实践中发挥更大的作用。

一、毫不动摇地走中国特色社会主义道路

实践证明，什么时候离开了马列主义、毛泽东思想、中国特色社会主义理论的指导作用，社会主义事业就出现偏离，甚至出现挫折。新世纪以来，共同理想概括为同心同向、同心同德、同心同行，应该与政治文明建设和政治体制改革紧密结合。第一拥护支持社会主义人民民主。人民民主是我国社会主义的生命，坚持宪法第二条规定的中华人民共和国一切权力属于人民。二是坚持协商民主的社会主义特性。协商民主是中国特色社会主义的长期实践结果，是反对国民党专制独裁、反对外敌入侵长期革命斗争和社会主义建设中独创的政治协商制度。不存在反对党、西方三权分立（美国目前向总统一权集中）等不切合中国政治运行实际的“西方民主”。西方民主最大弱点是难以集中力量办大事，往往在“议”的程序发扬民主，对科学的进步有益的重大事项淹没于压力集团的争吵中，甚至争论各方相互攻击，大打出手，造成议而难决、长议不决，延误了经济发展和社会

进步的不利局面。三是积极参与基层民主制度化建设。应坚持十八大提出的“自我管理、自我服务、自我教育、自我监督”，让人民依法依规行使民主权利，确保以直接的方式行使民主权利。九三学社社员应参与到火热的基层民主制度建设中来，将科学民主精神在群众中广为传播，引导教育群众通过提高科学文化而提高自身民主水平，让群众更广泛、更及时、更全面参与社会主义民主；以当家做主的政治激情祛除分配不等而产生的各种不能合理表达、宣泄的负面心情。九三社员应努力参加共产党基层组织建设，参与诸如选举、被选举，评议党员干部、开启民智等各项活动。四是自觉维护依法治国大局。治国理政其基本方式是依法治国。我们要促进“科学立法、严格执法、公正司法”，既坚持对别人法律面前人人平等，又要对自身有法可依，不以政治特权凌驾于宪法和法律之上；又要执法必严、违法必究，作模范遵守法纪的典范。五是应进一步支持参与政治体制改革工作。在党派协商方面九三学社应发挥自己的不同阶层、不同职业、不同职称、不同专业的优势，依据自身特点，认真加强监督政府、服务社会的作用。

二、加快科学、技术进步的客观要求

我国确立了全面建成小康社会的宏伟战略目标，到 2020 年国内生产总值和城乡居民人均收入比 2012 年翻一番。相应的科技贡献率由目前的 40% 提升到创新型国家的 70%。然而成为创新型国家任重道远，必须加快完善社会主义市场经济体制和加快转变发展方式，实施强有力的创新驱动发展战略。

要赶上创新型国家，一是改变我国科学技术少部分先进、大部分落后的局面。从航天的角度看，我国航天器还未组成空间站甚至更先进的航天居民点、航天城，美、俄这方面依然领先。另外，航空上我们的飞机加油不能全面空中完成，不但对民航不利，对国防和远洋保卫能力都是重大考验。不要以为我们有许多汽车制造厂，生产高档轿车就乘风欲仙，我们在马达（发动机）领域，并不是冠军。对于科技界来说，这项本职工作不算出色。二是加大原始创新的需要。改变国外用技术杠杆形成的经济侵略、掠夺，改变一些科学工作者观念，不追求全面赶超而是定位赶超。将科学、技术与产品、商品、产业结合起来，引领世界消费热点；发挥集约思维的长处，拓宽中国制造的创造性，增加中国创造的含金量；改变中国制造价格的低廉性，升高价格水平；在原创产品上坚决提高马克思主义关于绝对剩余价值的执行力，形成该产品全行业的超额剩余价值，为该行业发展创造自我积累的空间。用价格杠杆撬动中国高科技、原始创新的附加值。克服小农定价心理，破除科技含量不高、无法制定高价的价格形成机制，以及唯恐价格太高吓跑买方的价格形成机制中的小农意识。只有进一步发挥价格杠杆的国际作用，才能加快收回科技投入的成本，从为国争光转向为国夺利。

科学、技术的落后是一个民族的耻辱，追求全面领先不是科学，但是借故科技不能全面领先，而放弃对科技的大投入、大攻关则是与我们的惰性和小农意识分不开的，也是缺乏民族自信心和责任感的表现。九三学社是中高级知识分子比较集中的党派，科技人才荟萃，是中国科技攻关的强大力量。中国科技兴盛则九三人荣耀，反之亦然。我国是人口大国，同时又是科技弱国。要把国民特别是几亿农民的科技意识提升起来，就能创造一个伟大的社会主义科技强国。不能认为科学、技术发不发展是政府的事，科学、技术发展快慢是科学院等专门机构的事，科技对经济的拉动作用是专家们的事。要以民族责任感、政治使命感，把科学、技术发展作为自己的神圣使命，学习杨佳、刘瑞玉等追求科学甚至奋斗终生的先进事迹，以他们为光辉榜样，一代一代地学习、研究、探索，生命不息攻关不止。以崇尚研究科学、有所建树为荣；以追求安逸、止步不前为耻。只有科学、技术进步和创新成果商品化，提高了资源利用率，才能减少中华民族对环境的压力，从粗放经营中进一步解放出来，更好地实现十八大提出的五位一体发展战略。

三、壮大社会主义制度的必然要求

九三人与党的共同理想，归根结底是以社会主义经济制度为载体的。十八大报告指出，确保到 2020 年实现全面建成小康社会宏伟目标。这个宏伟目标要求，一是经济可持续发展。重要标志是城乡居民的收入大幅提高，十年内翻一番任务宏伟而艰巨。同时要看到，我国的经济结构不尽合理。第三产业增加值、就业所占比重分别为43%、34%。低于世界平均水平10、20个百分点。“十二五”期间服务业就业如果达到世界平均50%水平，新增就业将达到一亿人。二是文化软实力明显增强。要完成十八大提出的社会主义核心价值体系建设，并使之深入人心，提高公民的素质以及社会文明程度，任务十分艰巨。特别是文化产品更加丰富，建成公共文化服务体系，把文化产业打造成为引领国民经济的支柱产业。形成文化产品进一步丰富，基本建设公共文化服务体系的好局面。三是进一步提高人民生活水平，继续加强公共服务均等化。在民生工作方面大有作为、大力提高全民受教育程度、人才培养方式进一步创新。四是更加合理利用资识，建设两型社会。社会主义初级阶段的物质基础将进一步丰富，逐步达到共产主义的高级阶段而渐次用100年、200年、500年时间建成发达的共产主义。“共产主义的特征并不是要废除一般的所有制，而是要废除资产阶级的所有制”《马克思恩格斯选集》第一卷（上）265页。由全面建成小康社会进入中等发达国家水平，再上升到并超过发达资本主义国家的物质条件，中国共产主义真正意义完成了。九三社员一要在本职岗位上继续勤恳工作，进一步加强职业道德，做好基本的参政议政；二要在基础上下工夫，要传授更多的就业创业知识和劳动技能，为国家培养更多的人力资源和人才；三要在自身建设上下力气，继续提高自身素质，加强学习、深入钻研，发扬许德珩、李四光等老一代的光荣传统，把刘瑞玉、杨佳等的事迹作为楷模，为人民再立新功。

（作者杨德军系黑龙江省委党校教授，杜保国系省政府发展研究中心副研究员）

责任编辑：张博燕

浅议民主与科学

赵玉华

“民主”与“科学”是著名的“五四精神”中并提的两大范畴。可是，当我们将它们作为某种价值符号相提并论、照单全收的同时，对二者间所存在的内在张力关系却往往习焉不察，掉以轻心。由于“民主”和“科学”都是含义广泛且负载价值的“大字眼”，我们有必要厘清民主和科学的内涵，才能辨识民主与科学的现实意义。

一、民主的内涵

“民主”今日已成为人类话语系统中使用频率极高的流行语词，然而，民主概念的泛化无助于我们理解对现实问题的解决。因此，在理论的立场上，对民主的思考，尤其是分析性的思考乃当务之急。

“民主”一词最早出现在2400年前希罗多德著作的译本中，而在希氏的原著中，与君主政体或寡头政体相对应的正是民治或多数统治政体。作为“democracy”，民主在字面上指“人民的统治或权力”，这在中文中即所谓的人民“当家做主”。在贴近词义的解释中，“民”与“官”和“君”相对应，民主首先是针对君主的自主诉求，这体现了其内在的道义性。在政治实践的层面上，人民的意志落到实处，最终是以统计学上人数的多寡来体现的，其具有可操作性的规定最终乃是多数票决。借用实用主义的说法，多数票决乃民主的“兑现价值”。在这一层面上，民主具体化为多数做主。

必须指出的是，当我们依多数决定界定民主，其着眼点乃“投票过程”，如选举、全民公决或是议会中关于议案的表决等政治运作。在现实中，民主的内容诚然并不单单是票决，它至少还包括投票前的协商、公共辩论乃至民意测验等操作。在经验描述的意义上，作为决策机制的投票程序的确不是关于民主的全面表述，但是，在实质上，在决策的做出方面，协商只属辅助性的措施，作为民主机制中“图穷匕首见”般的最后手段，只有投票才是民主程序中不可或缺的关键性环节。多数票决构成民主的核心内容和基本规定性。一言以蔽之，“民主”的核心规定性即“多数票决”，这是可以覆盖民主作为“主义”话语与“问题”解决方案两个基本层面的“最大公约数”。多数决定机制的思想前提是“平等”，在认知的层面上，这意味着真理的不在场。在这一背景下，民主作为一种政治的善，其深刻含义及其合理性与内在限度均可以得到清晰的刻画与说明。

多数与少数作为数量规定，其经典的实质含义分别是“民”与“官”或“君”，这样，我们就由多数原则深入到民主的纵向维度与横向维度。历史上看，最早出现在古希腊的民主制基本上是自由民之间横向水平上参与城邦社会公共事务的决策机制，似不具有反对专制独裁的强烈意味。作为纵向层次上底层被统治者与上层统治者间权利与权力抗衡机制的民主，主要乃是西方近代史上新兴资产阶级反对封建专制的历史产物。民主的纵向与横向维度分别对应、表征民主的道义性和工具性两个层面，前者反映民主是关于“人民主权”（自主、自治）的价值诉求，在此，民主的功能是保护人民免遭暴政压迫（所谓“保护型民主”）。民主与“自由”、“平等”这样一些纯价值理念不同，民主本身同时还是一种具体的制度安排，是社会政治生活领域中现代公共决策机制或游戏规则，正如与之相应的经济方面的制度安排是市场体制。在这一层面上，民主承载的是“治理性”的功能，其与传统政治体制的根本区别，就是在政治事务中最终以多数而非少数人甚至某个人的意志为依归。民主因其在纵向维度上所具有的道义价值而成为“前民主”状态下人们为平等与尊严而斗争的革命理想，而在民主体制已然确立的“民主后”政治框架中，民主的纵向维度与道义层面诚然并未失效（民选乃政府及其首脑统治合法性的基础，民主机制作为防止政府权力的潜在滥用的保险装置依然发生作用），然而，与前现代政治社会相比，民主在其现实性上主要是作为横向水平上市民社会公共事务选择及决策机制发挥其功能。在此，纵向民主作为权力制衡机制表征民主的消极功能，而横向民主则代表其社会公共问题解决程序及决策机制的积极功能。但是，不论是纵向民主还是横向民主，其实质均可由“多数决定机制”获得统一的概括和表达，只不过，在前民主状态下，多数与少数的实质意义是“民”与“君”或“官”，而在民主制度已然确立之后，它还原为单纯的人数意义。必须强调指出的是，在前民主背景下，人民虽说是多数，但却往往被排斥在政治决策过程之外。以民主的纵向道义与横向程序维度为参照，通常人们对民主的政治热情主要是出于对其所代表之道义的认同，而国内外关于民主可能存在弊端如“多数的暴政”之类的疑虑，则多是从民主作为社会问题解决方式的角度切入。

二、科学的内涵

所谓科学，就是对自然和社会规律认识上的民主。这种民主不是简单地以多数人的意志来决定真理，而是靠摆事实讲道理的方法来判定真理。科学中真理的专家独白语式与民主这一以观念多元为背景且最终依人数多寡处理分歧、做出决策的游戏规则之间存在着明确的区别。

真理的探索和发现本质上乃是相当个体化的事情，依马克思在《资本论》序言中的著名说法，通往真理的道路从来是单人小道。而从真理的接受的角度论，却又恰恰具有全体一致的特征，而不是所谓的多数承认。在此必定没有、也不可能存在“反对票”。在政治上，民主与独裁是正相对立的，可是在认识问题上，是非曲直恰恰是由专家独立裁断（“独裁”）而非依多数意志民主决定的。真理在手的专家意见有一锤定音之效，而多数表决在此则既无必要亦完全无效。将多数意见与真理联系起来的理由，意即真理容易在多数人手里。

在日常语言中，真理往往包含由正确、合理到正义一系列由狭义到广义、事实到规范的不同语义，所谓真理可以被视为是关于所欲求解问题确定和有效的解，在此一意义上，我们这里所说的“真理”大致相当于一种关于事实的真命题，即事实性真理。在此，真理具有决疑止讼、是非立判的思想功效，它在实践中是我们行动的合理性的理由，也是社会公共决策中无可置疑的唯一可行方案。

因此，凡真理“在场”之域，“它们全都超越了协议，争论、意见，或同意真理的内容不是说服性的而是强制性的”。则在真理面前，任何个体及其组合的意志作为“主体间性”都是没有理论意义的，更不用说还是非全体的多数人的意志。

进一步分析，真理暗含权威，就理性之外的其他权威在真理中都是无效言论，真理面前人人平等。但是，在真理与意见、进而拥有真理与不掌握它的人之间却不可能是平等的。真理自身的理性逻辑中蕴涵着内在的不平等性。在“前民主”的情境中，民主行动如街头游行等民意整合与表达措施，虽非发现真理的社会认知方式，但却可以且往往负荷捍卫真理与正义的功能。在此，民主与真理间是存在某种关联的。当民主已成为政治现实，由于公共领域中那些无可争辩的理念业已成为法律，付诸实施，为真理而斗争的“抗议性民主”让位于作为处理日常公共决策博弈规则的“治理性民主”。涉入民主博弈的人们间发生的往往是各自合理利益的分歧，而在这样的问题上往往是不存在（即使是理论上的）能令歧异冰释的单义公共解即严格意义上的真理的。尽管政治现代性转型的要义是民主化，但是，在实质性层面上，现代政治体制并非民主所能涵盖，亦非单纯民主机制的展开，诸如共和、宪政等都是现代政治体制不可或缺的有机要素。在面对自然的时候，迄今为止人类在价值偏好上基本具有天然的协同一致性，构成统一的价值共同体（“我们”）。反之，一旦进入人类自身事务的领域，人类之间尤其在具体问题上不再享有单一的价值偏好，“我们”分裂为“你—我”乃至“我—它”。

民主与科学之辩的现实意义

虽然民主与科学是推动现代社会的实现和发展的两大支柱和基础，是现代社会不断发展的两大动力，但我们现在首先所需要的就是要实现有人的道德尊严的民主社会，为科学的发展提供一个发芽滋长的土壤，科学的发展需要民主的环境。

在价值多元化背景下，即便我们由任一价值立场出发均不难找出相关的真理，但我们似乎往往难以在不同价值立场之上得出具有思想有效性的一揽子解决方案。于是，在民主的范畴内，除寻求妥协之外，只能依多数原则做出裁断，这就需求具体的制度性安排来实现治理性民主。但在政治现实中，民主这一“多数决原则”因缺乏正常的整合与表达机制而在多数情况下成为潜在而非现实的政治存在。因而推进公民的政治参与是当务之急，这对于深化政治参与理论、丰富社会主义民主形式、增强人民群众的社会主义认同感和归属感、培养时代需要的合格的政治人、维护社会主义社会的政治稳定以及促进社会主义和谐社会的建设等方面有着重大而深远的意义。

当前，政治参与环境不断由封闭走向开放，利益分化促使政治参与意识逐步自觉，形式参与的褪色与实质参与的发展，村民自治的蓬勃发展以及城市社区“参与式治理”的方兴未艾，但也不同程度地存在着狭隘的政治参与、无序的政治参与、盲目的政治参与、冷漠的政治参与、期望值过高的政治参与等，这表明我国公民的政治参与发展还不充分，这种现实已经影响到我国社会主义民主建设的推进，后果是很严重的，因为如果政治参与发展不充分既容易使人们对社会主义民主产生模糊认识，也不利于社会的长远稳定与和谐发展，而且还有可能导致民主外衣下的专制，所以政治体系应当给予高度的重视、正确的分析和科学的引导，在现代化的背景下，建立强调面对人民迫切的民主愿望和在日新月异的现代科学技术支撑下的、维系我国政治稳定的有中国特色的政治参与机制，确立动态有序的稳定观，这对发展中国家的现代化意义深远。

充分发展的公民政治参与是衡量社会民主法治的标准，是社会公平正义的必然要求，是社会充满活力的集中体现；协调社会各阶层的利益矛盾、优化公共政策中的政府行为、调动建构和谐社会的积极性等都需要充分发展公民的政治参与。充分发展公民政治参与是实现中国特色社会主义民主政治发展的必然选择。

（作者赵玉华系黑龙江省哈尔滨体育学院科学与健康系教授）

责任编辑：郑晓东

刍议民主精神在科学中的应用

陆海燕

民主的精神与科学的精神存在着共同之处，那些使民主运转的优点同样会有益于科学工作：透明的工作机构、对公众质询的公开性、对于过度吹捧的观点保持怀疑态度、愿意倾听不同的意见、承认事物的不确定性和自身的无知、尊重经过实践所验证的结果……因此，探讨民主精神的内涵，并探索其在科学研究中的应用是极有价值的。

一、民主与民主的精神

什么是民主？直接从字面上看，民主即“让人民做主”。但实际上民主的内涵并非如此简单。正如美国学者乔·萨托利在辨析民主的基本概念时说过：“有多少个民主国家，就有多少种民主实践。”尤其是到今天，民主已经不仅仅局限于政治民主的内涵，诸如社会民主、经济民主、工业民主、基层民主等名词相继出现，令人眼花缭乱，对于民主感到更加混乱。其实，要摆脱争论窠臼，我们还是要摆脱民主制度与民主形式的束缚，深入探讨民主的精神。

一般来说，民主的精神包含以下几个方面。

一是民主保障公民自由。实现民主所需要的条件很多，其中核心的条件之一是公民自由。民主它意味着每个人都有能力作为公民来行动。这有两层含义：第一，公民有权自由地选择。可以说，没有自由选择就没有民主。通过保障公民在选举中的自由选择权，才能选出对民众负责的官员，真正实现人民当家做主。第二，公民通过自由选择，可以实现以社会制约权力。西方制约权力有两种路径，第一，以权力制约权力，即在制度上将权力约束在牢笼里，使其不能为所欲为，具体表现为法治、宪政；第二，以社会制约权力，即通过公民的各种自由，如言论自由、结社自由、宗教自由、出版自由、信仰自由等来对权力进行制约。而民主保障公民自由，使公民可以通过舆论、媒体等手段来对政治权力进行监督和约束。

二是民主是一种宽容。当一个政治共同体可以宽容并容纳曾经的反对派时，民主才会是真正的民主。不宽容只会导致更加激烈的斗争，追求你死我活。在这种政治中，人很容易丧失理智，这时也就没什么民主可言了。民主内在精神隐含着宽容，即人们愿意容忍其他人的政见，允许其他人享受与自己相同权利，不管那些人或其观点自己喜不喜欢，接受不接受。19 世纪密尔关于遵守成规的言论对我们来说至今仍是有启发的："对于异乎寻常的个人，不应该阻止他们，而应该鼓励他们，与众人在行为上有所不同。在其他的时代，这样做没有任何好处，除非他们的行为不仅不同，而且高明一些。在这个时代，树立不顺从的榜样，拒绝向习俗屈服，仅就这一点而言，它本身就是一种贡献。正因为舆论如此专横，把不守常规视为邪恶，为了打破这种专横，人民的不守常规是合乎需要的。在充满着性格力量的时代与地方，也一直充满着离经叛道。而且，一个社会中所见到的不守常规，是与它所有的创造能力、思想活力以及道义上的勇气成正比的。当今时代最大的危险是在于不守常规的人太少了。"

三是民主是一种妥协与合作。任何社会中，人与人的之间的利益和想法之间的冲突是无法避免的，要追求大家都完全满意的办法来解决即完全理性解决方法是几乎不可能的。因此，大家只有选择有限理性，制订出冲突各方虽不完全满意但至少都能忍受的办法。有人可能认为，妥协是错误的。如果知道自己是正确的却要妥协，那是虚伪，因此是错误的。而且真理往往是掌握在少数人手中的，不能为了妥协而放弃真理。这种观点是没认识到如何妥协。妥协并不是为了团结而牺牲原则和真理，愿意妥协与有原则地维护自己的立场这二者之间毫无抵触。妥协不是披上伪装的有条件投降，这是各方准备把自己要求中的各个部分区别开来，在某些部分上让步，以换取另一些部分上的满足，才有可能达到彼此满意的协议。只有通过妥协，双方或多方才能达成共识，进行合作。

二、将民主精神应用于科学

在这里我们强调的是将民主的精神而非民主的制度应用于科学，因为科学不等同于政府。当然我们在科学研究中有管理部门，相当于某种政府，但科学本身并不是对科学进行管理，科学是一回事，科学管理是另一回事。将民主精神引入科学将有利于科学的发展，但将民主制度引入科学研究中则会对科学造成重大灾难。

（一）保证科学的研究自由

自由作为民主的核心内容之一，其所包含的内容也非常广泛，如言论自由、宗教自由、信仰自由等等。我们这里所要保证的是研究的自由。我们的文明是建立在科学的基础之上的，我们当前的生活是一系列重大的科学研究发现所造就的。但如果科学不保持独立，则不可能保持繁荣。诚然，在科学研究中，政府、商业与科学保持着密切的合作，尤其是在资金方面。但如果科学中掺入太多的商业或政治因素，这容易使科学家扭曲其成果，使其服务的目的从公众利益转变为私人利益，科学沦为政治和商业的工具，那么科学则彻彻底底地失败了。

在这里，我们强调的是引入民主中的自由而非平等。纵观科学史，我们可以看到科学史是伟大的单个思想家的历史，如阿基米德、伽利略、牛顿、爱因斯坦等。他们的思想和理念在他们所处的时代都属于异见，但他们的发明却是影响整个人类发展史的。而社会中大多数的人都是保守的、平庸的，如果强调平等，主张少数服从多数。那么，毫无疑问，科学思想中的火花都会被无情地熄灭掉。

当然，我们也要注意到，科学是一项公共的和社会的事业，它的应用有深远的影响。科学研究的自由并不是一种绝对权利，科学家要根据广泛所持有的道德准则进行研究，尤其是在近几十年来关于生物医学、转基因食品等这些在公众中有着广泛争议的科学研究领域。如湖南省衡南县江口镇中心小学的“黄金大米”事件，相关科研人员无视法律法规、科研诚信、职业道德和医学伦理，在公众中造成了恶劣的影响。这些领域需要受道德伦理的制约，接受公众的质询和政府的管制。

（二）将宽容、妥协与合作引入科学研究

一般来说，在思想上具有超常天赋人在人群中都处于边缘，因为其思想很难为其他思想平庸的人所立即理解。一个社会中，资质较差和平庸的人是大多数，有能力的人是少数，而拥有超凡才能的人是屈指可数的。如果不能对那些具有研究才能的人所提出的观点和想法持宽容的态度，而出于嫉妒和排斥对其进行打压，那么只会让平庸者占据高地而让拥有卓越才能的人被埋没，这对科学的进步和发展是毁灭性的。

在科学研究中，我们也要保持妥协与合作的精神。现代科学研究大多数是团队合作，如果在研究中没有妥协，各执己见，绝不让步，则会造成僵局。当然，正如民主的妥协一样，妥协不是没有原则性的，不能为了妥协而抛弃自己的原则或正确的观点，或面对强权而无原则地退让。在坚持原则下适度地妥协，使团队成员能够就某一问题达成共识，才能更好地进行合作，取得科学研究的突破。

（三）鼓励公众参与科学技术决策

公众参与科学技术决策是近二十多年来西方各国所普遍探讨的问题，也是各国的发展趋势。欧美等发达国家均对公众参与科学技术决策进行了探索。如英国皇家社会科学院于 1985 年发布一份报告《加强公众对科学的理解》，报告在阐述了公众对科学的理解是重要的并需要提升之后，提出了一个简单的解决方案，即科学家应当学会如何同非科学家进行沟通。之所以鼓励公民参与决策，原因在于当前的科学研究与公众的生活越来越密切相关。我国近几年发生的与科学相关的事件，如厦门 PX 项目、转基因食物等等，都表明了对普通公民普及科学知识、鼓励公民参与科学技术决策的必要性。

从近几年我国各地发生的重大事件来看，如四川什邡钼铜项目，虽然人们的出发点是对自己所生存环境的高度关注，但根本原因还是在于对科学的无知。对此的解决之道就是培养科学公民，注重公民科学素质的培养，为公民参与与自身密切相关的科学决策提供多种渠道，使公民、科学人员以及政府三方形成良性互动，从而避免因科学无知而导致的社会不稳定性事件。

（四）保障科学家参与相关科学决策制定

民主保障公民自由，鼓励公民参与，这也有利于促进科学家参与相关政策制定。政府在制定与科学相关政策和发展规划时，应当倾听相关领域科学家的意见和建议。政府工作人员不是专业科学家，如果与科学相关政策由政府暗箱操作，那么造成的不良后果可能是极为巨大的。作为公民和专业人士，科学家也有权参与相关专业领域的科学决策，这既是民主的要求，也是科学的要求。

（作者陆海燕系江苏科技大学马克思主义学院副教授）

责任编辑：郑晓东

协商民主　民主与科学传承和创新的思考

石小平

中共十八大报告首次提出并系统论述了健全社会主义协商民主制度、确认“协商民主”与“社会主义协商民主制度”的概念，对“健全社会主义协商民主制度”进行规划和部署，充分体现了中国共产党在社会主义民主问题上最新的实践创新和理论创新。九三学社作为参政党，履行和参与协商民主，坚持民主与科学的传承和创新，应是题中之意。

一、协商民主，民主与科学的历史和现实

从“自然科学座谈会”到“民主科学社”，从1945年9月3日的“九三座谈会”到1946年5月4日，作为一个永久性的政治组织“九三学社”在重庆成立，民主与科学始终就是九三学社不懈的追求。这与中国共产党从发起成立时就不主张抽象的民主，宣传科学与民主，坚持多数人的人民民主，倡导以协商为特征的新民主主义议事精神，是一脉相承的。

1950年12月，九三学社召开了中华人民共和国成立以来的第一次全国工作会议。会议明确了九三学社“新民主主义政党”的性质，确定了“在政协共同纲领的原则下，团结进步的知识分子、进步的文教科学工作者，为建设新民主主义的新中国而努力”的政治任务。而中国人民政治协商会议第一届全体会议的召开，标志着协商民主这种新型的民主形式开始在全国范围内实施。人民民主专政的中华人民共和国是由政协第一届全体会议执行全国人民代表大会职权宣告成立的。其后，经全国政协协商建议，召开第一届全国人大。一届人大召开后，政协作为党派性协商机关继续存在。

历史证明，协商民主有着深厚的民主与科学的历史底蕴，它从一开始就是中国共产党和九三学社的不懈追求，是践行人民民主的重要形式。改革开放以来，协商民主更是坚持不懈地探索中国特色的社会主义民主发展道路。中国共产党领导的多党合作和政治协商制度将长期存在和发展被庄严载入宪法。人民政协作为“中国共产党领导的多党合作和政治协商的重要机构”写入政协章程。党和国家的重大方针政策和群众生活的重要问题在中国共产党与民主党派之间进行协商的同时，通过人民政协进行协商已成为国家政治生活中一种郑重的民主形式。

在当今人类的政治生活和政治实践中，团结与民主是两大不可或缺的要素，稳中求进地推动社会主义民主政治建设，必须妥善处理团结与民主的关系。一些国家在推进民主的过程中，往往致力于彰显民主的价值和意义，忽略了民主对团结的需求，造成推进民主进程中的团结危机。这种竞争式民主不注重对社会稳定和民族团结的构建，甚至不断引发社会动荡和民族分裂。

我国在建设社会主义民主政治过程中将选举民主与协商民主这两种民主形式创造性地结合，运用协商民主，注重求同存异，促进社会和谐，在保障人民行使投票权力的同时，也有利于最大限度地调动各方面积极性、协调各方面关系，维护社会团结稳定。九三学社传承和光大民主与科学的优良传统，作为人民政协这一政治组织和民主形式中的一员，充分展示了特色优势和咨政功能，为推进我国的社会主义民主政治发展和政治文明建设，为不断推进完善社会主义协商民主制度做出了重要的贡献。

二、协商民主，民主与科学的传承和创新

认真审视推进中国民主政治的历程，统一战线、人民政协和协商民主的产生和发展，是民主与科学的传承和相继，其逻辑起点是各方力量的联合和人民的凝聚，而其相继发展的取向则是人民民主。人民民主是中国共产党始终高扬的光辉旗帜，继续积极稳妥推进政治体制改革，目的就是发展更加广泛、更加充分、更加健全的人民民主。同西方竞争式的民主相比，协商民主具有许多优越性。协商

民主既关注决策的结果，又关注决策的过程，从而拓宽了民主的深度；协商民主既关注多数人的意见，又关注少数人的意见，从而拓宽了民主的广度。

（一）加强自身建设　夯实协商民主的政治基础

重视和加强自身建设，是一个政党永葆生机活力的重要保证，也是薪火相传的组织保证，参与协商民主的政治基础。九三学社作为致力于中国特色社会主义事业的参政党，也需要不断加强自身建设。

第一，要切实解决好政治交接、提高参政党履行职能和发挥作用能力的历史性课题。要从坚持我国的基本政治制度、维护多党合作政治格局的大局出发，有针对性地搞好学习和教育培训。要着眼于提高新一代领导干部对多党合作制度的必要性、重要性和长期性的认识，着眼于多党合作优良传统的继承和发展，着眼于肝胆相照、荣辱与共的合作精神的传承和培养。

第二，努力培养和造就一批具有较高政治素质和社会责任感、学识渊博并熟悉社会主义市场经济、具有一专多能的复合型知识结构、具有较丰富的政治经验和活动能力的社会活动家，有意识、有重点地培养本界别的新一代代表人物，保持本党在该领域参政议政的特点和优势，提出高质量的意见和建议，以满足协商民主的能力要求。

第三，不断探索和创新参政议政工作机制和方法，围绕社会发展、科技创新和公共服务等重点领域，选择一些具有宏观性、前瞻性、综合性的问题，进行深入调研和研究，提出建设性意见和建议，在参与协商民主中，为党和政府提供决策参考和依据。

（二）突出界别特色　发挥协商民主的政治优势

坚持界别特色，发挥民主党派专家人才优势和作用，在市场经济条件下的社会多元化和利益主体多样化背景下，使协商民主的政治优势最大化。

发挥协商民主作用。完善参政议政新机制，形成科学合理、协调有序建言献策的新格局。积极调动社会各界力量参与涉及教育、就业、收入分配、医疗、住房、征地拆迁等民生问题的调研，开展风险评估和预测，提出切合实际的建言和对策，通过协商民主健全社会沟通机制，化解社会矛盾，协调各方利益。

延伸协商民主形式。把民主监督作为协商民主的重要内容：除通过政协大会发言和提出提案，一是要在参加有关方面组织的视察调研和专项考察活动中提出有价值的意见和建议，二是通过组织成员深入基层，开展调研，提交信息、反映社情民意，三是应邀担任司法机关和政府部门的特约人员对政府部门的工作通过开展民主评议的形式进行监督，四是推荐成员担任有关部门的特约监督员、监察员等，对行政机关和司法机关及其工作人员进行经常性的民主监督，促使正确行使人民赋予的权力，维护社会公平正义和人民群众安居乐业。

（三）创新工作机制　保障协商民主的咨政作用

协商民主，目的是最大限度增加和谐因素，最大限度减少不和谐因素。永葆协商民主的政治生命，参政党不仅要通过加强自身建设，畅通利益表达渠道，把协商民主作为重要职责，还有赖于进一步加强和完善党和政府主导的协商民主机制。

建议：

一、参政党要创新工作机制，研究和拓展协商民主的领域和内容，提升协商民主的咨政作用。只有更加密切和人民群众的联系，真正成为党和政府与人民群众之间的纽带和桥梁、成为维护和稳定社会的“安全阀”，才能在协商民主中把参政为民的愿望落实到一个坚实的“落脚点”。

二、完善和加强协商民主的咨政机制。尽管协商民主和西方议会是两个完全不同的概念，但仅从工作方法角度看，可以适当参考借鉴协商的保障程序和机制。应着力做好协商民主的程序建设，建立起由选题程序、论证程序、报批程序、审定程序、反馈程序等一整套规范程序构成的咨政机制，使协商民主的成果成为切实进入决策过程的一个重要环节，不断完善和加强协商民主的咨政功能。

（作者石小平系九三学社江苏省常州市委会组宣处处长）

责任编辑：郑晓东

民主党派要敢于和善于发声

——兼谈九三学社民主科学精神

郭 峻

中共十八大以来，以习近平同志为总书记的新一届中共中央把作风建设作为事关党和国家事业发展全局的重大问题予以高度重视，制定改进工作作风、密切联系群众的八项规定，自上而下层层发动，严格贯彻执行，得到了全国人民的拥护。在统战部门的牵头下，民主党派也制定了改进作风的制度。民主党派改进作风，如果从自身建设的角度讲涵盖的内容很多，如果从发展中国特色社会主义事业的角度讲，我觉得最重要的是要改进会风和文风，而民主党派的会风和文风，说一千、道一万，归根结底是要不要或者说敢不敢发声、发什么声、怎么发声的问题。本文主要从后一个角度谈些粗浅的认识和想法。

一、发声是民主党派作为参政党的政治责任

现阶段，我国政党分为执政的中国共产党和参政的各民主党派。民主党派参政的基本点是“一参加”、“三参与”，即参加国家政权，参与大政方针和国家领导人选的协商，参与国家事务的管理，参与国家方针、政策、法律、法规的制定执行。作为参加者和参与者，说明民主党派是实行中国共产党领导的多党合作和政治协商制度、推进社会主义民主政治建设的一个主体，但不是主导者，主导者是执政的中国共产党。中国共产党同各民主党派的关系是执政与参政、领导与被领导、支配与被支配的关系。在国家政权机关，无论是在人大还是政府，民主党派所占职数都是极其有限的，同时要自觉接受党组的领导。换言之，在推进国家建设发展中，民主党派的“参加”和“参与”，主要不是体现在立法权、决策权、

执行权的掌握和行使上，而是体现在表达权、监督权的拥有和行使上。民主党派的这种表达权、监督权，既是历史形成的，也是宪法赋予的，是以中国共产党领导的多党合作和政治协商制度为制度保障，代表本党派所联系群众的意见愿望和利益要求，向执政党和国家政权提出观点主张的民主权利。这种民主权利，既保证了民主党派可以以本党派名义对外发声，同时也要求民主党派应当适时适度发声。对民主党派来讲，发声既是权利也是义务，既是“可以”更是“应当”，不是“要不要”、“可发可不发”，而是“不得不”、“应该发必须发”。失声等于放弃权利和义务，是对国家和人民尤其是所代表群众的不负责任，长此以往将严重损害本党派的群众基础和社会声望，并可能受到继续存在的合法性质疑。九三学社崇尚民主、追求民主、发扬民主，适时适度发声，正是对民主精神的继承和发扬，更是对社会主义民主政治建设的作为和贡献。

新一届中共中央领导集体对于民主党派和无党派人士发声十分重视、热情支持。习近平总书记在 2013 年 2 月 6 日同党外人士共迎新春时要求各民主党派和无党派人士“多建睿智之言，多献务实之策”，并特别强调要“继续加强民主监督”。“对中国共产党而言，要容得下尖锐批评，做到有则改之，无则加勉；对党外人士而言，要敢于讲真话，敢于讲逆耳之言，真实反映群众心声，做到知无不言，言无不尽。希望同志们积极建诤言、做批评，帮助我们查找问题、分析问题、解决问题，帮助我们克服工作中的不足。中共各级党委要主动接受、真心欢迎民主党派和无党派人士监督，切实改进工作作风，不断提高工作水平。”中共中央政治局常委、全国政协主席俞正声同志也强调：“统一战线内部需要包容差异，应该允许有不同看法，强调和而不同。”“要大力发扬社会主义民主，鼓励对党和政府工作的批评和建议，支持反映人民群众愿望和诉求的呼声，鼓励不同意见的交流和讨论，支持讲真话、道实情。”上述精神体现了新一代中共领导层政治上的开明，既是对民主党派发声的鼓励、要求和期盼，同时也为民主党派依法依规发声提供了重要的政治保障。

二、发声要突出重点体现特色

从中国民主党派的发展历史和现阶段我国民主政治建设的实际出发，民主党派发声要突出重点，体现特色，多发和善于发出本党派的代表性、群体性声音。

要围绕事关国家和地方发展的重大问题以及社会各界关注的热点问题发声。在新中国成立前尤其是解放战争时期，各民主党派在与中国共产党合作时，经常就有关重大政治问题和时局对外发表本党派的声明、主张和看法；新中国成立后，直到现在，各民主党派仍然对国家和地方重大问题，包括对中国共产党的代表大会召开、全会重大决策、每年的“两会”重要文件以及国际问题等，旗帜鲜明地表明本党派的政治态度，发表本党派的见解。这是体现民主党派存在价值的必要方式和重要途径。

要围绕本党派成员普遍关心关注的问题发声。各民主党派由于成员结构不同，大家关心关注的问题会有所区别。比如，九三学社主要由中高级科技人员组成，对高等教育发展、科技体制改革、医疗卫生体制改革、事业单位改革等问题会比较关注，在这些方面有丰富的人才资源和话语优势，应该成为发声的重点，持之以恒坚持下去，必有所获。这是体现党派特色的重要方法。

要围绕本党派所联系群众的特殊利益发声。民主党派一方面要积极反映所联系群众的意见愿望，另一方面要积极维护本党派及其所联系群众的特殊利益。比如，九三学社对于中高级科技人才在工作、生活中遇到的困难和问题，要特别关心、持续关注，党派能够解决的，要积极帮助解决，以体现组织的关怀和大家庭的温暖；对于那些涉及政策性、普遍性同时又具有合法性、合理性的问题，党派自身难以解决的，要积极向有关方面反映，促进问题的解决。譬如，前些年，九三学社针对原来在国有、集体企业工作的中高级科技人才退休后待遇低的问题，调查研究后提出了许多很好的意见和建议，引起了有关方面的高度重视。这样既维护了部分成员的利益，得到了本党派成员的一致肯定，更提高了九三学社的声望和社会影响力。

三、发声前要做充分的准备工作

在现代民主社会，尤其是网络虚拟社会，人人都可以通过微博、博客、微信、论坛发声，人人都是“新闻发言人”，人人都是信息传播者，人人都是舆论制造人，发声似乎很容易。但是作为一个政党，民主党派发声是一件十分严肃的事情，是一种十分重要的政治行为。相对于个人来讲，其要求和程序要复杂得多，要发好声必须事先做大量充分的准备工作，建立健全一套行之有效的工作机制。

没有调查，就没有发言权。正式发声之前，必须搞好调查研究。只有知己知彼，才能百战不殆。知己，就是要针对发声的内容，知道本党派谁对这个问题最熟悉、最专业、最权威、最有发言权，哪些人可能提出好的意见和建议，并积极协调，了解情况，听取意见；知彼，就是要知道发声对象是什么、为什么、怎么做，社会舆论如何等。

相对于个人来讲，民主党派的优势主要在于组织优势和群体优势。民主党派发声，一定要发挥好组织优势和群体优势，方法是建立起有效的意见和建议整合机制。民主党派的声音，应该是集体的、组织的、群体的、共同的声音，而不是某个个人的，甚至也不是其主要领导人纯个人的观点、意见或主张，它是群体意见的整合，是集体意志和智慧的体现。整合的方式，主要有：一是本党派的章程。任何政党都有自己的章程。章程是本党派的基本政治纲领，是本党派主要政治主张的集中反映和对外宣示，体现着本党派成员的共同意志和利益。党派发声首先要体现本党派章程精神。二是本党派会议及其做出的决定、决议。会议既可以是例行召开的，如代表大会、全委会议、常委会议、主委（主席）会议，也可以是根据发声需要临时召集的会议，通过会议形成一个集体意见，然后对外发布和宣示。凡是重要协商会议召开前，或要以本党派名义对外发表重要信息前，应当通过举行会议、进行集体讨论研究甚至表决的方式来形成集体意见。三是通过口头或书面征求本党派成员，尤其是知情人、有关负责人的意见，然后进行汇总整理，经本党派主要领导人或其委托的其他领导人同意，形成集体意见。

四、发声要讲究艺术

一个政党如何恰当其时、恰如其分、恰到好处地发声以达到理想的效果是一门艺术，要讲究方法和技巧。在当代中国政治体制下，至少要注意以下几点：一是要实事求是。无论是建言献策，还是批评监督，都要有情况、有事实、有分析、有依据，经得起检验，不随意夸大缩小，不信口开河、感情用事，讲究理性，避免和反对情绪化。九三学社是以民主、科学为宗旨，发声也必须民主、科学，其首要前提就是实事求是。二是有全局观念。看问题要坚持辩证法、两点论。很多问题如果单从一个角度看，也许是对的，但如果换一个角度，从全局看，可能未必如此。要恰当发声，就一定要学会换角度，树立全局观念，这样观点才会更全面、更高远、更能够被认同。三是要真诚坦荡。中国的政党制度是中国共产党领导的多党合作和政治协商制度，在这种制度下，各参政党同执政党是亲密合作的友党，不需要像西方反对党、在野党那样为夺人眼球、制造舆论，为反对而反对，故意制造话题，而是真诚、真心地提出意见、批评和建议，以改进党和政府的工作，促进经济社会发展。只要是出以公心，倾注真情，胸怀坦荡，堂堂正正，光明磊落，哪怕有些话讲得不恰当、甚至讲错了，人家一般也会理解。四是要对事不对人。民主党派发声，归根结底是为了促进党和政府改进工作，维护人民的利益，不是要指责党和政府，更不是要反对或把某某人拉下马。要就事论事，不要上纲上线，不要把矛头指向某个具体的人，更不能做损毁个人人格的事情。五是开放包容。对别人的意见或建议，要始终抱有开放包容的心态，相互尊重，相互学习借鉴。人家讲得好的对的，要拥护支持；自己讲得不对的，别人提出批评，只要他讲得有理，应当虚心接受而不必固执己见，不走极端、不搞对立，不强求别人接受自己的观点、主张。这也是民主精神的体现。六是选择合适的渠道和时机。总体上讲，应该坚持在体制内发声。我国所有合法政党，都是民主政治体制的重要组成部分，是由财政支持的政治机构。这就决定了民主党派发声应在现有体制内发声，或者至少应以体制内发声为最基本、最主要的渠道。这包括在中共党委、政府及其部门征求民主党派意见时发声；通过人大代表中的民主党派成员在人大及其常委会发声；立法机关、政府机关举行听证会，立法机关公开向社会征求意见时发声；政府对口联系部门听取和征求民主党派意见时发声；在人民政协开展政治协商、民主监督、参政议政时以本党派名义或以党派成员个人名义发声；通过向中共党委、政府提交调研报告、意见建议、社情民意信息等方式发声；参与党和政府特约民主监督活动时发声；联合其他党派就某个重大问题发表共同意见；接受新闻媒体采访发声；等等。时机要把握好，既不要为了哗众取宠而盲目超前，也不要事后诸葛亮、放“马后炮”。七是统一发布渠道和口径。党派对外发声应当在本党派内部统一发布渠道和口径，或通过主要领导人及其代表发声，或通过专职领导人发声，或建立新闻发言人制度，以确保发出一个声音。八是正确对待结果。对于本党派提出的意见建议，要理性看待最终处理结果。往往实际情况错综复杂，其中既有主观因素，也可能有客观因素，提出意见建议与落实意见建议是两回事，很多意见建议，包括那些比较有共识的、正确的意见建议，即使最终落实不了，也是正常的，应客观地、历史地看，做好换位思考。如果觉得没错，可以继续提。很多问题的解决，尤其是复杂问题、重大问题的解决，累积共识、创造条件，往往需要比较长的过程。现在不重视，不等于将来不重视；现在不解决，不等于将来不解决，共识有了，条件成熟了，问题也就水到渠成、迎刃而解了，这也是民主党派发声的成果和贡献。

（作者郭峻系浙江省政协研究室综合处处长）

责任编辑：张博燕

从社内民主看九三学社民主精神的传承与践行

郑晓丽

广大的九三学社社员对民主政治的参与热情，重视社内民主的践行，不仅是对九三学社优良传统的继承与发扬，而且有利于凝聚共同目标，切实承担起利益表达和整合、社会动员等政治中介职能，提升参政党整体能量。

一、民主是九三学社重要的核心价值观

（一）民主是九三学社的优良历史传统

"爱国、民主、科学"是九三学社的核心价值观，是在与中国共产党风雨同舟、患难与共的历程中逐步形成和发展起来的，凝结着几代九三学社成员不懈探索实践的智慧和心血。什么是民主？作为一个比较敏感和见仁见智的政治概念，很难形成科学的定论和广泛的共识。但是在特定的历史阶段和场合领域，九三学社形成了关于民主的共同价值取向，如在国家民族危亡时期，反对专制独裁、反奴性、反帝国主义侵略，不顾个人安危荣辱，敢于直言做事。

民主更是渗透在日常的待人接物中，表现为平等待人、宽厚包容、为人着想、倾听意见、尊重个性等。如孙承佩先生爱护部下，力求人尽其才，乐于倾听不同的意见，对所有与他共事的人都极其宽厚，与人为善并为他人的长进而高兴；闵乃本先生主张看待原始创新不能以功利为目的，对科研尤其原始创新要有宽容失败的氛围，为科研工作创造宽松的环境；韩启德主席强调待人宽、待己严，要善于看到并欣赏、赞美人家的长处。九三学社的前辈们用他们的言行给后人留下了民主的丰富内涵。

（二）践行社内民主的重要意义

增强凝聚力，巩固共同的政治思想基础。通过成员间日复一日、年复一年的对话交流、实践体验，形成民主价值观的默契或共识，使社员意愿获得充分表达，促进社员的参与积极性，提高社内权力运作的合法性，形成工作合力。正如韩启德主席多次强调："在九三学社内部要讲究民主，要想方设法把每一位社员的积极性调动起来，充分发挥他们的作用。""民主的过程就是调动成员积极性和创造性的过程。在一定意义上讲，民主程度越高，决策水平越高。"

积累经验总结，助推社会民主发展。当前网络反腐风生水起，党报党刊新闻监督的深度和广度不断加大，纪检部门与网民的互动更加频繁，但彰显民主党派价值的民主监督却乏善可陈，而且民主党派内部的腐败则屡有冒出。知识分子密集、对民主政治传承有序的九三学社，完全有必要也有能力在社内部创新性地进行民主政治实践，为我国民主政治的发展提供可以借鉴的范本。

二、新时期社内民主与社员民主需求的落差

（一）社员对社内民主的新期待

随着越来越多的年轻力量加入九三学社，尤其是在竞争性环境中成长的"80"后，被九三学社优良的历史传统所吸引，折服于九三学社宽松、自由、严谨、奉献的整体氛围。同时希望有更广泛多样的社内民主，如享有更充分的知情权，了解社内重大事项的决策过程、财务开支情况等；协商民主更加充分，有更多表达主张见解的渠道和平台；选举民主走在社会前列，自主行使选举权，尝试差额选举、直接选举等，让更多群众基础好、能干事的人在适合的岗位上为党派发光发热。

（二）社内民主氛围的萎缩

与日益高涨的民主需求相比，社内民主氛围不断萎缩，行政化趋势越来越重，主要表现为：一是组织发展中的行政化。在新社员发展中，优先考虑和发展

的往往是有“官”位的无党派人士，而不是参政议政能力强或民主政治素质高的人员。二是党派干部的行政化。党派职务与行政级别挂钩，基层组织中不仅主委和驻会副主委按照组织程序有行政级别的要求，兼职副主委、市委委员、政协委员、支社主委、专委会主任等都有这方面的要求，使党派职务带上了浓厚的行政色彩。三是工作运转中的行政化。党派的报刊、网站等新闻报道，根据担任社内职务高低安排文字和图片的先后。以行政管理的方式管理党派工作，倾向于“制度管人”，以“工程思维”评价社员工作业绩，量化考核社员的贡献。

三、探索社内民主的路径

（一）发展社内民主的制度保障

贯彻落实民主集中制和协商民主。民主集中制是九三学社的组织原则，同时也是领导方法和工作方法，社的各级领导干部坚持民主集中制，顾大局，识大体，作风民主，公道正派，善于团结同志一道工作。只有民主与集中并重，党派活动才能既有效率又有活力。协商民主的实质是实现成员有序的政治参与，其核心词是“平等”，关键词是自愿和理性。最大多数的社员参与社内协商民主，不仅可以就共同关心的话题展开交流，还可以据此加强情感互动，增强党派的凝聚力。

探索党派特色的民主集中制和协商民主的方式方法。一是建立健全各级领导班子的议事决策机制和程序。二是提升基层组织主要领导人的人格魅力和领导艺术、工作技巧。三是让更多的社员参与社内重大事务的商议、讨论或咨询。

（二）创新社内民主的形式与载体

社讯、社刊、网站等的革新。中共中央政治局做出改进工作作风、密切联系群众的“八项规定”以来，新闻媒体尤其是党报主流媒体中，有关领导活动、会议报道的篇幅短了、字数少了，以清新朴实的文风，宣传党的主张，通达社情民意。九三的社讯、社刊、网站等，是群众和社员了解九三的窗口，是传递民主的主要载体，更要改变原来按照排名报道领导活动的官化格局和“八股文”形式，从“关注民生、关注生活”角度入手，把焦点对准群众，把版面留给基层。

社内会议、座谈会、培训班等的举办。参加各种社内会议、座谈会和培训班是九三社员了解情况、提高能力的重要渠道。一是要注重参与成员的广泛性和代表性。要有一定的规划设计，兼顾参加社员的职业分布、年龄构成、爱好专长等，让更多的社员参与其中，而不仅仅局限于专职党派干部和少数骨干。二是要让参与成员有更多的发言权。改变按层级讲话发言的惯例，把话筒交给普通社员，倾听基层声音。

（三）拓展社内民主的主体权利

社务公开，切实保障社员享有社章赋予的基本权利。社章规定社员享有表决权、选举权和被选举权；参加社内组织的关于国家大事和有关工作的讨论，反映意见，提出建议；对社的工作和社的各级领导机构提出建议和批评；合法权益遭受侵害时，要求社的组织给以关心和帮助。社组织设监督机构，履行社内监督职能。重点监督领导班子及其成员遵守本社章程、履行职责的情况。而所有权利的实现，都与“公开”密不可分。比如，社员选举权的实现，以社员对于社内选举规则的了解，对于候选人提名过程、候选人履历、家庭等相关背景的公开为依据，才能有真实的选择而不是形式的选举；公开是监督的前提，没有公开，就难以实现监督效果最大化。

（作者郑晓丽系中共浙江省丽水市委宣传部干部）

责任编辑：张博燕

"中国梦"中的民主元素考量

王桂芬

"中国梦"是中国共产党政治文明的又一次创新，内涵非常丰富，这里只就"中国梦"中的民主元素进行分析。当前，我国处在由民主社会的起飞阶段向民主社会的成熟阶段迈进的新征程中，下一步的改革开放将社会发展的主要依赖因素由政府和行政命令通吃、通赢，转变为政府推动下的公民社会进步和可持续发展。"中国梦"的要求就是不断通过寻找公民社会新因素来形成未来新一轮民主化进程的推手，是中国社会转型加速后的各种考量、变化得以重塑的过程。社会主义初级阶段的现实使得"中国梦"成为改造"民生"、推动"民主"、构建"民责"三位一体的全民共同参与的社会使命。历史已经表明，中国社会在过去的30多年里迅速崛起，是中国共产党领导下全民共同参与的成功实践。"中国梦"的实现依然需要中国共产党和全体公民作为民主主体的交互作用、彼此审视和构成价值判断，并进行价值选择。只有充分保证人民当家做主的权利，中华民族复兴伟大梦想的实现才有坚实支撑和根本保障。

一、"中国梦"是人民群众对民主的政治认同

只有在情感上认同民主是解决现代国家合法性依据最为有效的途径，社会主义政治文明才有可能内化为全社会的政治自觉、价值支撑和清俊理性，才能使全体社会成员在心灵上感到对现实政治的亲切与敬重，在行动上做到自觉地遵守与维护民主与法制。所谓政治认同是指人们对现实社会政治生活所产生的感情和意识上的归属感，并自觉地以组织及过程的要求来规范自己的政治行为。因此，实现"中国梦"不能仅仅停留在政治理性的外在认识层面，而是必须推进到政治情感的内在认同层面，即把空洞的政治口号转变为写在执政党心上的执政理性，把

抽象的理性认识转变为具体的情感要求，把政治理论上的概念阐述变为社会实践上的自愿行动，才能使“中国梦”变成社会主流价值取向和正能量。

“中国梦”作为党的十八大刚刚提出的战略思想，要转化为实践的力量，首先需要实现民主政治从认识向认同的升华，否则只能是停留在对“中国梦”的一般知晓上，而不能变成一种政治理性。有了这种升华，社会主义政治文明的建设就能由“必然王国”进入“自由王国”，即由人民群众自下而上的自在必然性民主转化成为执政党自上而下的自我必然性民主，使民主政治由外在的约束转化成内在的自律，由执政党外在的规范和命令转化成其内在的自我立法、自我命令，从而进一步增强社会制度的吸引力，扩大现实政治制度的认同度。在当下中国社会结构深刻变动、利益格局深刻调整、思想观念深刻变化的新形势下，提升“中国梦”政治制度的政治认同度，直接关系到全面小康社会的深度建设。

二、“中国梦”要求把民主化进程融合到这一社会使命的具体实践中

民主的体制尽管多种多样，但它只反映每个国家各自的政治、社会和文化生活特点，决定某个国家民主体制的是这个国家宪法所规定的民主基本原则，而不是民主某种特定形式。我国宪法早已规定，发展社会主义民主政治，最根本的是要把坚持党的领导、人民当家做主和依法治国有机统一起来。党的领导是人民当家做主和依法治国的根本保证，人民当家做主是社会主义民主政治的本质要求，依法治国是党领导人民治理国家的基本方略。中国特色社会主义民主政治的基本特征是党的领导、人民当家做主、依法治国三者有机统一。中国由一个贫困落后国家短期内一跃而成为世界第二大经济体的历史已经表明，发展民主政治有利于生产力的进步、社会的安定团结和人民生活水平的普遍提高。然而，中国特色社会主义民主政治发展具有社会主义性质，不同于西方的国家制度和社会形态。虽然借鉴和吸收了人类其他政治文明的有益成果，但绝不是照抄照搬。

社会主义市场经济的确立给中国社会带来深刻的变化，促进了民主的各项方针、政策、制度的形成，这些民主的方针、政策和制度反过来又深化社会主义市场经济的

发展。第六次全国人口普查数据表明，我国城镇人口占总人口的比重首次接近五成，意味着中国进入了以城市社会为主的新成长阶段，社会成员的生产方式、职业结构、消费行为、生活方式、价值观念也必将发生极其深刻的变化。比起农村人口，城镇居民政治诉求会寻求更为理想的表达和实现方式。虽然现阶段城镇居民实现民主的方式大多是间接民主方式，即通过一定的代表性人士如人大、政协来实现，但随着我国基层民主制度的建立和健全，城镇居民的民主实现方式会越来越直接。

三、"中国梦"的民主具体形态只能在各种主体相互交往过程中循序渐进

民主的形态是指民主实现形式的特征。对于中国这样一个体量庞大的国家来说，"中国梦"的民主形态只能是渐进性的，也就是寻求稳态政治。政治稳定是实现"中国梦"的前提，而政治民主和政治稳定又互为前提。任何一个后发国家的现代化过程必然伴随着不稳定，美国政治学家亨廷顿曾说过："现代性孕育着稳定，而现代化过程却滋生着动乱。"在社会主义现代化建设目标使民主成为政治文明必然选择的前提下，建构稳健型民主化进程，并使其与我国现代化建设目标保持良性互动关系，这是一种双赢，不仅对我国民主化进程有利，同时也对现代化建设目标持续稳定发展有益。"中国梦"在技术层次或技术文化层面上必须谋求稳态政治，这种稳态政治不是对各种社会矛盾和冲突生硬地采取"捂盖子"的方式，而是政治系统为适应社会环境的变化和发展所建立或维持的一种政治动态平衡态势。

"中国梦"的渐进性民主形态表现在执政党必须奉行容忍、合作和妥协的价值观念，使各利益集团社会成员达成共识。民主本来就是为了不同的人有平等的权利表达自己不同的意见，并维护自己的利益，因此，民主社会往往时常无法达成共识。民主之所以为不同国家的人们所追求，不是因为它可以实现完全的一致，而是因为它可以在平等对话的框架内实现求同存异的相互妥协，从而包容并保护差异。历史上，无论各国的民主形态具有怎样的特殊性，民主化进程实际上都是通过妥协而不断演化的过程。只有在政治制度设计上有了妥协的程序，"中

国梦”才会获得尽可能多的人的支持。

作为中国特色的民主实践方式即协商民主制度，是适合中国国情的民主具体形态。在当下中国改革攻坚阶段，需尽可能多地将民间的参政需求纳入现行体制框架内，并进行有序释放。也就是说，实现“中国梦”必须创造出更多种符合中国实际的、可操作性强的协商民主形式。

四、“中国梦”必须以扩大基层参与式协商民主为抓手夯实最广泛的民意基础

“中国梦”的民主化进程要通过基层民主制度的力量，使全民直接行使民主权利的条件更为成熟，扩大公民的有序政治参与。任何社会的民主发展都需要公平或正义的程序，即要求民主程序的公平和正义，要求社会层面的制度化民意参与渠道。对于实现“中国梦”而言，也就是要求构筑起梦想实现过程中的公平正义制度环境。这种制度环境并不必然意味着权力的分立，但政治制度的分疏和制衡是必不可少的。公民通过各种合法途径影响公共决策和公共管理，公民有序参与国家政治生活各个层次、领域，民意成为政府决策的重要依据，这些都是“中国梦”民主化元素的现实路径。坚持一切权力属于人民，不断扩大基层群众自治制度，保证人民依法享有广泛权利和自由，这是近年来中国民主化进程中迈出的坚实步伐，表明中国民主化进程已进入一个不断发展的过程之中，为“中国梦”的逐步实现加上了重要砝码。

从目前的中国社会现实政治来看，要民主已成为共识，但这个民主是个什么样的民主以及如何实现民主，这方面的共识尚未形成。在此前提下，“中国梦”的民主元素诠释在某种程度上预示着推动中国社会民主发展的政策走向。当然，现代社会的民主愿景应由生活在这片土地上的人民群众来决定，这也是“中国梦”题中之意，相信中国人民的选择。

（作者王桂芬系浙江省商业职业技术学院教师）

责任编辑：郑晓东

也谈民主与科学

王志凯

一百多年前，中国现代知识精英在民族积贫积弱、主权遭受宰割之际，举起了“民主”与“科学”两面旗帜，开启了反对封建专制和落后迷信思想的中国现代化文明进程。一个世纪过去了，回首这一路程，“民主”与“科学”在确保民族发展和促进社会建设中一直是百年中国思想界的主要思想资源。及至到了今天，力举“民主”与“科学”大旗，仍是多数中国精英分子甚至包括不少普罗大众的共识。对九三学社而言，民主与科学更是我们的根本宗旨。

一、现代中国对民主和科学的追求

从各自的意义看，“民主”和“科学”分别是两种不同层面的价值取向。无论是在中国还是在西方，“民主”都是重大而敏感的理论与现实问题。通常所说的民主政治包括党派竞争、权力分散、人民投票、信息透明、依法治国等层面的意思，但这些都是观念形态的民主。民主也是具体的，脱离社会历史实际的抽象民主观，是不科学的。14 至 16 世纪的欧洲文艺复兴，打破了宗教王权专制教条的束缚，为现代民主思想奠定了基础；18 世纪经启蒙思想家，将天赋人权、人生而平等的资产阶级民主观用于革命斗争，并取得成功。19 世纪 40 年代，马克思是把民主纳入社会科学体系并取得世界性成就的第一人，他总结了人类历史包括资产阶级革命的经验，批判吸收了各种学说，提出了民主目标价值的终极目的。

通俗地理解，政治经济生活中的“民主”可以体现为决策层行使权力时采取“说服的方法”而非“强迫的方法”，让公民的正常意愿得到实现，或者是下级可以深入地无拘束地讨论上级的决定，起到监督权力的作用。从文化传统看，中国是个大陆国家，历代王朝掌握了文化和工艺，这不利于民主思想的传播。到了现代社会，中国政治家们自觉把民主作为一个价值尺度，如刘少奇曾在 1936 年 11 月的《我们在北平问题上所应获得的教训》一文中指出："没有真正的民主，也就没有真正的集中，一切同志的意见和权利不被尊重，一切好的意见不被采纳，自然就不能集中全党的力量，团结得像一个人一样去战斗。"到今天，"民主"思想在中国多个阶层逐渐普及，从农村村委选举到城市小区管理，都能看到"民主"所开的花。

科学是另一层面的东西。英国科学委员会曾为"科学"下了个定义："科学是以日常现象为基础，用系统的方法对知识的追求、对大自然的理解以及对社会的理解。"在西方，古希腊思想就主张对周围的事物做实事求是的分类，研究成因、范畴，从这里发展出来逻辑学。近代科学思想的鼻祖是培根。培根提倡系统研究，提倡实验和归纳法。中国古代也有算术、医学、航海、农业等自然科学方面的成就，但知识界提倡科学精神、倡导尊重科学规律，是进入现代社会的事情，中国现代文化精英意识到要科学强国。回顾近几十年我国的科学发展，高产水稻解决了十几亿人口的粮食问题，日新月异的卫星技术巩固着国防，日常生活中高科技带来高效便捷……我们越来越离不开科学。科学的对立面是主观臆断、迷信盲从、愚昧无知，简言之就是蒙昧。科学精神则是实证的、理性的、求真的、具有怀疑个性和独立思考倾向的。

和民主一样，科学精神也是反权威主义的，一方面我们应承认关于自然、人类、社会的认识是有局限的、永远在发展的，另一方面又要肯定每一个时代的人都为知识的进步添加了一点东西，这些知识没有尊卑贵贱之分，而且，只有违反或超过权威的探索和研究，才能保证科学的继续进步。

二、民主要符合科学

民主和科学有着千丝万缕的关系。首先，民主的内涵复杂多样，适合一个国家国情的可以称为"科学的民主"。科学的民主有什么特质？学者刘鼎新在他的

《谁是当今最科学的民主》提出，我们近几十年实践的“民主集中制”是科学的民主，它是在一定范围内以统计多数人的意愿达到集中的目的。也就是说，只要我们贯彻好了，这种民主就是有说服力的。

当然，“多数”不能最后变为一种“专政”。从理想层面看，真正的民主“必须要给少数人留有说服多数人的空间，多数人必须留给少数人利用一切可能的方式充分发表意见的权利”。一句话，民主不是空的，而是让每个个体有权表达自己的意愿。按照常识，民主最终是少数服从多数，但民主应当包含给予少数人高度的自由，少数人要服从多数人的决策，而多数人也要尊重少数人发表不同意见的自由。另外，多数和少数也是可以互相变化的，一个人在这个问题上属于多数派，在另一个问题上就可能属于少数派。所以，给少数人的某种自由，最后其实是人人都可以充分享用的自由。

不过，自由不是无节制的，当年国际上“无政府主义”思潮酝酿的诸多暗杀，并未真正落实“民主”的理念。自由不允许少数人在行动上破坏多数人的决策，更不能诉诸武力来对抗执行，尤其不能搞暗杀、搞恐怖活动。并且，这层意思还不能简单归为“维稳”，而是说民主中得有一种“科学的精神”。

此外，民主执行过程中还涉及一个“科学决策”的问题。民主是由行政部门或者立法机构提出解决问题的方案，最终由民众直接或间接地进行选择，专家在这个过程中发挥一定作用，这就是“科学决策”的内涵。它意味着对于一个具体的社会问题，找到相对合乎理性的、正确的方案，很大程度上依赖于知识，各个领域的专家具有这样的知识及科学工具。因此，科学决策的实质就是，由一个权力中心，依据少数专家的知识，就涉及民众权利与利益的问题，替民众做出决策。

从这个意义上推论，民主绝对离不开科学。当下，中国社会处于一个矛盾错综复杂的阶段，各种利益诉求的博弈暗中都包涵了利益主体对“民主”的理解。问题是，如果每个人都从自己的利益角度看待“民主”，“义正词严”地争取自己的“权利”，那民主就成了块遮羞布或者狗皮膏药。为此，民主必须经得起“科学”的检验，从大局出发，立足于民族利益，造福于更多后代，确保环境保护，尊重生命价值，这些都是衡量一个“民主”行为是否“科学”的依据。

三、民主保证下的科学

另一方面，科学需要民主环境来保证它的发展。历史证明，一般新的科学见解和理论出现初期，往往只是为少数人理解和掌握，而那些多数人则认为是错误的。如果缺乏民主的环境，不给人充分的言论自由，科学必然被扼杀。因此，真正的民主制度，应该能够充分保护新学说传播的自由，尤其是培养人的教育系统。

著名教育家蔡元培先生曾深深体会到德国柏林大学的学术自由和学校高度自治，他在出任北京大学校长之后倡导“兼容并包、思想自由”。遗憾的是他当了两年校长，就感觉到到处掣肘，没有自由活动的空间，许多主管部门横加干涉，而一部分民众也毫不宽容，他只能辞职。这说明，在中国发展科学和营造发展科学所需的民主、自由氛围是多么重要。我们现在的不少高校也提出了“去行政化”的理念，倡导真正“民主”的高校管理，本质上也正是为了保证科学、教育发展的合乎理性。

同时，科学也需要“民主”来确保它对人类的终极安全。20 世纪中叶以来，科学技术对现代社会的影响日益复杂，科学与民主的关系也随之越来越复杂，如核武器对人类生存的巨大威胁，切尔诺贝利核灾难以及“疯牛病”事件等。对此，科学家内部兴起了科学和平运动，反思和强调科学家的社会责任问题，科学家和政府开始关注公众对于科学的态度。因此，科学传播过程实际上是一个公众、科学共同体、产业界和政府等不同利益主体之间民主互动的多向建构过程。

在我国，近些年也出现了关于怒江电站以及相关的敬畏自然的讨论，还有关于转基因粮食风险问题，PX 项目建设的环境评估问题，等等。诸多事件中都夹杂了民众的怀疑、反对态度，对此不能剥夺他们质疑和批评的权利，而应当上升到公民知情权和对自身利益、安全的关切高度上来。所幸越来越多地方政府意识到，要推动这些项目，应该设法去说服民众，由他们向民众证明这些技术应用和项目的安全性。其实，西方不少发达国家已经探索出诸如共识会议等有效的模式，让不懂科学的普通公众提出质疑，再由专家进行专业知识普及和解释，最后相关技术的使用和项目的上马仍然由普通公众来做出决定是否同意。这些成功实践说明：在关乎公众切身利益的问题上，即使涉及公众难以掌握的科学技术，也必须让公众参与民主讨论决策的过程。

总之，唯有民主才能发展科学研究，才不致扼杀科学，因为科学精神要求这种民主。当前，我国民主与科学的种子不断地生根发芽，从农村基层干部“海选”到个人所得税起征点听证，公民民主意识空前高涨；从三峡工程的辩论到圆明园防渗工程的论证，科学的理念延伸到社会各个角落。近年来，各级政府和部门在决策时更强调发扬民主，以保证决策的科学性。国务院多次召开专家学者座谈会，就国民经济和社会发展中的重大问题征求意见。越来越多的此类做法表明，科学民主决策正在向制度化方向演进，这是我们社会的一个明显进步。

（作者王志凯系浙江省宁波大学人文与传媒学院教师）

责任编辑：郑晓东

民主与科学是九三学社的灵魂

刘桂英

一、从历史角度看九三学社的立社宗旨

（一）“民主科学座谈会”开宗明义

九三学社的前身是“民主科学座谈会”，明确把自己的政治主张冠在组织名称之中，在政治上格局大，立意高。“座谈会”不仅把民主与科学精神以组织的形式予以体现，而且还将“自我教育”的优良传统融入其中，代代相传，成为我社加强自身建设的重要内容和组织形式，对九三学社的过去、现在和将来都具有重要意义。中国9个政党中只有九三学社未冠以“中国”这一地域名，这是因为9月3日抗战胜利不只属于中国人民，也是全世界人民应该共同纪念的伟大日子；在组织结构上，九三学社的“学”，表明这个组织是由高学问高层次人士组成的特点，同时，“学”是一种态度，有不断学习进取的含义；九三学社是“社”不是“党”，有避免政治色彩过浓和结党营私之嫌，而“社”不仅是一种组织形式，更含有为江山社稷服务之“天下为公”的思想，更有利于团结天下有识之士。

（二）立社宗旨传承五四民主科学精神

九三学社成立宣言（摘录）：今日适为“五四运动”28周年纪念日，“五四”所号召于国人者，为科学与民主，今时间过去虽已20余年，而民主与科学之要求实较前迫切，本社同人，即本“五四”的精神，为民主与科学之实现而努力，始终不懈，谨此宣言。

九三学社的创始人深受“五四”精神熏陶，九三学社的立社宗旨完全继承了五四运动的思想萌芽与精华。“五四”时期是中国近现代历史上思想最活跃、文化最绚烂的时期，这种思想的繁荣为中国共产党的诞生、为中国各民主党派的创

立提供了深厚的思想基础。五四先贤们发现中国传统文化中缺少“民主”与“科学”，中国要振兴，要赶上先进国家，就必须请进“德先生”（民主）和“赛先生”（科学）。时隔百年，我们重温这段历史发现，尽管从物质层面看，我国已有了翻天覆地的变化，但从根本上来看，在这样一个古老而庞大的国家完全实现“人的现代化”又困难重重。正如孙中山先生遗言中所说：“革命尚未成功，同志仍须努力。”而“人的现代化”正是应该作为国家目标“现代化”的出发点与目的地。

（三）深刻的历史教训

抗战后期至解放初期是民主革命最辉煌的历史时期，民主政治气氛浓厚，统一战线力量强大。之后中国共产党受“左倾”路线干扰，先后发动了反右斗争、大跃进和“文化大革命”，长期的社会动荡使中国走到了崩溃的边缘。九三学社也难逃厄运，组织名存实亡。这深刻的历史教训从反面昭示我们，一个政党如果失去了灵魂，就会迷失方向。1978 年的深冬，中国面临向何处去的重大历史关头，邓小平以一篇《解放思想　实事求是　团结一致向前看》的讲话，廓清了笼罩人们心头的重重迷雾，揭开了一个伟大时代的序幕。邓小平以他传奇的一生，印证了解放思想、实事求是对一个国家、一个政党乃至一个人命运的重要性，一旦背离这一正确的思想路线，将会给党和国家的事业带来灭顶之灾！同样，民主与科学就是九三学社的灵魂，是我社的优良传统，是我们最宝贵的精神财富，是九三学社的生命源泉。

二、对民主与科学的思考与辨析

（一）民主与民主意识

民主的真谛是追求社会公平、正义、自由与平等，具有普遍性和公有性，对无论哪个民族、国家、制度都是合适的、有益的、有效的。民主无阶级之分，无东、西之别，是天下之公器，为人类所共享。民主虽不是完美的和万能的，但它是各种有缺陷的政治思想和政治体制中缺点最少的；民主的基本精神和原则并不是僵化的教条，它是内容丰富、充满活力、可以自我纠错、不断完善的。从字面上看，民主就是人民当家做主，即林肯所说的 by people。中华民族在数千年历史上还从未经历过任何一场现代民主和人道思想的洗礼。中文“民主”一词的本意是“民之主宰者”，是 for people。由于专制政治思想和封建文化的长期积淀，中国人总是自觉或不自觉地迷恋明君圣主和清官廉吏，被奉为传统的民本思想主张的是为民做主，在这种观念下人民完全是被动的，没有制度的选择权和自主权，这就是 for people 与 by people（即为民做主与由民做主）的根本区别。

民主虽然带有很强的政治色彩，但民主更是一种生活态度，一种思维方式，一种做人之道。在这里引用龙应台对“民主”的一段描述："民主，就是手上有一本护照，随时可以出国，不怕政府刁难；民主就是养了孩子知道他们可以凭自己本事上大学，不需要有特权；民主就是发表了任何意见不怕有人秋后算账；民主就是权利被侵犯的时候可以理直气壮地讨回，不管你是什么阶级什么身份；民主就是不必效忠任何党，不必讨好任何人，也可以堂堂正正地过日子；民主就是到处有书店，没有任何禁书而且读书人写书人到处都是；民主就是打开电视不必忍受主播道德凛然地说谎；民主就是不必为了保护孩子而训练他从小习惯谎言；民主就是享受各种自由而且知道那自由不会突然被拿走，因为它不是赐予的。”从这里可以看出民主并非只是选举投票、国会辩论、游行抗议等政治手段或公众的社会活动，它还是你每天呼吸的空气、举手投足的修养、个人回转的空间，真正的民主就在你周围，无形地融入生活的点点滴滴。这也是被封建专制统治数千年的中华民族最为缺乏的民主意识，是从五四运动开始补课却又历经曲折而始终未能培植出的民主精神。

（二）科学与科学精神

辞典对科学的定义是：反映自然、社会、思维的客观规律的分科的系统的知识体系。这很容易使人们更多地只是把科学视为一种客观的、严密的静态知识体系，或把科学简单地等同于技术，简称科技，这都是片面认识。科学是一种理性、怀疑、实验的思维习惯，一种观察世界的方式，而不仅仅是一种知识体系。

科学的真谛在于，它是人类精神的成就而非物质技术的成品。科学不仅仅是知识，更是一种智慧，作为一种文化和智慧的科学如果被当作追求物质财富的技术工具，无异于买椟还珠。

“科学精神者何？求真理是已。”科学精神集中体现在科学思想、科学方法和科学的精神气质之中，对人类来说，这是比科学知识更重要和更宝贵的精神财富。科学精神从概念上讲，包括以下四个层面：对真理的追求并为之奋斗的精神即求真的精神，面对现实探索规律的精神即求实的精神，以科学成果造福人类的精神即求善的精神，促进人的全面发展并实现人与自然和谐统一的精神即至善至美的精神。它能够潜移默化地使人们树立起求实、尚理、唯美的思想情操。科学的精神价值是无法用数量衡量的最高意义上的价值。像王选这样的大科学家都是道德完美、人格高尚的人。

综上所述，民主就是以人为本，强调社会的公平、正义、自由与平等；科学则提倡“三无”主义——无禁区、无偶像、无顶峰，就是按客观规律办事，始终坚持追求真理、实事求是的科学精神。民主是专制的死敌，科学是迷信的克星。当今中国社会，民主政治改革才刚刚起步，现代政治迷信还大有市场，所以说民主与科学直到今天仍是充满了生命力，是中华民族真正复兴强盛的精神法宝。

三、九三学社当以民主科学为最高追求

参政党是我国独有的一种政党类型。民主党派的理论研究工作一直比较薄弱，造成现在参政党理论建设缺失，没有形成自己独特的话语体系，在很多方面盲目效仿执政党。如执政党提出“执政为民”，民主党派就提出“参政为民”；执政党以马克思列宁主义、毛泽东思想、邓小平理论、‘三个代表’重要思想、科学发展观作为自己的行动指南，九三学社在新的《社章》中就提出：“本社以马克思列宁主义、毛泽东思想、邓小平理论、‘三个代表’重要思想、科学发展观为指导。”再对照历年历次《社章》中对九三学社的性质、地位、指导思想的描述，总是随着当时政治形势的变化、照搬中共的教条而略做修改。历史证明，缺

少政党理论的指导，只会使我们迷失方向，模糊是非，丧失政党的凝聚力和战斗力。常说要解放思想，开拓创新，连思想都没有，谈何解放，更遑论创新。作为一个成熟的政党，一定要有自己明确的政治诉求，因此对参政党的理论研究已迫在眉睫。这就要求民主党派的领导人具有长远眼光，从历史角度审视党派的发展方向，为党派的未来培育人才、积聚动力、拓展空间。

回望历史，一代代满怀报国热情的知识分子正是受到民主与科学的精神感召加入九三学社。民主与科学应当成为九三学社高举的一面大旗，成为我社思想建设的中心和灵魂，成为全体九三人的最高精神追求。历史告诉我们，思想启蒙是一个漫长而艰巨的过程，要让民主意识和科学精神真正在全体社员心中生根发芽，继而通过社的各级组织和广大社员影响到全社会，任务之艰巨可想而知，但却是我社义不容辞的责任。重温我社的成立宣言："本社同人，即本'五四'的精神，为民主与科学之实现而努力，始终不懈，谨此宣言。"铮铮誓词，言犹在耳，九三学社只有继承民主与科学的光荣传统，才能在推动中国的民主政治进程中大有可为，才能为中华民族的全面复兴做出应有的贡献。

（作者刘桂英系九三学社浙江省金华市委会秘书长）

责任编辑：张博燕

民主与科学是中华民族长久追求的普世价值

王洪春

一、普世价值：表里不一

在哲学、政治学和社会学上，普世价值意思是一些数量有限的，所有人都应认同的观念的集合。一般内容有：安全、进步、快乐、自由、法制、公正、人权、民主等。

现在所谓的普世价值，实质上还是西方价值。西方学者试图用普世价值观保持人类各宗教、组织、国家、地区、意识形态、政治党派之间在道德底线上的统一，以避免人类过度分裂、斗争。

但是，当西方国家在向世界其他地方推行普世价值时，事情似乎发生了另外的变化。这成了一个表里不一的骗局。试问，美国发动的朝鲜战争、越南战争、伊拉克战争、阿富汗战争，以及北约发动的南斯拉夫战争和美国现在正在进行的亚太再平衡战略，哪一个不是在美丽的普世价值的大旗下进行的？ 2001 年中国南海撞机事件发生之后，美国官方表态：未经中国允许而紧急降落在中国海南的美国战略侦察机的内部，代表着美国国土，不得侵犯（意指中国人员不得进入该飞机的内部）。这个奇怪的逻辑意味着，美国的战略侦察机可以任意不经事前协商地停落在任何国家，美国向任何国家发射的核弹等，其内部的弹药，都代表着美国国土，谁抵抗了，谁就是侵犯了美国国土。这似乎意味着，日本偷袭珍珠港时，美国就不应该向日本宣战。我们似乎看到一个希特勒都会自愧不如的法西斯分子，这与其说是一种表态，还不如说是一种变态。

普世价值学说从中世纪宗教那里提出时，就带有邪恶学说的性质，具有武断性、专制性、霸权性，至今，它的再次提出，仍然带有邪恶学说的性质，具有武断性、专制性、霸权性。普世价值是一种霸权思维的产物，是一种文化霸权。

二、五四运动树立的两杆大旗：民主与科学

五四运动竖立起来的两杆大旗——民主与科学，震开了中国人的心扉，唤醒了中国人的自省、革新、奋起思维。

民主的对立面是什么？是专制！五四运动之所以提出民主，就是为了反对封建专制、军阀专制、外国专制，包括专制的思想、文化和制度。

民主是什么？五四提出的民主，首先是指民主的思想，其次是指民主的制度，包括人权与主权、法律与法制。民主反对各种方式的专制，反对武力形式的专制、反对德治形式的专制、反对神治形式的专制。

科学的对立面是什么？是迷信！五四运动之所以提出科学，就是为了反对封建迷信、外国迷信、一切腐朽的思想观念，总之，就是要反对一切不科学的东西。

科学是什么？五四提出的科学，首先是指科学的精神，其次是指对科学的探索、对真理的探索，包括自然科学和社会科学。

三、民主与科学：仍然振聋发聩

（一）民主与科学应该成为中华民族长期追求的普世价值

第一，民主与科学的普世价值观是中华民族100多年来长期奋斗的历史证实正确的，是符合中华民族的长久利益的。不管是1949年之前的历史还是1949年之后的历史，都能够证实，坚持这一价值观，中华民族的发展与复兴就能够少走弯路，否则，就要多走弯路。

第二，民主与科学的普世价值观是符合马克思主义的共产主义原理的。马克思主义的共产主义原理是全人类的普世价值，是先进的、文明的价值观。民主与科学，是马克思主义的共产主义原理普世价值的中国化，是具有几千年封建历史的中国实际情况所需要的。

第三，民主与科学的普世价值是取代西方普世价值的有效武器。原封不动地照抄照搬西方普世价值是有害无益的。民主与科学既吸取西方普世价值的有益成

分，又可以防止其中某些图谋不轨的行为。

（二）民主与科学二者不可偏废、相辅相成

民主与科学是两个十分有益和互相渗透的法宝，但是二者毕竟又是两个不同的法宝。网上有一篇文章讲：民主与科学是一对死敌。尽管作者的论证不是那么严谨，但是我们仍然可以领悟到：首先，世界上没有万能的东西，没有简便易行的救世良方，民主与科学也是如此。其次，以科学的态度和思维方式判断，世界上任何东西都需要他方的制约，不受制约的东西，是有害无益的。再次，民主与科学也是有弱点的，也需要这二者之间的相互制约、互相弥补。

第一，民主需要科学。民主不可走极端，极端的民主必将演变成极端民主化、民粹主义、平均主义等，实际上也是一种暴政。在一些西方国家，政客们把某些棘手的问题，都实行民主投票表决，以解脱自己个人的困境。2008 年发生严重金融危机，冰岛多家银行无法抵御国际金融风暴的冲击而宣布倒闭，其存款户全部冻结。在 2010 年 3 月 6 日，政府实行全民公决，决定是否偿还英国和荷兰等国公民在冰岛的银行的存款。可想而知，这样的全民公决会有什么样的结局：肯定是不偿还。结果果然是：参加投票的人当中，有 93%的人主张不偿还。

在中国也是如此。虽然中国没有举行过全民公决，但是从一些事情的民粹情绪上看，那是一脉相承。如，个人收入所得税的起征点问题，几乎每年两会期间，都会有人要求提高起征点，没有人要求降低起征点。因为参会者基本上都是纳税人，他们在为自己呐喊。每次提高起征点，都会带来普遍的欢迎，似乎是一种普世价值的体现。再如，关于是否应该延长退休年龄的问题，绝大多数就业者绝对是反对延长退休年龄的，巴不得退休年龄越提前越好。但是，养老金却是希望越多越好。至于由此产生的宏观经济和社会方面的恶果，那就一概不管了。

民主的有效实施至少需要两个前提条件：一是公民道德素质达到一定水平；二是公民对民主制度普遍认同与遵守。上述冰岛的表决结果就是公民道德素质到底有多高的案例。

所以，民主需要科学：民主本身并不代表真理，更不会直接产生真理或者科学；民主思想、民主制度、民主行为等，都需要科学来驾驭；民主过程中的行为

者更需要具备科学素养。英国丘吉尔说过一句名言：“民主不是一个好东西，但目前还没有找到一个比它更好的东西。”意指民主也是有缺陷的。

第二，科学需要民主。科学也有弱点：首先，科学真理的发现，往往是少数人的事情，不是民主表决出来的。毛泽东有句名言：真理往往掌握在少数人手里。但是民主本身并不产生这些东西，过于民主反而会造成真理的泯灭、机遇的丧失。民主制度就是允许探索，科学无禁区是靠民主制度来保障的。越是在不民主的国家，科学禁区就越多。其次，科学的真伪，需要民主下的争辩，科学也需要打假。这一切过程都需要一个民主的环境、民主的制度来加以保护。再次，科学真理的探索，往往经过了无数次的失败，民主制度下是允许失败的。

（作者王洪春系安徽财经大学财政与公共管理学院教授）

责任编辑：郑晓东

对民主、科学的认识和思考

卢坚放

一、把握民主、科学内涵

（一）民主内涵

1. 民主的根本属性是人的自由

民主是“人的自由产物”，它包括人的自主权、自决权。可以说，民主是人的自由权利在政治领域、在国家制度上的表现；它是一种公民享有充分自由、广泛参与社会和公共事务的生活方式。

（1）个人自由是人的自由的先决条件。自由是人的本质特征，通俗地讲，自由就是在不伤害他人正当权益的情况下，可以不受限制地去做自己愿做的事情。这正如卢梭所认为的：“自由不仅在于实现自己的意志，而尤其在于不屈服别人的意志。自由还在于不使别人的意志屈服于我们的意志。”也就是说，人之为人在于个人的自由选择，没有选择的自由是强制；每个人既提倡自己按自己的方式活，也让别人按别人的方式活。

马克思、恩格斯在《共产党宣言》中是这样描述未来新社会的：它“将是这样一个联合体，在那里，每个人的自由发展是一切人的自由发展的条件”。这句话是说，只有每个人的自由发展了，都具有了独立的人格和精神的自由，那么一切人的自由发展才有可能。

（2）言论自由是一切自由的基础。自由和解放是两个极为相近，并可相互阐释的概念。自由常常意味着从限制和束缚中解放出来。马克思说：“任何一种解放都是把人的世界和人的关系还给人自己。”所谓还给人自己的“人的世界”，首先应指人能在其中有“言论自由和自由行动”的世界。马克思还强调说：“发表意见的自由是一切自由中最神圣的，因为它是一切的基础。”我国已经加入的

《世界人权宣言》的第十九条也明确指出："人人有权享有主张和发表意见的自由，享有寻求、接受和传递消息和思想的自由。"

2. 民主体现着人的平等性

民主，深刻地体现着人的平等性，意味着人人都有平等地参与国家治理的权利。平等是"人的自由全面发展"内含的价值取向，卢梭说："没有平等，就没有自由。"《共产党宣言》中提出的所谓"自由人的联合体"，就是摆脱了物对人的统治和人对人的奴役、实现了人对自然规律的自由和人与人关系平等的社会状态。马克思说："平等是正义的表现，是完善的政治制度或社会制度的原则，这一观念完全是历史地产生的。"他还指出："一切人，或至少是一个国家的一切公民，或一个社会的一切成员，都应当有平等的政治地位和社会地位。"

要求平等对待是人的自然本性，是人们自古以来不断追求的社会理想。而其中的权利平等则是社会公平的核心内容和基础，是现代社会制度的核心价值。权利平等着眼于人的生存发展起点平等，强调人的基本权利如生命健康权、自由权、财产权、受教育权、政治参与权等，不能因为出身、户籍、种族、性别、宗教、民族、党派、职业、贫富等因素而受到区别对待。

总之，民主是现代政治文明的首要价值和内涵，是现代政府的内核和生命。民主是既有自由又有平等；任何健全的人、健全的社会追求的都是自由与平等的结合。

（二）科学内涵

1. 科学的灵魂是求真

科学，是人类文明永恒性的核心价值观念，它的灵魂是求真。求真的"真"，指的就是真理、真情、真实、真言。真言，也就是讲真话。巴金说："大家说真话，国家才有希望。"他身体力行，从自身做起，坦然解剖自己，撰写和出版了《随想录》。这在当年能够如此写出大实话、大真话的知识分子中，可谓凤毛麟角。还有一位更是值得一提，他就是一向"威武不能屈"的马寅初。他在说真话方面，给我们做出了榜样。马寅初常对人讲："言人之所言，那很容易；言人之所欲言，就不太容易；言人之所不敢言，就更难。我就言人之所欲言，言人之所不敢言。"

大家知道，真话的道德基础是诚信。有专家研究称，中国人缺少诚信的主因是缺乏契约精神。的确，没有规则和契约意识，背信弃义和做假行为自然甚嚣尘上、危害巨大。这显然与科学求真精神背道而驰、格格不入。当然，要让科学精神发扬光大，还需民主做保障。苏格拉底曾说："如果不彻底研究问题的来龙去脉，任何人都休想得出正确的结论。因此必须拥有讨论所有问题的充分自由，必须完全不受干涉。"

2. 科学的基本原则是质疑和批判

（1）探索事实要有批判性思维。所谓批判性思维，不是简单的批评和挑刺，而是要求人们在掌握充分论据的基础上进行分析、判断和推理，尽可能使结论或判断客观公正，从而养成严谨的逻辑思维习惯。这正如茅于轼所说的："五四运动时所提出的科学，固然包括技术，但更重要的是思维方法的科学。"知识分子是最具个性和最具批判意识的社会群体，也是先行站立起来的个体；他们不轻易相信别人的结论和迷信权威，能积极思考和独立判断，要重视发挥这个群体的积极作用。

（2）人格独立要有质疑的品质。人格首先是独立的产物，独立思考独立判断。鲁迅认为，中国要强盛，"根柢在人"。他说："人立而后凡事举；若其道术，乃必尊个性而张精神。"（《文化偏至论》）这里说的"个性"，是人的生命的基本特征之一，是人格、精神自我圆满的自觉要求和标志。没有个性的生命仅是巨大机器上的螺丝钉。所以，这里所要"立"的"人"，指的不再是传统意义上的"国民"、"良民"，而是具有健全独立人格的新人。

学校是探索知识真理和塑造独立人格的地方。教育的本质是人的成长、人的自由发展，一定要启迪学生形成独立的人格，只有人格独立了，学生才能用智慧去怀疑、去判断、去创造。要培养学生热爱知识、追求真理、人格独立、创新意识，教师理应率先垂范，教师应该首先成为具备怀疑、批判和创新精神，具有独立精神和原创能力，以及以思想为生活的人。

二、践行民主、科学理念

（一）加强公民意识教育、提高政治参与能力

公民参与，就是公民依法以各种形式参加国家与社会公共事务的决策和管

理。推进公民参与就是实行民主政治。而重视公民意识教育，是创造最广大人民群众投身于民主进程的前提性工作，是真正推进人民民主建设的内在要求。

在民主精神至今尚未真正变为国民的自觉意识的中国，社会主义政治文明的建设不仅是民主制度的设计和完善问题，更重要的是培养一代认同、积极参与并具有实践能力的公民。为此建议：一是要加强公民意识教育。各级各类学校要普遍开设专门的公民课程，以培养好合格公民，夯实好公民社会的基础。二是提高公民政治参与能力。我们要鼓励和推动公民参与公共生活实践，使之在参加从国家到公民社会再到城乡社区的各个层面的公共事务管理活动中，逐渐提高参与的技巧、积累参与的经验和发展参与的能力。

（二）政府要正视、适应并有效运用网络这一民主形式

当前中国，网络舆论空前繁荣，无数网民激情投入，主要原因在于互联网自由言说的特质。据有关部门的统计报告显示，2012 年底，中国网民的数量已达 5.64 亿人，其中 10—39 岁网民占比 79.7%。目前，中国的互联网已在一定程度上实现了思想自由、言论自由和出版自由。

作为政府，要正视、适应并有效运用网络这一民主形式，一是通过网络，披露事情真相、解释政府政策、宣传政府主张和协调社会关系，使之成为政府治国理政、了解社情民意的新平台；二是积极探索建立关注网络民意的工作机制，内容包括网络民意的收集、研究、反映和互动等。

（三）加强舆论监督、满足民主要求

行使舆论监督是宪法和法律赋予媒体和公民的权利，任何人不得以任何理由予以干涉和剥夺。新闻媒体履行监督和批评使命是言论自由的应有之义。而公民监督的主要方式也是最有效的方法就是新闻舆论监督，它的独特功能主要表现在揭露和督促上，是通过对事实真相的揭露，在社会上形成强大的民意压力，来发挥其监督作用。

因此，新闻媒体一是应该尊重公民的知情权，及时、真实地传达政府的决策信息、决策背景和决策资料，满足民主政治公开性的要求，为公民行使监督权提

供必要的条件；二是充分反映不同利益群体的意愿和要求，使决策层全面了解各方面的信息；三是要有效地发挥监督功能，监督权力的运行，防止公共权力出现违背人民意志的黑箱操作。政府要正确、科学地对待公众舆论。对媒体披露的事或问题要认真进行审查，对未公开说清楚的要公开说清楚，使公众知情；有错就要认真整改，并依法依规追究相关人员的责任；如果是自己做得对，就要坚持，同时向公众说明理由。对此，新闻媒体要全程跟踪报道，不能半途而废，否则监督效果将大打折扣。

（四）要以党内民主带动人民民主

要发展党内民主，并使党内民主同人民民主结合起来，以党内民主带动人民民主，搞好二者的联动。党内选人用人要公正，在任用干部的执行程序时要体现群众公认。在民主推荐过程中，要在广泛征求群众意见的基础上酝酿产生考察对象，确保基层群众的参与面，特别是要保证基层群众参加民主推荐的比例，并确保其能够独立地、隐性地进行推荐。在组织考察过程中，要注意扩大预告范围，让更多群众了解考察程序、职位要求，鼓励群众讲真话，使考察材料准确反映群众的评价。强化公开监督，把选拔任用干部满意度民意调查作为提高选人用人公信度的有力手段。

三、结语

五四新文化运动以民主、科学为旗帜，开启了中国现代的思想启蒙，但五四运动的历史使命远未完成。作为在五四新文化运动中孕育、诞生的九三学社，更应该进一步弘扬民主、科学精神，为推进中国民主政治建设做出更大的贡献。

（作者卢坚放系福建省泉州市职业技术教育中心教研员）

责任编辑：郑晓东

民主与科学：中国梦的必由之路

沈魁敏

1919年1月，陈独秀在《新青年》6卷1号中撰写的《本志罪案之答辩书》中提出，“我们现在只认定只有这两位先生（民主与科学），可以救治中国政治上道德上学术上思想上一切的黑暗”，以此为开端，五四新文化运动把民主与科学作为行动的旗帜。中国近一百年来，新民主主义革命、社会主义革命和社会主义建设，也一直把民主与科学当作一面旗帜。在中国共产党十八大报告中，“民主”出现了70次，“科学”出现了52次，尤其在描述社会主义道路和理论体系时指出，“建设社会主义市场经济、社会主义民主政治、社会主义先进文化、社会主义和谐社会、社会主义生态文明，促进人的全面发展，逐步实现全体人民共同富裕，建设富强民主文明和谐的社会主义现代化国家”，“中国特色社会主义理论体系，就是包括邓小平理论、三个代表重要思想、科学发展观在内的科学理论体系”。报告表明，民主政治和科学理论体系，是建设社会主义现代化国家、实现中国梦的必然途径和行动指南。

《本志罪案之答辩书》和中国共产党十八大报告昭示同一个问题：民主与科学是方向、是路径，只有选择正确的道路，才能抵达胜利的彼岸。五四新文化运动以后近百年，在中国革命和建设实践中，民主与科学一次次被证明了是“救治黑暗”的神兵利器。

大革命是五四运动后民主与科学接受的第一次洗礼。作为中国民主科学的引路人、中国共产党早期领导人的陈独秀，不能科学地分析革命中工人阶级与资产阶级的对立性，认为中国工人阶级幼稚，农民阶级保守，不能成为独立的革命势力，因此主动依附资产阶级，放弃革命领导权和支持者，试图先通过完成资产阶级主导的民主革命，再来完成工人阶级领导的社会主义革命，这就必然导致革命的失败。大革命失败后，中国共产党人及时纠正错识，放手发动群众，掌握革命的主导权，不断掀起革命高潮，并在反动力量的多次围剿中发展壮大。尽管在第五次反围剿中，盲目唯上、唯书，革命力量遭受了巨大损失，但遵义会议的召开正式确立了毛泽东在中国共产党的领导地位。他科学分析中国当时主要社会矛盾，明确了革命必须依靠和团结的力量，指出了今后革命的方向，才成功带领全国人民，打败日本侵略者，解放全中国。1945 年 7 月 1 日，毛泽东在延安窑洞回答黄炎培"兴亡周期律"问题时指出，"我们已经找到新路，我们能跳出这周期率。这条新路，就是民主"。然而，中华人民共和国成立后的社会主义革命中，民主制度建设严重缺失，正如十一届三中全会《关于建国以来重大历史问题的决议》指出的，"逐步建设高度民主的社会主义政治制度，是社会主义革命的根本任务之一。建国以来没有重视这一任务，成了'文化大革命'得以发生的一个重要条件，这是一个沉痛教训"。1958 年"大跃进"兴起，宣告了民主与科学在中国的休克，在一个萝卜一万斤的新闻也能上《人民日报》的时代，发生"文化大革命"成为一种必然。但是，40 年来，民主与科学的种子已经在中华民族的血脉中发芽，绝不会因一时的停顿而夭折。1978 年的拨乱反正再次请回了"德先生"和"赛先生"，重启了民主进程，开启了改革开放的新时代。

发源于西方反对封建专制的民主与科学，是百年前中华民族学习吸收西方先进文明的重要内容之一，是中国人民历经两千年封建专制后放眼世界的必然选择。然而，民主与科学在中国的进程，重复着它们在其故乡欧洲大陆于曲折艰难中前进的历史，折射出历史惯性对民主与科学强大的反噬力。我们既要看到民主与科学进程的确定性，也要清醒地看到其长期性和艰巨性。每一个历史性的进步，首先是一种新的、具有进步意义的精神成为这个时代的主旋律。要建成社会主义现代化国家，实现中华民族伟大复兴、共享出彩人生的中国梦，就应该积极推进民主与科学的进程，使之成为中国梦时代的国家精神。

那么，完全依靠制度或法制建设来保障民主与科学吗？不行！历史和现实告诉我们，再好的法律或制度也是靠人来执行，如果我们仅仅把民主与科学写在纸上，而不是播种在人的心里，那些纸上的东西就只是浮云，可以重如泰山，也可以弃若敝屣。只有当民主与科学成为一种信仰、一种敬畏、一种精神，由此衍生出来的制度体系，才是有约束力和执行力的。因此，在实现中国梦的过程中，应把民主与科学作为社会主义核心价值观之一，予以大力弘扬。通过类似西方“启蒙运动”的思想酝酿过程，培育民主与科学之树茁壮成长的社会土壤，是当代民主与科学建设的主要任务。

弘扬民主与科学，应突出“害导”。中华人民共和国成立前，宣扬民主与科学是顺理成章的事，因为革命的任务就是救治黑暗、建设新中国；理解和接受起来比较容易，因为极大一部分人能从打破旧制度中获得利益。所以，中华人民共和国成立前民主与科学的宣扬，突出的是“利导”。在民主与科学建设取得极大进步的今天，弘扬民主与科学，则应突出“害导”。己所不欲，勿施于人，施之于人，反噬其身，任何强大的凌驾于社会的权势都是依靠大众得以存在。先有大众的支撑，然后才有权势，大众为它提供土壤，滋养它，最后却被它吞没。如果民主与科学的进程中止甚至退步，将会对个体造成极大的伤害。坚持民主与科学，就是保护个人利益不受侵害。因此，我们应抛弃传统“扬善”的思想教育方式，勇敢地照亮人类灵魂深处野性的贪婪、无限的欲望，呼唤理性的觉醒，尊重人与人之间的社会共生关系，尊重他人生存和发展的权利，自觉与他人共同遵守一套蕴涵民主与科学的社会行为规则，才能保护自身权益不受侵害。

弘扬民主与科学，应突出精英的引领作用。民主与科学在中国的传播过程中，活跃着陈独秀、李大钊、许德珩等时代精英的身影。千夫之诺诺，不如一士之谔谔。民众或明或暗的需求，需要大声疾呼予以激活，而思想中已经固化的认识，需要用新的思想进行碰撞和晒打，才能风化为民主与科学之树需要的土壤。欧洲的文艺复兴运动，被称为“出现巨人的时代”，一批精英站在社会发展的十字路口，以他们对时代精神的敏锐性，对时代进步的高度责任感，为真理而牺牲的献身精神，唤醒了人类的自我关怀，为后续的启蒙运动中另一批精英宣扬理性文明奠定了基础。杰出人物在关键时刻的引领作用，能使一个时代、一个国家走出千回百转的历史峡谷，转入一条宽阔大道。我国自五四新文化运动后，受国共、中日、经济建设等国家和社会主要矛盾的客观限制，以及传统文化的深刻影响，致力于宣扬民主与科学的思想精英屈指可数，更不用说形成一个群体、影响一个时代。当前，社会政治文明朝着有助于思想精英自由思考、独立宣扬的方向发展，在这个怀疑一切、亟须重塑信仰的时代，社会精英尤其是一直秉承民主与科学思想的九三人，应把握时代脉搏，在我国社会转型的关键时刻，自觉投身现代社会文明建设的洪流中，大力弘扬民主与科学，使追求民主，崇尚科学成为中国梦时代的思想主旋律。

弘扬民主与科学，应突出与时俱进的时代精神。民主与科学是一个动态发展的概念，民主会随着物质文明和政治文明的变化而变化，随着理想追求的变化而变化；科学则更容易因人类对客观世界认知变化而呈现出不同的内涵。一个时期的科学知识体系，在另一时期未必也被认为是科学的。因此，宣扬民主与科学，要把握好民主与科学的普遍原则和时代特征相结合的切入点，才能起到深入浅出、通俗易懂的效果。当前，我国社会正处于多种矛盾集中显露的阶段，既有社会转型期各种利益调整、思想碰撞，又有经济增速放缓诱发的次生危机，社会心态浮躁，容易走向极端，引发社会动荡。这一时期，只有秉承理性客观、平等公正的民主与科学精神，才能把握好、处置好当前的社会问题，因而也是弘扬民主与科学精神、把社会心态向理性文明引导的重要契机。中共十八大后，弘扬民主与科学，应与新一届中共领导集体重拳反腐、整顿吏治、塑造政治清明相结合，与有效益、有质量、可持续增长的科学发展观相结合，充分体现民主与科学同政治文明和科学发展观的一致性。

有梦想才有目标，有努力才能圆梦。民主与科学是现代文明的基础，是现代化社会赖以生存和发展的内在动力，也是社会主义国家的立国之本。新时期，弘扬民主与科学思想、推进民主与科学进程，是实现中国梦的必由之路，是中国梦时代肩负的历史使命，任重而道远，弘毅可行之。

（作者沈魁敏系福建省漳州市芗城区发改局副局长）

责任编辑：张博燕

中国特色社会主义制度下继续探讨民主与科学的意义

王 辉

一、内卷——社会制度变革的非必然性

1998年，香港中文大学的张小军博士指出，在人类社会制度的变迁历程中，有三种路径力量在起作用，即革命、演进及内卷。革命是指社会制度间断性的、突发或者剧烈的改变与更替，即一种社会制度跳跃式地改变为另一种社会制度；演进是指社会制度连续的、缓慢的、增进的、发散性的或沿革式的变迁；内卷是一种社会制度在一定历史时期中，在同一层面上内缠、自我维系和自我复制。内卷一个很典型的例子就是中国的封建社会制度，它在2000多年的历史长河中没有出现较大的跳跃性或增进性的前进。

尽管中国特色社会主义制度是跳跃性的制度革命，它打破了封建制度的不断内卷，对防止一党独大、形成高度专制国家，推动经济社会快速发展、保持社会和谐稳定、保障公民权利等方面功不可没，但仍有待进一步完善。在当前现实社会中，可以清晰地看到革命、演进以及内卷三种路径依然同时在起作用。因此，为了防止中国特色社会主义制度的内卷，很有必要加强对其研究和探索。

为了维护国家总体上的稳定和繁荣，政府应加大培育演进路径的力度，限制内卷和革命路径力量的过快发展。政府应积极主动引导公民以温和的、守规则的政治参与来维护自身利益，将政治的认识从道德层面转向科学层面，如现实社会中的“德治优于法制”、“解决腐败优于保障公民权利”等现象。值得警惕的是，道德伦理层面的政治参与容易引起暴力化和非理性化，如钓鱼岛事件所导致的无辜公民人身和财物受到损害，可能会使得非理性的革命力量过于强大而失去控制，从而导致社会混乱。

二、制衡——权力约束机制的非完美性

绝对的权力导致绝对的腐败，因此东西方国家采取了不同的制度安排，来实现权力的制衡，以保障社会的良性运转。一种是西方国家采取的职能性分工模式，典型的是美国，采取立法、行政与司法的三权分立。其西方式的民主模式产生的社会基础与大多数东方国家相比，差异较大：一是传统社会“皇权”即国王的权力和“教权”即宗教的权力，两权都对政治社会产生重要影响，其教权的影响力远超无论是当前还是古代的中国；二是西方大多数国家都经历或者受到了文艺复兴“天赋人权”、“人人生而平等”等观念的深远影响，但中国受到的影响较小、时间也较短。

由于大多数的东亚国家缺乏这两个重要的基础，因此实行职能分权式民主模式难以带来国家的稳定与繁荣，比如菲律宾等国。此外，实现这种民主花费的代价极为高昂，如声势浩大的竞选活动、久拖不决的议会表决等，不仅严重耗费国家资源和国民政治热情，导致政权动荡，整个社会还因缺乏核心凝聚力致使国家无法快速发展。

另一种是中国古代采取的决策—执行—监督流程式分工模式，如唐代中书省起草诏书、门下省管封驳、尚书省管执行，这一制度催生了唐朝的兴盛与繁荣。这种制度在后来历代变迁中，不断被改变与更替，最终形成了一种皇权高度集中的封建集权制度。一些史学家指出：这种被不断改变与更替的制度，与中华民族从富强繁荣走向羸弱凋敝紧密相关。

新中国则采取了中国共产党领导的多党合作和政治协商制度，它最大限度地避免了封建社会那种皇权过于集中的弊端，又避免了西方国家冗长低效的政治内耗。但在现实社会中，一些民众意见“被代表”，恶性群体性事件时有发生，公务员队伍中出现的贪污腐败，局部地区公民权利被侵害、公共权力被滥用等现象屡见不鲜，亟待关注和解决。

考虑到我国的实际，西方职能式分工不是我国未来的代表中国特色的社会主义民主制度的选择，古老的流程式分工模式也因时代变迁而无法照搬，目前中国共产党领导的多党合作和政治协商制度也有其需要完善的地方，社会制度的变迁

也要求权力的制衡机制不断改进和完善，因此我们有必要对权力的监督机制进行新的探索。

因此建议，通过借鉴和创新流程式分工模式来完善和发展中国特色社会主义制度。首先，在中国共产党领导下的多党合作和政治协商制度中，中国共产党的领导地位不变，它处于中国政治的核心。其次，继续贯彻现有《宪法》精神，各级人民代表大会行使国家权力，制定相关决策，成为决策部门。再次，政府遵照执行各级人民代表大会的决策，成为执行部门。最后，强化政协的监督权力，成为监督部门。

三、扩展——社会制度形成的非短期性

一种制度的形成是一个长期的演化过程。中国特色的社会主义民主制度的萌芽、发展、形成和传播，需要一定时期的累积和扩展。即便中国特色社会主义制度的理论已经趋于完善，而要将从两千多年的深入骨髓的“封建社会民主制”下的民众，培养成为中国特色社会主义制度下的公民，仍然是一个漫长而艰难的过程。

因此，为了培育中国特色社会主义民主制度，形成浓郁规范的民主氛围，现代公民权的宣传与维护至关重要。一是从法制上界定中国特色社会主义民主制度下现代公民权的含义，这些权利应该包括人的生命、财产、居住、迁徙、劳动、休息及教育、医疗、卫生等人身自由、安全和社会保障权利，也应该包括言论、通信和信仰自由以及参加选举、担任公职等政治权利。二是加大对现代公民权的普及与宣传，从小学教育开始抓起，从小培养下一代现代公民意识，增加小学教材中实用简单明了的现代公民权教育。三是要加强农村人口、流动人口的现代公民权的普及，逐步帮助农民、民工从小农经济下的“村民”向“公民”转换，逐步熟悉现代公民应有的权利和义务，逐渐参与社会公共事务。

四、异化——科技与民主发展的非同向性

这里的异化是指由人创造出来为人类服务的东西，反过来奴役人类。科学技术不仅让人们的物质生活得以极大改善，同时也促进了政治组织方式的改变，促使政治权力的运作以更为文明的方式向更科学、更合理的方向发展，极大地助推了民主制度的形成和发展。然而，科学技术的发展与应用并非总是推动民主往良性方向发展，也给民主制度发展带来了阻碍。

一是知识的急剧增多让个人无法在各个领域都能快速地、专业地、大体同等地拥有相同的知识，由此人们因其拥有知识的不同而拥有不同的职责和权力。从权利与义务对等的角度看，专业人士或科学家在享有这项权利的同时应该履行与这项权利相关的义务。但由于普通公民已经不具备审查专家知识的能力，专家不应该继续被认作是真理的代言人，而更大程度上应被看作提供某种服务的商人。如华尔街金融家通过信息和知识吞噬了巨额财富，却让全世界人民共同承担由此带来的风险，即美国的次贷危机。

二是许多科学研究越来越需要庞大的财力予以支撑，而这种支撑由个人或者微小企业无法负担，这就使得科技越来越依赖政府或大型企业的资金投入。在科学不耗费纳税人的资源时，科学家还尽可能地恪守为科学而科学的信条，科学的自治权能得以保证。但是，随着科技越来越依赖巨大投资，科学必须为自己寻找资助人，或者政府，或者企业，由此，科学自由探索的天平逐渐向有利于政府或企业的方向倾斜。现实社会当中，许多专家被称为“砖家”就是很好的证明。

因此，继续探讨民主与科学有极大的现实意义。建议，首先要制约科技发展为少数人服务而牺牲多数人利益的现象，对政府自身参与的重大科技项目加强监督。其次，大力引导科技行业协会的组建和运行，强化行业自身的自净功能。最后，积极唤醒广大公民对科技与民主非同向性发展的关注，扩大公民在科技阻碍中国特色社会主义制度建设方面的知情权。

（作者王辉系九三学社福建省厦门市委会干部）

责任编辑：张博燕

肝胆相照　做好镜子

——谈谈我对九三学社坚持和发扬民主与科学的一点浅见

陈志龙

一、民主与科学是九三学社的根本宗旨

“民主”是指民主思想和民主政治；“科学”主要是指近代自然科学法则和科学精神。民主与科学是由“五四”新文化运动大师陈独秀、李大钊、鲁迅、胡适等首倡，并由九三学社先贤大力弘扬、发扬光大的一个重要口号。它是九三学社的创社之魂、立社之本和发展动力，也是九三学社的根本宗旨。九三学社的前身为抗日战争后期一批进步学者发扬五四运动的反帝爱国精神，以民主科学为宗旨，在重庆成立的“民主科学座谈会”，后为纪念 1945 年 9 月 3 日抗日战争和世界反法西斯战争的伟大胜利，改建为“九三学社”，并于 1946 年 5 月 4 日正式成立。九三学社成立后，九三历代先驱始终高举民主与科学的伟大旗帜，与中国共产党风雨同舟，为国家振兴和民族富强做出了不可磨灭的贡献。

二、民主与科学是九三学社与中国共产党肝胆相照的政治基础

九三学社是与中国共产党肝胆相照的民主党派。九三学社从酝酿、筹备、成立到不断发展的今天，都得到了中国共产党的强有力支持。九三学社也为中国共产党夺取政权、建立政权以及建设新中国献计献策，前后奔走，立下了汗马功劳。

解放战争时期，九三学社赞同中国共产党的各项政治主张，与中国共产党团结合作，积极参加反对国民党独裁统治的民主运动，为争取新民主主义革命的胜利而不懈斗争。1949 年 1 月，九三学社发表宣言，响应中共中央“五一”口号和

毛泽东的八项和平主张，拥护召开新政治协商会议。1949 年 9 月，九三学社的代表参加了中国人民政治协商会议第一次全体会议，参与了《共同纲领》的制定、中央人民政府的组成和中华人民共和国的成立。半个多世纪以来，九三学社弘扬民主与科学精神，充分发挥人才和智力优势，就实施科教兴国、可持续发展战略、依法治国方略和科技、教育、经济、文化等重大课题进行调研，向中共中央领导同志提出了诸如《关于建立长江上游生态保护和资源开发区的建议》、《大西南连片贫困岩溶地区脱贫与振兴经济建设的建议》和建立“农业建设专项基金”等建议，向中共中央和政府先后提出了促进科技成果转化为现实生产力、生态保护和资源的合理开发利用、实行产业化经营、大力推进中西部农村经济的发展、环境保护、实施人才战略、西部大开发、自主技术创新、三农问题等方面的多项重要建议，受到党和国家有关方面的高度重视。九三学社还面向社会，积极开展科教服务、支边扶贫活动，获得了很好的效果。

实践证明，民主与科学是九三学社有别于其他民主党派的特色，是与中国共产党肝胆相照的政治基础，也是九三学社发展壮大的政治基础。

三、要坚持和发扬民主与科学，做好中国共产党的“镜子”

中国共产党带领中国人民经过艰苦卓绝的斗争，赶走了侵略者，推翻了反动统治，建立了新中国。虽然历经波折，但中国共产党所具有的“批评和自我批评”的优良品质，使之能及时地拨乱反正，从而经过 60 多年的发展，使中国这个曾经的世界巨人重新站上了世界的巅峰，让世界再一次对中华民族刮目相看。

不过，伴随着中国的崛起和发展，不仅中国所面临的国际国内环境更加复杂，就是中国共产党本身也面临着新问题、新情况。当前，党员干部贯彻落实党的群众路线总体是好的，在联系服务人民群众方面做了大量富有成效的工作，但也存在着不符合为民、务实、清廉要求的问题。特别是有的领导机关、领导班子和一些领导干部形式主义、官僚主义、享乐主义突出，奢靡之风严重，主要表现在理想信念动摇，宗旨意识淡薄，精神懈怠；贪图名利，弄虚作假，不务实效；脱离群众，脱离实际，不负责任；铺张浪费，奢靡享乐，甚至以权谋私、腐化堕落。这些问题，严重损害党在人民群众中的形象，严重损害党群干群关系，必须认真加以解决。为此，中国共产党决定利用一年的时间，在全党自上而下分批开展党的群众路线教育实践活动。这是新形势下坚持党要管党、从严治党的重大决策，是顺应群众期盼、加强学习型服务型创新型马克思主义执政党建设的重大部署，是推进中国特色社会主义伟大事业的重大举措。

很明显，中国共产党在新一届领导班子履职以后，针对目前所出现的问题，将开展新一轮的“批评与自我批评”。这将是中国共产党领导的中国所面临的一个新的关键时期。作为与中国共产党肝胆相照的亲密伙伴，我们九三学社又该怎么做？我认为，我们应该在进一步坚持和发扬民主与科学的前提下，努力做好中国共产党的“镜子”，要真心实意地为中国共产党的这一次“落实群众路线”和“批评与自我批评”献策出力。

（一）要愿意做“镜子”

作为民主党派，首先要拥护中国共产党的领导，并且是真心实意地拥护，要做中国共产党的好助手。中国共产党现在明确提出了“照镜子、正衣冠、洗洗澡、治治病”的落实群众路线和批评与自我批评的具体措施，其中“照镜子”就是以党纪国法，所在单位的岗位、职位相关的规范、制度、要求等为标准、参照物，以优秀领导干部、优秀党员为标杆来审视自己。不过，这只是以己为镜。古语说得好：“以史为鉴，可以知兴替；以人为镜，可以明得失。”即便是一个非常优秀的个人或组织，对自己总是会有盲点的，这就需要“以人为镜”，要让别人来看自己。九三学社作为与中国共产党肝胆相照的亲密友党，就要甘当中国共产党的镜子。九三学社的成员虽然大多是从事自然科学的高级知识分子，但也不能“两耳不闻窗外事，一心只做世外人”，而是要聚集到九三学社这个平台上，以民主的精神和科学的态度积极地、真心地、努力地去做中国共产党的“镜子”。

（二）要敢于做“镜子”

做镜子就要照别人，不仅仅是要照出别人的优点，更重要的是照出别人的缺点和不足，这就需要勇气。中国共产党是领导中国革命和建设的核心，本身具有与时俱进的先进性。但即便如此，时至今日，为数不少的中国共产党党员还是出现了上面所述的或多或少、或这或那的问题。这就像一个巨人，在经过崎岖的漫长旅途后，身上也会多多少少沾上一些尘土与泥巴。这些尘土和泥巴，有些是自己能看见的，有些是自己看不到的，巨人也不例外。因为这个巨人是这个大家庭的家长，所以这些尘土和泥巴不仅仅关系到这个巨人本身，也更关系到他所主宰的这个大家庭。作为这个巨人的兄弟，这个大家庭的一分子，与这个巨人休戚相关，那么是不是要敢于为这个巨人照出他自己看不到的尘土与泥巴呢?

中国共产党崇尚民主，具有十分广阔的胸怀。中国共产党团结八个民主党派，共同为中国的建设而努力，这八大民主党派就是中国共产党的八面明镜。民主是九三学社的根本宗旨之一，要坚持民主，就要敢于为民主而奋斗，起码要敢于做镜子。

（三）要善于做镜子

作为一个民主党派，仅仅是愿意做镜子和敢于做镜子还不够，最重要的是要善于做镜子。如何做一面好镜子呢？我认为主要有以下三点：一是要客观公正。作为一面镜子，所照出来的应该既不夸张，也不隐瞒，更不改变其本身的颜色，要做一面平面镜，这是我们做镜子的本色。二是要有所照有所不照。作为镜子，我们要立足于我们自己的特长，照出最有用的东西，要为照镜子的人照出他知道有但是自己又看不到的地方，或者是他不知道但是又确实存在的地方。三是要识大体，不吹毛求疵。作为镜子，我们在照出细节的同时，也要彰显大气，照出整体，认清主流，不要对着一点瑕疵照着不放。

总之，我相信，九三学社人才济济，是聚集高级知识分子的平台。我们必能坚定地坚持民主精神，充分发挥我们党派的集体智慧，用科学的态度和方法，做好中国共产党的镜子，当好中国共产党肝胆相照的兄弟！

（作者陈志龙系江西南昌理工学院副校长）

责任编辑：张博燕

百年共进　继往开来

——我所认识的德先生和赛先生

严慧仁

一、时代孕育了德先生和赛先生

“德先生和赛先生”是对民主和科学的一个形象的称呼。1919 年 1 月 15 日，新文化运动期间，陈独秀在《新青年》杂志上发表的文章《本志罪案之答辩书》中最早提出“德先生和赛先生”这一名词，很快它成为新文化运动时期的重大口号。1919 年五四运动中，爱国青年更是高举“民主”和“科学”两面大纛，向封建礼教和封建思想进行了猛烈的开火。

德先生和赛先生一经介绍到中国来，便在国人的思想里产生重大的影响，继而推动社会变革，释放出巨大的能量。究其原因，主要有两方面：一是给当时处于受尽欺凌、思想困惑迷惘、渴望国家富强的进步人士带来了新的希望，给他们展现了一条光明的道路。二是它本身是欧美近代数百年发展史中抽绎出来的核心精神的高度浓缩。民主是启蒙时代精神的代表，科学则是工业革命的主要推动力量。德先生和赛先生合力把西方世界从蒙昧黑暗的中世纪推进到思想文化丰富活跃、经济繁荣、坚船利炮遍布全球的新时代。这对当时的中国人无疑具有强大的冲击力和震撼力。

民主与科学思想的传播，使得新文化运动和五四运动成为中国历史上新旧时代的分界线。一些进步爱国青年受马克思主义的影响创立了中国共产党，逐渐成为中国社会变革的主导力量。一些专家、学者和教授目睹国民党统治的专制黑暗，痛感民主政治的重要性，发起、组织和成立“民主科学座谈会”，这正是九三学社的前身。九三学社也因而成为“五四”精神的坚守者和传承者。

二、德先生和赛先生的任务

在近一百年的时间内，德先生和赛先生来到中国所受到的礼遇不完全一样。根据陈独秀的想法，“要拥护那德先生，便不得不反对孔教，礼法，贞节，旧伦理，旧政治。要那赛先生，便不得不反对旧艺术，旧宗教。要拥护德先生，又要拥护赛先生，便不得不反对国粹和旧文学”。在两位“先生”旗帜作用下，残存的封建制度和秩序很快土崩瓦解。但是，在建立新社会、新伦理、新政治、新艺术和新文学方面，人们莫衷一是，走了很多弯路。民主作为民主思想和民主政治，主要在思想和社会政治领域发挥作用；而科学作为自然科学法则和科学精神，主要是在生存物质基础和经济领域中展现力量。蒋介石也讲民主，号称实行“三民主义”，背地里却贩卖着独裁，他虽然一开始得到了一些人的支持，其在大陆的统治最终还是被推翻。中华人民共和国成立后，一段时间里极“左”路线曾对德先生构成极大威胁，中国共产党领导的多党合作的社会主义民主政治制度的建立确保了德先生的地位，社会主义民主政治终于在华夏大地上站稳脚跟，改革开放在经济和社会各方面均取得巨大成果，正是德先生功劳的见证。

旧中国由于赛先生的姗姗来迟而落后挨打。赛先生一路走来也并非都是坦途，阻碍来自反智主义和读书无用论等思想，知识分子甚至在很长一段时间里被斥为“臭老九”。直到今天，“山寨主义”仍是赛先生的一个烦人的纠缠者，三聚氰胺等事件又屡屡让赛先生蒙羞。九三学社作为一个以科技界中高级知识分子为主的民主党派，已经为中国现代科学的推进发展立下了功绩，在今后，我们仍然任重而道远。

三、为什么不是民主与科技

在当代，人们通常把科学和技术合称为科技。“科学”与“科技”二词在概念上有一定的区别，科技指的是自然科学和工程技术。生活中我们接触到的多为“科技”：如大学取名为“××科技大学”，公司取名为“××科技公司”；我们在概括这个时代的特点时往往会说“这是个科技日新月异的年代”；在经济上我们把科技尊为第一生产力；在日常生活中我们以拥有最新、最尖端的高科技产品为时尚。不可否认，一百年来，科技的不断进步极大地改变了我们的生活方式和品质。这是不是意味着，我们须顺应时代的变化，把九三学社的宗旨更改为民主与科技呢？

答案是否定的。不仅仅因为民主与科学是我社的光荣传统，更重要的是科学是一个比科技涵盖面更宽的词语，尽管科技是科学和技术的统称，但是，科学包含了自然科学、社会科学等领域的现象和规律，技术只是科学规律在生产实践中的应用。科学是一个比科技涵盖面更宽的词语，我们除了关注科技，我们也关注科学精神。当前社会上普遍有重视自然科学、轻视社会科学的倾向，这与自然科学的发展能直接给人类带来物质条件的改善有很大的关系。但是，社会科学研究的对象是人类社会的存在及价值，这些问题是自然科学永远无法单独解决的。

民主与科学在内涵上是相通的。科学一词除了有作为自然、社会、思维等的客观规律的知识体系等含义外，还有合乎科学的、合理的，排除迷信、谬误，发现真理等含义，而这正是当年陈独秀采用这个词汇时看重的一点，因为他当年面临的一个重大任务是要摧毁愚昧腐朽的封建主义。拥护科学就是去追求、发现真理，民主则是主体借以行动的条件，因此两者在认识论上是一致的，相通并且互补。作为致力于建设有中国特色的社会主义和振兴中华的伟大事业的民主党派，我们的宗旨显然需要具备更大的涵盖面。

四、德先生和赛先生是一对好兄弟

德先生和赛先生是一对好兄弟，彼此鼓励，相互支持。人们若怠慢了两兄弟中的任何一个，必然得不到好的结果。中国古代比较轻视科学，儒家把科学贬低为奇技淫巧，道家也提出要绝圣弃智。由于儒家和道家在中国古代思想的显要地位，造成了科学之树在华夏大地上生长缓慢，最终导致中华民族在近现代遭受了百年的屈辱。专制是民主的对立面。但有一种专制披着科学的面纱，它强调在社会生活和国家管理中进行全面且“科学”的控制，主张通过“光明而正确”的方式允许管理者以集体的名义全面安排普通个人的工作和生活，这将会如同哈耶克所说的——走向奴役之路。纳粹德国走的就是这样一条邪路。

作为好兄弟，德先生和赛先生两者相互促进，难以割离。一方面，民主必然促进科学的发展，专制阻碍科学的发展。专制总是与奴顺、愚民联系在一起的。民主崇尚自由独立精神，鼓励每个人表达自己的思想，无论对的与错的思想都可以自由表达。对的思想表达后能够流行开来被众人学习、借鉴，错的思想也能够被人引以为戒。所谓真理都可能是暂时的，因为人类对自然的认识在不断深化，每一个阶段所取得的知识只是相对真理，而非绝对真理。例如，在欧几里得几何中，两点之间直线最短，过直线外一点只能做一条平等线；但在非欧几何中，两点之间直线并不一定是最短的，过直线外一点可能有多条平等线。因此，排挤、打压所谓的错误思想，就有可能扼杀了某种科学的萌芽，科学思维所需要的创新精神也一同被压制。

另一方面，科学也必然促进民主的推广。科学精神要求排除谬误、迷信，追求真理，这就必然会动摇专制统治的基础。在专制主义国家，社会科学往往受到严格的控制，设立很多言论的禁区，原因就在于此。在自然科学领域里，其所必然具备的内在精神也能催生民主的意识。对此，专制统治者对少数科研人员尚能采取拉拢和收买的方法，但是，科学技术的进步、信息传播技术的发展，使得民主思想的大众传播变得快捷方便，不可阻挡。美国“棱镜”事件使美国政府的网络监视丑闻全世界妇孺皆知，这是科学促进民主的一新例证。

在过去的近一百年里，民主与科学携手共进，在中国由封建、落后的旧社会向富强、民主、文明的现代化道路转变的过程中做出了不可磨灭的贡献，为中华民族从受尽屈辱到如今努力实现伟大复兴之梦立下了汗马功劳。在实现“中国梦”的过程中，“两位先生”仍然须坚守岗位，它们的作用无可替代！民主与科学作为九三学社的光荣传统和宗旨，也将继续得到坚持，并凭此开创更加美好的未来。

（作者严慧仁系九三学社江西省委会办公室干部）

责任编辑：郑晓东

从中国社会的进程看民主与科学的作用

王光志

民主、科学和爱国是九三学社的根本宗旨和优良传统。弘扬民主科学精神是五四运动以来的潮流和趋势。中国共产党始终坚持弘扬民主科学精神；科学与民主在中国社会的发展进程中发挥了重要作用。本文拟从民主与科学的内涵出发，就民主与科学在中国社会进程中的作用做一些探讨。

一、民主与科学的内涵

“民主”一词来源于古希腊文，原意指“人民的权利”。列宁指出：“民主是一种国家形式，一种国家形态。因此，它同任何国家一样，也是有组织有系统地对人们使用暴力，这是一方面。但另一方面，民主意味着在形式上，承认公民一律平等，承认大家都有决定国家制度和管理国家的平等权利。”这就是说，民主从根本上讲是一种国家制度，以制度的形式保证公民都有决定国家制度和管理国家的平等权利。至于平时所说的民主原则、民主作风和民主权利等都是从民主根本含义派生的。民主作为与专制对立的制度，必须包括人民主权、权力制衡、以法治国等三个方面。

第一，人民主权意味着国家的一切权力来源于人民的授予，是由全体公民直接或通过他们自由选出的代表——组成责任政府和行使公共权力。在人民主权体制下，人民是一切国家权力的最终拥有者，由于能否成为掌握权力的官员由人民选举决定，因此，就可以迫使官员自觉为人民服务，依照人民的意志行事，接受人民的监督。

第二，权力制衡，就要分权，以权力制约权力。只有将权力分散、平衡并相互制约才能避免被实际掌握权力者滥用，避免既是运动员又是裁判员的畸形状况。

第三，以法治国，就是法律凌驾于一切权利之上，具有最高的权威。一切政党、一切个人都必须遵守宪法和法律，依法行事；在法律面前人人平等。

具备上述三方面内涵的制度就是民主。

科学产生于人类认识自然的过程中，有知识和实践双重含义。它既是知识体系，又是人类的一种活动。

从知识角度看，科学是关于自然的系统化、理论化的实证知识。《辞海》中这样表述："科学：运用范畴、定理、定律等思维形式反映现实世界各种现象的本质的规律的知识体系。"

从实践的角度看，科学是人类认识自然的活动。保加利亚学者伏尔科夫认为："科学本身不是知识，而是产生知识的社会活动，是一种科学生产。"美国学者小李克特认为，科学是"一种社会地组织起来探求自然规律的活动"。综合两类认识，科学是指人类认识自然的活动和在这个活动中产生的系统化的知识体系。除此之外，还应该认识到，科学不应仅仅是社会活动和知识体系，还应该包括科学的精神。科学精神就是指尊重客观、实事求是、不盲从、不迷信、不崇拜权威的精神。它是体现在人类科学活动中的价值观念、思维方式和行为准则的总和，是保障科学真实、客观的重要因素。

二、民主与科学在中国社会进程中的作用

1949年，中华人民共和国成立后，中国进入了和平发展的新时期。由于经验不足，出现了"以阶级斗争为纲"和违背经济发展规律等"左"倾错误。特别是十年"文化大革命"这样"一场由领导者错误发动，被反革命集团利用，给党、国家和各族人民带来严重灾难的内乱"，影响了社会进步。1976年10月，"文化大革命"结束后，中国逐步走上了依靠科学发展经济、发展民主、推动政治改革的正确道路。1978年3月18日在全国科学大会上，邓小平旗帜鲜明地指

出：科学技术是生产力，这是马克思主义历来的观点！1988年他再次强调说："马克思说过，科学技术是生产力，事实证明这话讲得很对。依我看，科学技术是第一生产力。"1992年，他又说："经济发展得快一点，必须依靠科技和教育。""要提倡科学，依靠科学才有希望。"1995年5月，在全国科学技术大会上，党中央提出了实施科教兴国战略的基本国策。2003年10月，胡锦涛主持的中共十六届三中全会提出了科学发展观，党和国家确定了一条依靠科学技术发展经济的正确道路。30多年来，中国大量引进和采用先进的科学技术，极大地推动了社会生产力的发展和综合国力的提升。中国的GDP年平均增长9.7%，而世界经济同期只有年均3%左右的增长。2010年中国GDP总量接近40万亿元人民币，首次超过日本成为世界第二大经济体。1978年时中国的外汇储备只有15亿美元，到2008年底，达1.53万亿美元，稳居世界第一位。中国已经成为一个经济大国。

1976年10月以后，中国从"文化大革命"中逐渐走了出来，反思历史的经验和教训，整个社会发出了要民主、要法治、要政治体制改革的呼声，开始了政治体制改革的探索和实践。废除了领导职务终身制。在人大制度建设方面，实行了人大代表和部分领导职务差额选举；全国人大常委会成为主要的立法机构，并设立了专门委员会；地方人大设置了常委会，扩大了地方自治权。特别是1986年，邓小平在9—11月连续四次谈政治体制改革。他指出，不改革政治体制，就不能保证经济体制改革的成果，就会阻碍四个现代化的实现，并明确提出了党政分开、权力下放、精简机构的内容。1992年以后，中共十四大、十五大、十六大的报告中都谈到要积极稳妥地推进政治体制改革。2007年10月，胡锦涛在党的十七大报告中再次重申："人民民主是社会主义的生命。发展社会主义民主政治是我们党始终不渝的奋斗目标。"近几年来，中国在尊重人权，拓宽民主渠道，扩大人民对政治的知情权、参与权、表达权、监督权，政府依法行政和民主决策机制等方面取得了一定的进展。社会主义民主的推进，扩大了人民的民主权利，调节了社会矛盾，促进了公平、正义和和谐社会的建设。30多年来，科学和民主成为推动中国社会进步的核心驱动力。

三、中国社会的继续进步必须依靠科学和民主的强大驱动

30年来，尽管中国社会取得了巨大的进步，但是，仍然面临许多挑战。

从科学方面讲。中国通过大量地引进和学习先进科学技术，极大地提高了生产和经济发展的技术水平。但整体而言，中国经济的发展还是一种粗放型的生产方式，整个国家，尤其是企业的自主创新能力不强，缺乏核心技术，缺少知识产权，缺少世界知名品牌，只能靠廉价劳动力来换取微薄的利益，成为低端产品的“世界工厂”，带来资源大量浪费，环境严重污染。事实警告我们，高耗能、高污染的发展模式不能再走了，转变经济发展方式已成为急迫的任务。

同时，中国社会科学精神严重缺失。在经济领域，一些企业诚信缺失，造假产品屡屡出现；在行政领域，部分官员不实事求是、片面追求GDP，造成决策失误；在学术领域，在体制的羁绊和利益的驱动下，弄虚作假，学术腐败现象不断出现。国家和社会中实事求是的科学精神已经降到了令人担忧的地步。

从民主方面讲，由于原有体制、既得利益、思想认识等多方面的影响，社会主义民主建设，呼声大，雨点小，已严重滞后于经济的发展，影响着社会的进步。例如，由于人民选举官员制度还未真正落实，“官本位”倾向、等级观念不是在弱化而是在强化，政府官员对上级负责的精神远强于对人民负责的精神；由于权力没有在制度上得到有效制衡，腐败势头并没能遏制。由于人民许多基本的民主权利还未得到保障，贫富差距不断拉大，部分地区矛盾激发，群体性冲突事件时有发生。没有民主制度的保证，就无法实现社会的公平、正义，无法确立人们对法律权威的尊重，也无法实现社会和国家的高效运转和长治久安。中国的社会主义民主建设亟须有效推进。

中国社会的继续进步必须依靠科学和民主的强大驱动。科学和民主都是人类自我意识的觉醒，科学能使物尽其力，民主能使人尽其能，科学的进步和民主的发展总是相依共生的。放眼世界，人类快速而巨大的进步，就是开始于16世纪诞生了近代自然科学和17世纪产生了近代民主制度之后。科学和民主是人类腾飞的翅膀。回想中国，90多年前，中国共产党的创始人就高举起了“科学”和“民主”两面旗帜，坚持这两面旗帜，中国革命和建设就取得胜利和进展；违背

这两面旗帜，就出现挫折和失误。历史经验充分证明，没有科学和民主的支撑，经济繁荣是不可持续的；缺乏科学和民主的国家是不可能成为强国的。中国社会的继续进步，仍必须依靠科学和民主的强大驱动。

（作者王光志系山东省淄博师专教师）

责任编辑：郑晓东

决策的民主参与和科学

朱松君

日常工作中，领导经常要进行决策，一个决策是否能够很好地执行下去，与决策时民主参与程度和是否科学密切相关。没有广泛的民主参与，决策不可能被很好地认识、更不能被群众接受，决策的过程不民主，没有被群众认识接受，就算决策本身是正确的、是科学的，也会影响决策的执行，影响工作的开展，延误工作时机，造成工作损失。

一、为什么要民主决策

决策是指通过分析、比较，在若干种可供选择的方案中选定最优方案的过程。确定干还是不干，叫决；明确用什么方法和工具干，叫策。决策，就是为了到达一定目标，采用一定的科学方法和手段，从两个以上的方案中选择一个满意方案的分析判断过程。按决策主体进行分类可分为个人决策和团队决策。个人决策是指最后决策方案的选定是由最高领导最终做出决定的一种决策形式。特点是决策迅速、效率高，责任明确，充分发挥领导个人的主观能动性。从决策效果来看，领导者决策的波动性较大，容易走极端，这是由个人的知识能力和个性缺陷所决定的。领导者决策往往容易产生最优与最差决策，适用于不重要的局部的及时的战术性决策。领导者决策不易被团队认同，执行效率低，需要强有力的领导。团队决策是由决策团队所做出的决策。特点是耗时、复杂，但可集思广益，弥补个人不足。团队决策是各方协商的结果，集合了各个成员的知识能力，也是团队成员之间权利的一次博弈，波动性较小，比较中庸，产生不了最优也产生不了最差决策。关键这些人是执行者，在决策时各方通过讨价还价已经达成了共识，团队决策容易执行。重要的影响全局的战略性决策应用团队决策。通常情况下，团队成员越多，决策越具有“综合性”，团队成员的权力越不均衡，决策越易偏极化。合理控制团队成员的数量与团队成员的决策权力结构，能使决策达到最优效果。

如何避免个人决策的缺点、发挥集体决策民主决策的优势呢？其实，管理学上都有程序，关键是领导层的意识和工作中如何把握、如何执行。在无限真理面前，一个人的智慧再高也有认识的有限性，特别是社会飞速发展、信息爆炸，决策的难度越来越大、决策责任越来越大，就算是领导有超群的智力和魄力、勇于承担责任，但是因决策失误造成失败和损失无法挽回，是不容马虎的。

二、如何民主决策

一要充分调研。“没有调查就没有发言权。”在进行决策之前要收集信息、判断信息的质量，认真分析，注意信息的分类整理、轻重缓急、内在联系、逻辑关系，去伪存真，根据现实制定工作目标，提出方案评价优劣，此为决策的“谋”。过低的目标影响积极性，过高的目标在目前的考核机制下必然造成“上面层层加码，下面层层加水”的错误行为。

在广泛讨论过程中关键要注意决策团队的组成。让什么样的人加入决策团队，将影响最终的决策。特别是如果决策将影响或者牺牲一部分人的利益，必须请这一部分人的代表参与决策，否则决策是不公平、不公正、不公开的，在执行过程中必然遭到被影响、被牺牲利益集团的坚决阻挠和反对，轻则影响领导权威，重则造成集体事件，影响政府公信力和执政效果。

二要集体决策。实际上，一个不搞“一言堂”的领导，他的民主体现在各个决策过程中。决策不分大小，再小的决策也不是领导一个人亲自去执行，也需要听听下属的意见，毕竟是下属具体去执行。大的决策已经有集体研究的制度，通常会在相关会议上讨论，主要是在决断的过程中，如何不让主要领导者的思维先入为主地决定了最后的决策，这体现了这个决策团队的民主风气如何，也体现了主要领导的民主作风和智慧。当然，也不是讲全部是民主没有集中，因为无论前期的工作做得怎样，工作中会发现没有一个理想的方案，更没有完美的决策，但最终都必须决策，是通过广泛的民主最后集中，最后做出合适的决策。此为决策的“断”。最后一点要注意的是方案要能够纠偏，甚至于当条件改变导致当初的决策错误时，也许需要重来一次决策。只谋不断是空谈误国、贻误战机；只断不谋是独断专行、不负责任。

三、民主决策与科学决策的关系

没有民主一定做不到科学。在决策过程中，民主代表的是面，是广泛参与，是广度，是听取采纳各方意见，提高认知和接受程度，只有民主才能够让群众更广泛地参与到决策中来，只有民主才能够让具备相关专业技术的人才发挥特长，集思广益，运用科学知识和方法帮助科学决策。

科学决策是指决策者为了实现某种特定的目标，运用科学的理论和方法，系统地分析主客观条件做出正确决策的过程。科学决策讲求程序性，不是简单拍板，随意决策，更不是头脑发热，信口开河，独断专行，而是在正确的理论指导下，按照一定的程序，充分依靠领导班子、广大群众的集体智慧，正确运用决策技术和方法来选择行为方案。科学决策讲求实践性，是指在管理活动中，决策一经做出，就必须付诸实施，不能付诸实践，不是科学的决策。

没有民主一定做不到科学，因为即便个人智慧超乎常人，甚至于高于集体的智慧，其所确定的目标及策略甚至比团队更科学，但是最终不被群众接受导致执行受阻，甚至工作失败，这不是科学的决策。

（作者朱松君系山东省青岛市卫生局医政与妇幼卫生处副处长）

责任编辑：郑晓东

弘扬九三学社民主科学精神
积极助推社会主义协商民主发展

王辰冬

党的十八大关于“发展社会主义协商民主”的重大战略部署，为各民主党派更好地履行职能、发挥作用提供了重要的历史机遇，搭建了更为广阔的舞台。站在新的历史起点上，深刻认识社会主义协商民主的独特优势，充分发挥党派团体自身优势，助推协商民主广泛、多层、制度化发展，使各项履职活动更加契合中心任务，更加符合决策需要，更加体现人民心声，业已成为各民主党派面临的重要课题。九三学社以爱国、民主、科学为发展宗旨，以科技界高、中级知识分子为主体，在推动协商民主发展上具有得天独厚的优势。为此，笔者结合工作实际，针对九三学社具有的优势和存在的问题，谈几点粗浅的想法和认识。

一、九三学社助推协商民主发展具有的三大优势

（一）宗旨优势

宗旨是组织成员做事时依据的准则，规范和指导着组织成员的行事风格和发展方向。九三学社是各民主党派团体中，唯一把“继承和发扬五四运动的民主、科学精神”作为建党宗旨的，其前身就是一批进步学者为争取抗战胜利和政治民主在重庆组成的民主科学座谈会。如今，党的十八大把健全社会主义协商民主制度作为新时代的新要求，这对于拥护中国共产党领导、致力爱国奉献、素有民主诉求的九三学社而言，是契机，是优势，也是挑战。

（二）专业优势

政治协商中，要拿出真知灼见必须以专业素养做支撑。九三学社成员主要来

自科技界，具有较高的专业素养，在致力于社会主义宏伟事业中，一大批社员站在经济、社会、科技发展的最前沿。例如，荣获“两弹一星功勋奖章”的王淦昌、邓稼先、赵九章、陈芳允、程开甲；荣获国家最高科学技术奖的黄昆、王选、师昌绪、谢家麟和程开甲等；物理学前辈周培源，桥梁之父茅以升，新中国气象事业创始人涂长望，水利工程泰斗张光斗，人类学先驱裴文中、杨钟健，半导体事业的开拓者黄昆，国际知名地质学家黄汲清、侯德封等；即使身处基层的社员，也不乏各行各业的精英和各单位部门的“顶梁柱”，这是九三学社强化参政议政职能、推动协商民主发展的重要基础。

（三）组织优势

截至2012年底，九三学社已建立了30个省级组织，292个设区市市级组织，26个县级市组织，5236个基层组织，全国社员总数已达13.2万余人。社员中担任各级人大代表的1938人，担任各级政协委员的10029人，担任县处级以上政府及司法机关领导职务的共有1042人。虽然从绝对数上讲，还不是很多，但这些社员是精英中的精英，他们有能力，也一定会借助各级各类平台为助推社会主义协商民主发展做出积极贡献。

二、九三学社助推协商民主发展存在的三个问题

（一）制度建设不力

协商必须有制度保障。截至目前，九三学社还没有建立起具体可行的参与协商的制度。而从中央到地方，各级党组织出台的进一步加强同民主党派的政治协商的各类文件中，也缺乏明确的实施细则，缺乏必要的规定性动作，使包括九三学社在内的民主党派难以具体遵循和执行。广大社员即使面对协商议政机会，也难以站准角度，难以把握好尺度，难以发挥好协商议政的积极作用。

（二）专题调研不够

在协商过程中，若对协商问题没有深刻认识，缺乏“专业水准”，那么自己

的话语权就会削弱。九三学社社员往往是“专业水准”有余，全局观念不足。由于大多社员在本职岗位挑着重担，承担着重要课题，一般都没有时间参与调研，无法全盘把握各种问题，这就直接导致了大多社员面对协商议政机会，情况掌握不够，分析缺乏基层数据，难以拿出调研基础上的真知灼见，难以如实反映所在界别群众的呼声与意愿，使自身本有的专业优势大打折扣。

（三）协商理念不足

推进协商民主，需要培育与之相适应的协商文化。而九三学社社员，多从事专业性较强的工作，更注重自己研究的专业成果，参与协商议政的兴趣不够浓厚，思想观念还不够解放，协商理念也不够完善，缺少协商民主的文化氛围，往往把协商活动看作一种负担，而非责任。特别是部分社员虽然位置超脱，却不敢坚持己见，民主意识、民主精神还亟待培养。

三、弘扬九三学社宗旨精神，积极助推协商民主发展的三点建议

（一）抓住“三个要点”，切实提升九三学社社员对协商民主的认识层次

加强对社员的教育和培训，使其从更高更深层面认识协商民主、了解协商民主。一是深刻认识协商民主的外延。作为社会主义国家两种民主形式之一的协商民主，比政治协商有更宽泛的外延，不仅在政协需要民主协商，在处理人民内部矛盾、协调社会各方面关系时，也需要这种民主方式，它应该广泛存在于社会政治生活的各个方面、各个层次。二是积极把握协商民主的实质。协商民主集协商、监督、参与、合作于一体，实现了人民知情权、参与权、表达权、监督权的有机结合，是对人民通过人民代表大会行使民主权利的一个重要补充。其实质是在更广范围内扩大公民的有序政治参与。三是充分理解协商民主的特点。同选举民主相比，协商民主具有形式的灵活性、主客体的平等性、内容的丰富性、方法的妥协性、成果的多样性等特征。与选举（票决）民主形式单一、结论明晰、判定容易、取舍便捷不同，协商民主内容各种各样、人员千变万化、意见错综复杂、情况包罗万象。

（二）突出“三个围绕”，积极指导九三学社社员切实做好专题调研工作

运用各种方式，支持和鼓励社员联系实际、结合专业、深入基层进行专题调研。一是围绕“汇集民智促发展”开展调研。紧扣各级党委、政府中心工作，紧扣发展这个第一要务，围绕解决经济社会发展中的深层次矛盾，深入开展调查研究，努力提出富有科学性和操作性的意见和建议。二是围绕“关注民生促和谐”开展调研。坚持以人为本、履职为民，充分利用民主党派联系广泛、代表性强的特点和优势，围绕人民群众关注的热点难点问题，及时反映各界群众的意愿和呼声，搭建服务民生、改善民生的大舞台。三是围绕“发扬民主促团结”开展调研。立足巩固和发展和谐稳定的政治局面，选择一批课题深入调研、参与协商，提出合理化建议，充分发挥民主党派在化解矛盾、协调关系、增进共识、凝聚人心方面的作用，进一步促进各方面的团结合作。

（三）加强“三个建设”，努力构筑九三学社社员参与协商议政的坚实支撑

一是加强协商能力建设。要严把社员入口关，切实增强协商主体的代表性、包容性。要建立新社员学习、培训制度，做到提出的意见具有科学性、合理性，成为真知灼见。要切实提高社员中政协委员的提案、建议案和社情民意的质量，使每一条建议、意见都言之有理，持之有据。二是加强协商制度建设。针对各级党委即将出台的《有关政治协商和协商民主的实施细则》，对九三学社社员参与协商议政活动的内容、形式、做法进行切合实际的规定。特别是协商前该如何调研，协商中该如何把握尺度，协商后该如何完善建议等，都做出操作性强的具体规定，让广大社员有章可循，敢于协商、乐于协商。三是加强协商文化建设。要在认真传承中华民族兼容并蓄的优秀文化传统的基础上，进一步解放思想、转变观念，努力将民主价值、民主制度、民主机制以及民主意识、民主精神等有机结合起来，营造有利于助推协商民主发展的文化氛围。重点是在社内培育平等文化，充分激发协商智慧；培育共赢文化，努力达成协商共识；培育责任文化，切实提高协商质量。

（作者王辰冬系九三学社山西省忻州市委会参政议政部部长）

责任编辑：郑晓东

九三学社与中国梦

周耀柒

中共十八大后，新任中央政治局常委到国家博物馆观看题为“中华民族的伟大复兴之路”的展览。习近平总书记现场发表重要讲话阐释“中国梦”，从此，实现中华民族复兴之梦的文章和观点，解读中国梦成为当今的主旋律。

那么，作为民主党派的九三学社的中国梦是什么呢？在当前，就是继承和发扬“五四运动”提出的民主和科学的精神，按照民主和科学的精神推动宪政民主，实现社会主义的宪政民主。只有坚持社会主义的宪政民主，实现中华民族伟大复兴的强国梦、社会文明和谐的小康梦和个人自由幸福的成功梦才有保障。党的十八大报告“倡导富强、民主、文明、和谐，倡导自由、平等、公正、法治，倡导爱国、敬业、诚信、友善，积极培育社会主义核心价值观”，正是中国梦的最好诠释和注解。

民主与科学，宪政民主，是典型的外来的基因。按照梁启超从器物之不足到制度之不足再到文化之不足的思路，经过鸦片战争感觉到器物之不足，通过甲午战争意识到制度之不足，到五四运动时期终于深深认识到文化之不足，思想界、文化界如陈独秀、李大钊、鲁迅、胡适、傅斯年等都达成共识而提出了民主与科学这一口号。从鸦片战争至今，我国一直处于社会转型期，历史的航船正驶过历史的三峡，对普罗大众更需要提倡民主与科学精神，逐步清除中华传统文化中的糟粕，如皇权思想。民主和科学是九三学社一贯的政治主张，也是九三学社的核心价值，九三学社是在民主与科学座谈会的基础上成立的政党，更应该在民主与科学的旗帜下，追求民主、崇尚科学，推动社会主义的宪政民主。

民主科学座谈会是九三学社的前身。根据潘菽和金善宝两位先生的回忆，当时陆续参加民主科学座谈会的人员来自自然科学座谈会和其他政团，他们当年是以个人身份参加民主科学座谈会的。在中共中央关于成立民主联合政府主张的号召下，与会成员一致认为有进一步组织起来的必要，于是把座谈会固定下来，命名为“民主科学座谈会”，宗旨是继承五四运动的民主与科学传统，为坚持团结抗战和争取民主而努力。座谈会的发展曾经得到当时在重庆的中共中央领导周恩来、林伯渠等人的帮助和指导。九三学社自筹备成立伊始即在反对蒋介石的独裁统治、实现人民民主、维护政协路线的政治行动上与中国共产党达成共识。1948年，中共中央发布《纪念五一劳动节口号》，提出“迅速召开政治协商会议”、“召集人民代表大会，成立民主联合政府”的主张。《口号》得到了各民主党派的积极响应，在北平尚处于地下状态的九三学社发表《拥护新政协宣言》，愿意在中国共产党领导下建立“民主、自由、富强、康乐”的新中国。九三学社重要创始人之一褚辅成先生是中国多党合作和政治协商基本政治制度的启导者之一，曾参与中国旧民主主义革命多次重要活动，一生以推动宪政民主之实现为己任，认为中国必须走宪政与民主道路才得自强，先生积累了丰富的宪政民主建设实践经验，并以实际行动证明，宪政民主于中国关键在于行不行，而不在于通不通。

民主与科学，宪政民主，也是中国共产党的一贯追求。1949年前中国共产党秉持宪政民主理念并进行了积极的尝试，与当时正在执政的国民党实行一党专政形成鲜明对比，国民党便在宪政民主大潮中日益失去合法性，无法赢得大众认同，这便是小米加步枪的共产党之所以能赢得具有美式装备的国民党之根本原因，正所谓：得民心者得天下，失民心者失天下。国民党逆宪政民主大潮，推行一党专政，最终失去大陆政权。

中国共产党是认真对待以美国为首的西方国家的民主经验的。1943年4月15日《新华日报》发表短评《民主主义的利刃——美国的民主传统》，文章指出：“不论程度之深浅，美国是始终保有一种传统精神的国家，那传统就是民主。从华盛顿总统直到林肯总统，美国历次的战争，都是为民主而打的；美国目前所参加的世界反法西斯侵略战争，也就是为民主，应当是为民主。这原因一半是美国的立国是由于人民要求民主而来（独立战争）；一半是从这个立国基础，使美国人得到一种体念，就是罗斯福总统对杰斐逊所下的评语：杰斐逊对于人类之所相信者与今日之所相信者同：彼与吾人同信人类有自治之能力；任何帝王暴君独裁者之统治人类，均不若彼等之自治。这信念是美国两百多年民主政治的结论，不但是教训着美国人民，而且应当是全世界人类的教训。”毛泽东强调中国人尊重美国人的民主理念，鲜明地提出：“我们并不害怕民主的美国影响，我们欢迎它。”毛泽东认为：“宪政是什么呢？就是民主的政治。”1943 年 7 月 4 日《新华日报》发表纪念文章《民主颂——献给美国的独立纪念日》认为：“每年这一天，世界上每个善良而诚实的人都会感到喜悦和光荣；自从世界上诞生了这个新的国家之后，民主和科学才在自由的新世界里种下了根基。”1944 年 7 月 4 日《新华日报》发表社论《美国国庆日——自由民主的伟大斗争节日》说明：“民主的美国已经有了它的同伴，孙中山的事业已经有了它的继承者，这就是中国共产党和其他民主的势力。我们共产党人现在所进行的工作，乃是华盛顿、杰斐逊、林肯等早已在美国进行过了的工作……在庆祝美国国庆的今天，我们相信，与华盛顿、杰斐逊、林肯等过去的工作一样，与罗斯福、华莱士现在的工作一样，我们的奋斗只能得到一个结果——胜利。”每逢华盛顿、杰斐逊、林肯的诞生日，《新华日报》也常发表纪念文章。1945 年 4 月 13 日《新华日报》发表社论《纪念杰斐逊先生》，文章指出：杰斐逊起草的《独立宣言》和倡导的《权利法案》，早已“成为整个民主世界的基本观念了。人有天赋的人权，人的自由与尊严不该为不正势力所侵犯与亵渎，人民是政府的主人而不是奴隶……这从 18 世纪以来，应该早已经是全人类共知公认的常识了。可是，在今天，在 20 世纪的 40 年代，世界上还有根本不承认人民权利的法西斯蒂，还有企图用不正暴力来强使人民屈服的暴君魔鬼，还有想用一切丑恶卑劣的方法来钳制人民自由、剥夺人民权利的‘法规’，‘条例’，‘体制’；还有想用‘民主’的外衣来掩藏法西斯本体的魔术家和骗子，那么我们在今天这个民主先锋的诞生的日子，就格外觉得自己的责任的重大，也就格外觉得杰斐逊先生精神的崇高与伟大了”。1944 年 5 月 17 日《新华日报》发表《民主即科学》一文，指出真理不分国界，民主适宜一切国家，文章说：“科学为求真理，而真理是不分国界的……民主制度比不民主制度更好，这和机器工业比手工业生产更好一样，在外国如此，在中国也如此。”

最近的 2013 年 6 月 7 日，国家主席习近平在美国加利福尼亚州安纳伯格庄园同美国总统奥巴马举行中美元首会晤时表示：“中国梦要实现国家富强、民族复兴、人民幸福，是和平、发展、合作、共赢的梦，与包括美国梦在内的世界各国人民的美好梦想相通。”中共十八大报告提出：“党领导人民制定宪法和法律，党必须在宪法和法律范围内活动。任何组织或者个人都不得有超越宪法和法律的特权，绝不允许以言代法、以权压法、徇私枉法。”很简单，宪政是以宪法为中心的民主政治，宪政就是根据宪法立法，根据宪法执法，根据宪法执政，维护民主、法制、人权。习近平总书记说，“维护宪法的尊严，就是维护党和人民意志的尊严”，“宪法的生命在于实施，宪法的权威也在于实施”，又说，“依法治国首先是依宪治国，依法执政关键是依宪执政”，还说，要把权力关进制度的笼子里。其实，宪法就是一个现成的很好的笼子，并不需要另起炉灶，在宪法面前，任何特权都得投降。宪法若不能得到维护，党和人民意志的尊严何在！有文章认定“宪政的关键性制度元素和理念只属于资本主义”、“宪政是兜圈子否定中国发展之路”，跟“文革”中的名言“宁要社会主义的草，不要资本主义的苗”可谓异曲同工。

关于“文化大革命”，在1991年费正清主编的1000余页的《剑桥中国史》15卷即《剑桥中华人民共和国史》中，花费一半多的篇幅对其进行了详尽的分析论述。此书在结论中总结道：“文化大革命的长期性影响仍然是难以确定的。”因为“随着时间的过去，记忆是可能会模糊的”。“现在还不清楚，文化大革命是为未来类似运动的再次发生开创了先例，还是增强了对它的免疫力。”并表示担忧“当人们回顾文化大革命时，它有可能比今天显得崇高和有益得多。如果是这样，文化大革命便仍有可能被作为中国另一场政治权力斗争的样板或另一场企图通过群众运动从国家中清除不平等、腐败和精英政治的样板。”要预防“文革”悲剧的重演，此书认为“问题的关键是，毛以后的改革是否能产生足够的政治制度化、经济繁荣、社会稳定和文化现代化”，只有这样，才能“即使是在其预防作用已逐渐消失之后，文化大革命也不再具有什么号召力”。但是，从当前的现实状况来看，预防发动一个类似“文化大革命”的整风运动，距离“产生足够的政治制度化、经济繁荣、社会稳定和文化现代化”，还有很长一段路要走，甚至，还摇摆不定、趔趔趄趄，步伐也不坚定。

所以，作为民主党派的九三学社，要始终与中国共产党思想上同心同德、目标上同心同向、行动上同心同行，要把自己的梦与国家民族的梦紧密联系在一起、与时代的脉搏一起跳动！继承和发扬“五四运动”提出的民主和科学的精神，实现社会主义的宪政民主这个中华民族伟大复兴的强国梦。

（作者周耀柒系九三学社海南省委会专职副主委）

责任编辑：郑晓东

民主的科学　科学的民主

吴　桐

一种精神得以永恒，不仅在于它的精髓与内涵超越了时空，更在于它在时代变更中不断被赋予新的色彩，具有顽强的生命力。民主与科学正是体现了这种精神。

一、何谓民主、何谓科学

民主一词源于希腊语“demos”，意为人民，即在一定的阶级范围内，按照平等和少数服从多数原则来共同管理国家事务的国家制度。民主是保护人类自由的一系列原则和行为方式，它是自由的体制化表现。民主使政府遵循法治，确保全体公民获得平等的法律保护，其权利受到司法体制的保护。

科学即反映自然、社会、思维等反映客观规律的分科知识体系，发现、积累并公认的普遍真理或普遍定理的运用，已系统化和公式化的知识。职能是总结关于客观世界的知识，并使之系统化。科学是获取知识的过程，这个过程即科学方法：严谨的观察、构建假说并验证、对新信息新观点的开放性，及自愿接受验证的结果。

二、民主与科学的关系

民主是科学的手段，科学是民主的最终目的。没有民主，科学很难实现，而没有科学，民主就是伪民主。

新中国成立以来，尽管我国在民主与科学建设上取得了巨大成就，但与广大人民群众需求、市场经济和文化建设的要求、经济转型和改革的需要，还有相当大的距离。特别是在当下市场经济和科学技术发展的负面效应日益显露的情况下，全面建设民主与科学精神，构筑人与自然、社会良性互动，有着更为积极的作用。

（一）民主的内涵

民主是个历史范畴，其内涵随社会历史的发展而不断充实。古人云："民为贵，社稷次之，君为轻"，可见"民主"应视为"以民为主"。

民主的发展需要我们用民主精神来审视业已开展的民主建设。民主不仅是社会对个人权利的尊重，即个人对社会的权利，也是个人对社会权利的尊重，即个人对社会的义务。个人和社会都拥有自身存在和发展的权利。只有以民主精神来尊重这种权利，才能构筑个人和社会的良性发展，才能推动社会的可持续发展。民主制度是保障民主权利实现的关键。

（二）科学的内涵

科学的发展和应用越来越多地与社会、伦理及价值等因素联系在一起，与公众的态度、价值标准和日常生活联系在一起。

科学技术迅猛发展已深深渗透到社会生活的各个方面，对社会生产能力起到的作用也越来越明显。因此，我们必须尊重科技价值，重视其推动社会发展的价值和贡献，以推动知识经济和信息社会的发展。同时，我们还必须以科学精神直面科学发展。如果仅有科学而无科学精神，脱离了科学方法、科学原则、科学精神来发展科学，必然带来人与自然、人与社会的全面对立，最终给人类带来毁灭性的灾难。因此，需要我们引导科技发展的正确流向，促进工业经济向知识经济转变。

（三）民主与科学休戚相关

科学与民主是孪生的一对，彼此不能分割。没有民主也就不会有现代科学，而没有科学，处于蒙昧时期的民族更不会有真正的民主。科学是实现民主的必要手段、途径，也是保障。没有科学的理念、思想和行为，就不可能实现民主。

民主与科学精神的形成和发展，需要有相应的社会环境，贯穿于社会的整个发展过程。并且，民主与科学作为一种文化力量，在当今社会发挥越来越重要的作用。

无论是市场主体的塑造，还是市场规则的建立，都需要民主与科学精神作为其人文基础。现代市场经济需要这种精神来支撑。只有民主的环境，才能产生和发展科学。没有公众的民主平等意识、科学理性精神，市场经济就不可能建立起来。科学发展要走向民主，使公共参与的决策成为常规。科学和创新需要一个稳定的公共支持框架来获得发展。尊重客观规律既是科学精神的需要，也是民主精神的需要。科学的发展从社会心理状态上也为社会的民主化准备了条件。民主化构成了实现科学化最重要的条件和途径，而实现科学化的重要制度保障就是民主化。所以说，科学化的程度和民主化的程度是息息相关的。

审视中国自“五四”以来的发展历程，可以说，当坚持了民主与科学精神的时候，便能引导整个民族战胜困难、走向进步；而罔顾民主与科学精神的时候，便将国家和人民拖向灾难。科学真理冲破专制制度的过程也就是确立民主制度的过程，因此，科学的发展和社会的民主化进程大体上来说是同步的。社会在不断发展，民主的诉求和科学的进步是现代社会永恒的追求。

三、民主与科学的重要意义

科学就是对自然和社会规律认识上的民主，科学的发展需要民主的环境。一种新的科学见解和理论出现之初，如果没有民主的环境，即没有充分的言论自由，新的科学见解和理论就会被扼杀而很难为多数人掌握。科学的本质就是创新，如果没有民主自由，新的东西永远出不来。

民主是在某些群体活动和国家政治生活中合乎科学规律的运作。民主的社会人人平等，公民享有广泛的自由权利。只有和自由连在一起的民主才是真正完全的民主。社会民主的推进需要科学进步。民主的制度是公平和正义的，这些都促进着科技的发展、文学艺术的繁荣。科学不仅推动技术，新的技术推进新的生产关系产生，从而推进社会的变革。为人类破除迷信和推进民主进程是科学最为重要的社会功能。

决策科学化和民主科学化是科学发展观理论体系的重要构成，也是实现科学发展观的先决条件和实践前提。只有民主决策才能带来更多的科学因素，只有决策民主化才能使科学更好地为决策服务。离开决策的民主化，决策的科学化也不会走得很远，或者说决策科学化也无法达到它的最高境界。决策的民主化不但使决策的科学化程度达到了一个新的、更高的水平，而且决策扩大民主化的过程本身就是在一个更大的范围内全面推动科学技术在整个决策过程中渗透的过程。实际上，科学决策的目的也恰恰在于为民主决策提供最可靠和最有效的客观依据，在于降低决策的风险和成本，提高决策的质量。

民主和科学在构建科学发展观方面具有深刻意义。科学发展观是建立在民主、法制基础上的发展观。它的核心内容和要求，就是决策要通过民主和科学的程序来实现，发展要在法制的轨道上来进行，做到科学执政、民主执政、依法执政。只有这样才能科学的发展，才能有社会主义民主政治和社会主义政治文明的发展。

民主和科学在构建和谐社会、促进人的全面发展方面具有深刻意义。民主和科学永远存在于我们具体的工作实践之中，伴随着我们对客观规律和社会进步趋势认识的深入而发展。

正因为民主与科学如此密切的关系，它们对于推进社会进步是如此重要，因此，在21世纪的今天，为了民主与科学仍然是我们努力奋斗的方向。

民主与科学精神在我们心中永存!

（作者吴桐系云南省昆明市盘龙区交通运输局干部）

责任编辑：张博燕

“民主与科学”的人文内涵阐释

纳秀艳

一、民主与科学的形成

“五四”是中国人文精神高扬的时代，其核心理念“民主”与“科学”是汲取西方现代思想的结晶。“民主”一词在中国古已有之，早在《左传》、《尚书》等文献中就已出现，但其内涵与“五四”所倡导的“民主”大相径庭。如《尚书・多方》云：“天惟时求民主，乃大降显休命于成汤”，显然，这里的“民主”，其意为君主乃民之主也。而“科学”一词在我国古典文献中鲜有论及。因此，现代意义上的“民主”与“科学”是在清末随着西学东渐之风而被现代的思想家们引入中国的。著名思想家、翻译学者严复是引入“民主”、“科学”精神的第一人。他在1895年《原墙》一文中明确提出“以自由为体，以民主为用”的思想。关于“科学”一词，他在1902年《〈原富〉译事例言》中解释道：“科学所明者公例，公例必无时而不诚”；次年的《译〈群学肄言〉自序》中，解释科学为：“用科学之律令，察民群之变端，以明既往测方来也。”以严复为代表的维新派所倡导的“科学”与“民主”成为“五四”新文化运动的先声，功不可没。随着清政府日益腐败，内忧外患加剧，伟大的革命先行者孙中山先生高举“民主共和”的旗帜，与清廷抗衡。1906年12月，他《在〈民报〉创刊周年庆祝大会的演说》中解说“三民主义”时指出：“民权主义，就是政治革命的根本”，并以此反对“君主专制政体”。孙先生的“三民主义”之“民权主义”在思想上更具现代意义，成为奠定“五四”精神的思想基础。

“五四”所倡导的民主与科学观念，是在继承维新派和革命党人思想基础上的超越。“五四”先驱者接过他们曾提倡过的民主与科学的口号，掀起了更加彻底的反对封建主义思想文化的新文化运动。1915年，陈独秀创办《青年杂志》，发表的第一篇文章《敬告青年》便首倡“人权平等之说”和“科学”思想，指出“一人也，各有自主之权，绝无奴隶他人之权利，亦绝无以奴自处之义务”、“近代欧洲之所以优越他族者，科学之兴，其功不在人权说下，若舟车之有两轮焉”，显然，陈先生高举的正是“民主”与“科学”这两面旗帜。1919年1月，他又在《本志罪案之答辩书》中明确宣告，《新青年》同人“拥护那德莫克拉西(democracy)和赛因斯(science)两位先生”，并希望同人们面对“一切政府的压迫，社会的攻击笑骂，就是断头流血，都不推辞”。由此在思想界掀起一股追求民主与科学的浪潮，尤以《新青年》同人为代表。如胡适、李大钊、鲁迅、钱玄同、刘半农、周作人、蔡元培等学者，皆是积极倡导“民主与科学”的新文化先驱。而《新潮》、《晨报》副刊、《湘江评论》、《星期评论》、《少年中国》、《觉悟》、《学灯》、《新生活》等许多刊物，也是“民主与科学”的宣传阵地。经过思想界先辈们的共同努力，在封建社会的暗夜里，在血雨腥风的年代里，“五四”精神逐渐走向成熟，如一缕耀眼的曙光洒满中华大地。

因此，“科学与民主”是“五四”高举的旗帜，其核心是“人”的观念的确立。打破迷信，倡导科学；推翻专制，推行民主；破除封建，解放个体——这是时代赋予中国广大知识分子构建新中国的思想使命。

二、“民主与科学”的内涵阐释

当民主与科学精神逐渐渗入国人意识形态之时，九三人以此为契机，积极汲取时代思潮的营养，将“民主与科学”作为九三学社的立社宗旨和行动指南。九三学社所秉承的“民主与科学”宗旨，在直接继承“五四”精神精髓的同时，还赋予其浓厚的人文精神的内涵。

九三学社所坚持的“民主”，是一种制度，是“民”在政治上享有自由发表意见、参与政权管理的权利。在社会与政治生活中，“民”自己做“主”而不是被做主。而人文精神视域下的“民主”包含了一种建构全新的现代社会观、历史观、人生观等其他价值体系的思想。九三学社所倡导的“民主”，其深层含义中最重要的一点就是对人的权利的重视和对人权的尊重。“民主”作为一种政治制度，其核心是人民具有干预政治的自由和权力，民主制度下的每一个公民具有建言献策、参与政事的最大权利，民主制度应最大限度地保障公民权利的实现。作为一种理想追求，“民主”突出了人对自我人格的自由追求。

因此，每一个人在受到关怀的同时，还要赋予他们应有的权利和自由，人应该有尊严地活着，这才是真正“民主”的人文思想含义。

九三学社所坚持的“科学”，蕴涵着崇尚科学、热爱科学、科学救国等诉求，可以从三个层面来解读：第一，针对自然领域的知识，致力于揭示自然真相，对自然进行充分的观察和研究。第二，将源于自然的知识扩展到社会、思维等领域，如社会科学。这样，科学就延伸出人文精神，即对人的尊重和关怀。第三，人文精神视阈下的九三“科学”观极富人性魅力，即在以科学拯救社会的同时，赋予广大民众深厚的关爱。如此，作为九三学社宗旨的“科学”，摆脱单一的自然科学的内涵，在人文精神的涵盖下，集科学性、社会性、政治性于一体。

九三学社中央主席韩启德以学者身份多次提到“人文精神”，主张“人文是医学的灵魂”。2007 年，他做客新华网时，就医德医风问题说道：“医生这个职业不光是一个科学技术，它是有情感的职业，是一个艺术性的科学事业。随着医疗技术的发展，一些医生往往技术至上，常常把病人看作是一种病，缺乏人文关怀，特别是心理上的沟通……但是医学还不能诊断和治疗所有的疾病。美国一位哲人说得很好，医生的职责有时候是提供治疗，而更多的是提供一种帮助和人文关怀。现在医生解决不了所有的病痛，但是医生必须时时去关怀病人，这是医生的责任。所以医生一定要把人文放在首位，只有这样，医患关系才会越来越好。”医者仁心，这是一个医生最高的科学追求和人文修养，这样的境界真正体现了一个中国知识人对社会的担当和责任。

九三学社是以科学技术界高、中级知识分子为主的具有政治联盟特点的政党，每一个成员都应该具有中国知识分子应有的禀赋与素养——担当精神与使命感，而这恰恰是人文精神的极致体现。

曾子曰：“士不可以不弘毅，任重而道远。仁以为己任，不亦重乎？死而后已，不亦远乎？”他所说的“士”就是传统文化语意下的知识人。他们的肩上承担着推行“仁”的重任，尽管任重道远却不改初心。

纵观中国历史，在每一个民族危亡的历史关头，首先肩负起拯救民族危难于水火之中的必定是广大知识人阶层。以天下为己任，爱国、为民是儒家知识人至高的人生理想。他们饱读诗书，修身养性，时刻准备为国为民鼓与呼，甚至“文以死谏”。这样的文士精神充分体现了传统儒家知识人以国家、民族利益至上的追求。中国古代，几乎每一个文人都是政治家，无论是王安石、司马光还是苏轼、辛弃疾等一大批杰出的士大夫，为国为民，忧愁风雨，走在时代的最前沿。尤其是近百年来，在中华民族存亡之秋，行走在时代最前沿的依然是那些富有高度责任感和爱国思想的知识人。一批批杰出的知识人，在血雨腥风的年代里，不惜牺牲自己，砥砺前行。

发扬民主、科学精神是九三知识人伟大的使命，这也应该是九三人为之骄傲、自豪的地方。

（作者纳秀艳系青海师范大学人文学院教授）

责任编辑：张博燕

民主与科学　九三人矢志不渝的追求

刘　刚

近代中国国势衰微、内忧外患，知识分子中的有识之士为寻求救国救民的良策，开始从思想上、文化上寻找落后的根源。鸦片战争后，林则徐、魏源主张的“师夷长技”，曾国藩、李鸿章掀起的“中学为体，西学为用”的洋务运动，康有为、梁启超发动的维新变法运动，其目的都在救国图存，但最终均未能挽救腐朽败落的封建统治。1915 年，中国共产党的创始人和早期的主要领导人之一陈独秀创办《新青年》，高举“民主”与“科学”两面大旗，对封建专制和封建道德思想进行了最猛烈的抨击，并提出只有拥护民主与科学才能救中国。这一批判精神从思想上动摇了封建主义的统治，促进了人们思想的空前解放。1919 年，巴黎和会上中国外交的屈辱性失败成了“五四运动”的导火索。在主权遭受宰割、民族危亡之际，引领时代潮流、把握时代命运的民主科学精神，成为北大师生领导的“五四运动”勃发的主要动力，掀开了近代中国争取民族解放和民族振兴伟大斗争的序幕。从此，民主与科学精神成为中华民族致力于伟大复兴而不懈奋斗的宝贵精神财富，对中国的近现代化起到巨大推动作用，并且至今仍具有重大现实意义。

一、民主与科学精神是九三学社的立社之本

九三学社与五四运动有着深厚的历史渊源。九三学社创始人许德珩是五四运动著名的学生领袖之一，他受北京学生联合会的委托，起草了《五四宣言》，是被捕的 32 名学生中领头的一位，还有像潘菽、初大告、杨振声等九三学社的创始人也在这 32 名被捕学生之列。许德珩等老一辈九三人为继承和发扬五四运动的反帝爱国与民主科学精神，于 1944 年底，为争取抗战胜利和政治民主，在重庆组织了

“民主科学座谈会”，讨论时局，发表政见。1945 年，毛泽东赴重庆谈判期间，鼓励许德珩、劳君展等九三学社先贤把“民主科学座谈会”搞成一个永久性政治组织。在毛泽东、周恩来等的启发、推动和关怀下，九三学社得以在“民主科学座谈会”基础上诞生。九三学社一经成立，就明确提出爱国、民主、科学的进步主张，作为中国共产党的同盟者与合作者活跃在中国的政治舞台。九三学社成立宣言里明确指出，九三学社的职志还是要继承和发扬“五四”精神，为民主与科学之实现而努力。

二、民主与科学精神是九三学社发展的不竭动力

九三学社的历史是一部与中国革命、中国共产党领导的多党合作紧密联系的波澜壮阔的历史，它展示了九三学社从成立到发展壮大所走过的辉煌历程，承载了九三学社老一辈领导人长期与中国共产党团结合作形成的政治信念、优良传统和高尚风范。

（一）在争取民族独立和人民解放的宏伟事业中，我们同中国共产党风雨同舟

我社著名林业教育家和社会活动家梁希、中国现代小麦科学主要奠基人金善宝、我国早期马克思主义的播火者张西曼等代表人物，都是我国科学技术界“学贯中西”的杰出人才。他们优秀的职业道德、出类拔萃的人文素养、高尚的品德操守，铸就了敢于实事求是、善于独立思考、大胆追求真理、勇于探索规律的品质和深谙世界风云变幻的战略眼光。他们笃信只有跟共产党走、靠民主与科学才有新中国的未来。他们擎起了“民主与科学”的大旗，凝聚大批追求民主、崇尚科学的知识分子于旗帜之下，成为中共忠实合作者活跃在政治舞台上。

（二）在社会主义革命和建设的历史进程中，我们同中国共产党携手同行

在新中国成立百废待兴的时期，一批批九三人积极投入到祖国的建设中去，他们在自己的专业领域里勤勤恳恳、埋头苦干，结下了累累硕果。1956 年，九三学社热烈响应中共中央的号召，提出了“向科学大进军”的口号，广大社员以科学

报效国家的热情再一次集中迸发、凝聚升华，他们在各自的领域里孜孜不倦，耕耘不辍，为我国科学技术事业的发展做出了卓越贡献。周培源在科学和教育的园地上辛勤耕耘半个多世纪，在广义相对论和湍流理论研究方面取得许多重要成就；严济慈在压电晶体学、光谱学、大气物理学等方面都有重要建树，是我国现代物理学研究的开创者之一；金善宝辛勤选育了许多小麦新品种，为我国粮食增产做出了突出贡献。即使在“反右”到“文革”的20年间，许多社员身处逆境，也忍辱负重，默默无闻地以科学报效祖国。例如，根据黄汲清创建的“陆相生油论”，相继找到大庆、胜利、大港等高产油气田，一举甩掉了我国贫油的帽子，成为我国经济社会发展史上一个里程碑。老一代社员王淦昌、邓稼先等为“两弹一星”工程废寝忘食、呕心沥血，被誉为“两弹元勋”，为民族独立和国家富强做出了伟大贡献。

（三）在改革开放和现代化建设的伟大实践当中，我们同中国共产党团结奋斗

在新的历史时期，九三学社大力贯彻“科教兴国”和可持续发展战略，积极发挥科技人才比较集中的特点和优势，努力弘扬科学精神，倡导科学方法，崇尚高尚的学术道德和职业道德，为推进科技创新、促进科技进步、发展先进文化，提高全民族的科学文化素质，建设创新型国家竭尽全力。九三学社中央先后就建设三峡工程、建立长江上游生态保护和资源开发区、振兴大西南经济、建设延安革命传统教育基地、建立国家农业建设基金、防治非典、加大三江源地区生态保护力度、解决国有企业退休科技人员待遇、引导和鼓励高校毕业生到基层就业、地震灾后重建、辽宁沿海经济带建设、抵御国际金融危机冲击、发展低碳经济等重大问题进行调研，提出意见和建议，认真履行了参政党的政治责任，行使了民主监督权利。九三学社社员为我国的科学技术事业做出了卓越贡献。据不完全统计，改革开放以来，九三学社社员获省、部级以上荣誉和奖励的有3万余人次，约占现有成员总数的25%。先后有黄昆、王选、谢家麟、师昌绪和程开甲5名九三学社社员荣获国家最高科学技术奖。汉字激光照排技术的创始人王选院士，使中国的汉字印刷实现了第二次革命，被誉为当代毕昇，而他却利用自己获得的国家科学技术奖和北大奖励的科研资金设立了“科技创新奖金”，激励年青一代不断挑战科学高峰。

三、民主与科学精神是九三学社的灵魂和重要特色

改革开放的总设计师邓小平提出了两个著名论断："没有民主就没有社会主义，就没有社会主义现代化"、"科学技术是第一生产力"。

（一）九三学社的历代领导人都将"民主与科学"视为九三的灵魂

九三学社历届章程始终强调弘扬民主与科学精神，中央社刊名为《民主与科学》，首任主席许德珩生前出版的回忆录名为《为了民主与科学》，邓小平为之题写书名。改革开放之初，周培源主席就指出，要"弘扬民主科学精神，促进社会主义建设"。吴阶平主席也强调，"兴国犹需民主与科学"。进入新世纪，九三新一代领导人韩启德更是坚定不移地表明，"坚持九三学社民主与科学的传统，用民主与科学的精神凝聚人心"。

（二）民主与科学精神已经渗入到每一位社员的血液当中，成为九三学社的基因

"民主与科学"作为九三学社的灵魂和价值观，就像名醇佳酿越陈越香一样，历经半个多世纪风风雨雨，越来越强烈显示出历史厚重感、越来越强大的生命力、越来越丰满的内涵张力。通过九三学社的发展历程，我们可从一个侧面看到老一辈九三人的忧患意识、舍生取义的牺牲精神以及始终把个人的事业与祖国和民族的命运紧密联系在一起的抱负和品质。

四、弘扬科学民主精神是促进经济社会和谐发展的保障

（一）回顾新中国成立 60 多年的历史

我们的失败和教训往往是违背客观规律、丧失科学精神、民主决策所造成的。前 30 年中的大跃进缺乏的恰恰是审慎理性的思考、科学的论证和民主的决策，结果对国民经济发展造成了巨大的破坏；回顾十年"文革"，这一场大灾难

所以能发生、能延续十年之久，我们的社会缺失民主精神和制度，缺失科学精神，是一个基本的原因。而后30年出现的一些问题，也往往是丧失科学精神造成的。如目前遇到的食品安全、各种严重的环境污染问题，等等，就是人们过于追求经济利益，把对于政绩的追求、对考核指标的追求看得高于科学规律，丧失了基本的科学态度和精神。

（二）科学与民主是现代社会赖以发展、现代国家赖以生存的内在动力

胡耀邦曾指出："中国的出路是民主和科学四个字，我们为之奋斗了70年，付出了很大的代价。现在还需要继续努力。"当前我国正处于改革发展的关键阶段，经济体制深刻变革将面临深层次矛盾和问题；社会阶层分化将加大社会管理和社会稳定的难度；社会利益分化将加剧社会矛盾和社会冲突；价值观念的多元化将引发社会成员的认同危机。维护社会政治稳定面临新的严峻的挑战。唯有求真务实、弘扬科学民主精神，才能使个体有尊严，使生活有幸福，使社会有秩序；才能激发群众的积极性，创造更加丰富的物质成果和精神成果；才能不断深化对社会发展规律的认识，确保我们的事业沿着正确的方向前进。

民主科学精神是九三学社老一辈传承给我们的宝贵精神财富，是感召凝聚九三学社社员的一面旗帜，是九三学社不断进步的力量源泉。"十二五"规划所描绘的宏伟蓝图，既为九三学社展示自身价值提供了难得机遇和广阔空间，也对九三学社履行职能提出了新的任务和更高要求。我们要深入学习贯彻党的十八大精神，站在国家和中华民族历史发展的高度，善于运用科学发展观谋划工作，紧扣时代脉搏，紧紧围绕执政党的重大决策和工作部署履行职能，进一步加强工作创新，为转变发展方式、破解发展难题献计出力。不论国际风云如何变幻，不管遇到什么样的困难和挑战，九三学社都将与中国共产党思想上同心同德、目标上同心同向、行动上同心同行，共同开创中国特色社会主义的美好未来！

（作者刘刚系宁夏回族自治区石嘴山市食品药品监督管理局干部）

责任编辑：郑晓东

对“德”先生和“赛”先生的再认识

石艳红

五四运动距今已近一个世纪，但五四时期提出的“德”先生和“赛”先生仍深入人心。“德”先生和“赛”先生是对民主和科学的一个形象的称呼，也是中国新文化运动期间的两面旗帜。其中，“德先生”，即“Democracy”，德莫克拉西（音译）——意为“民主”，是指民主思想和民主政治；“赛先生”，即“Science”，赛因斯（音译）——意为“科学”，是指近代自然科学法则和科学精神。

五四时期的中国知识分子认为，中国要富强、要发展，就必须倚重这两位“先生”。我们从这两个拟人化的新名词上，也可以看出那个时代对民主和科学所赋予的倾向性：德先生、赛先生，都是外国先生，都是应该被引入到中国的“老师”。德先生、赛先生应该并重，人们认为，这两位先生从来都是携手共进，是可以亲密合作的。它们的联合行动，是实现社会进步目标的左膀右臂，如孪生之同胞，分工合作，共赴前程，也就是说，只有拥护“德先生”和“赛先生”，才能救中国。事实也证明，“德先生”和“赛先生”在中国的民主革命进程中起了极其重要的作用。

九三学社的早期成员参加过五四运动。五四精神的核心是民主与科学。五四运动时期民主与科学的主要内容是反帝反封建、思想改革和价值重建。我们的先辈们在民主和科学的旗帜下继续奋斗并且不断赋予其新的、更加完整的内容。民主与科学是中国人民在受屈辱、受苦难的历程中通过斗争探索出来的解放之路，是九三人血液中代代相传，永世不绝的基因。九三学社的历代领导人都将“民主与科学”视为九三的灵魂。许德珩主席将论其一生的著作取名为《为了民主与科学》。改革开放之初，周培源主席就指出，要“弘扬民主科学精神，促进社会主义建设”。吴阶平主席也强调，“兴国犹需民主与科学”。进入新世纪，九三新一代领导人韩启德更是坚定不移地表明，“坚持九三学社民主与科学的传统，用民主与科学的精神凝聚人心”。九三学社的前辈们以他们的智慧选择了与中国共产党一道走民主与科学的道路。离开“德先生”和“赛先生”，九三学社将无宗无源。

如今，“德先生”和“赛先生”的精神已经深入人心，而且被赋予了更多新时代的内涵，这就要求我们对“德先生”和“赛先生”的精神有新的认识。中共十六届五中全会以来，党中央适时提出了建设和谐社会主义的构想，而社会的和谐首先就要求各个阶层的全体公民能够充分民主地表达其利益诉求。没有民主协商、民主监督、民主决策等一系列民主制度的建立和完善，就难以真正体现社会最广大人民群众的根本利益，难以体现社会的公正和公平，就可能导致各种矛盾的激化，建设和谐社会主义也就无从谈起。同时，社会的和谐也离不开科学精神。科学精神本质是实事求是，从尊重客观规律和真实情况出发，来不得半点虚假。它要求国家法律、政策的制定和各项决策必须以可靠的科学研究为基础，要有严格、缜密的科学论证，而不是盲目决策。

审视中国自“五四”以来的发展历程，我们可以说，当坚持民主与科学精神，整个民族就能够战胜困难、走向进步；而罔顾民主与科学精神，国家和人民就被拖向灾难的深渊。1949 年之后的历次学术批判运动，大部分是把意识形态和学术认识问题当作政治问题来批判。更不要说在“文化大革命”中，我们还出现过批判相对论、批判热力学第二定律之类的荒唐事，甚至导致一些学者被迫害致死。再例如，关于黄河三门峡建坝的事，本来黄万里教授（1911—2001）反对建坝的意见是正确的，却因此而戴上右派帽子。事实是，三门峡大坝自 1958 年拦洪，到 1961 年就导致关中平原的水灾。陕西省人民代表不得不于 1962 年正式向人代会提出议案，要求解决三门峡大坝所带来的问题。历史的经验和教训需要我们静下心来深刻反思，“五四”时谈民主是为了反对封建制度，谈科学是为了反对旧艺术、旧宗教。作为启蒙思想，“德先生”和“赛先生”在当时有利于公民意识的建立。如今我们秉承的民主与科学也一定要与时代、与中国发展实际相结合，要符合客观规律，要有益于国家，我们的每一步举措都会对社会、对国家乃至对青年一代产生深刻影响。

中国浦东干部学院科研部教授刘昀献在概括民主科学对当代中国社会和中国青年的影响时说，民主、科学精神对中国的影响，不是一代、两代人，而是对中国整个现代化过程都有着深远的影响。他说，弘扬科学，首先是主流意识形态要科学、要不断发展。科学发展，是当代中国乃至当代世界发展的主流。中国在改革开放之初提出“发展是硬道理”，是很有道理的。随着物质文化程度提高，发展模式也转入科学阶段，这是对发展的全方位、科学的理解。民主，是人类发展的潮流和必然趋势。民主在“五四”时提出来，是为了推翻专制；现在的民主，是增加人的权利。人的权利，不可能超越物质文化生产阶段。对于中国来说，人民当家做主的基本制度已经确定，从十一届三中全会以来，个人的权利、自由，民主政治的发展有目共睹。例如十七大提出实行党的代表大会代表任期制，选择一些县（市、区）试行党代表大会常任制；完善民主管理制度，把城乡社区建设成为管理有序、服务完善、文明祥和的社会生活共同体；深化乡镇机构改革，加强基层政权建设，完善政务公开、村务公开等制度，实现政府行政管理与基层群众自治有效衔接和良性互动，这些都是践行民主制度的重要举措。

当然，任何事情不能一蹴而就，解决好现实问题，会更快推进民主进程。近几年，媒体上出现了这样一些言论，说什么“德先生”和“赛先生”在当时虽是一种进步，但也造成了文化的裂痕。后来的“文化大革命”更如“摧枯拉朽”，将传统文化“扫地出门”。从“打倒孔家店”到“批林批孔”，教训值得我们每个人永远铭记。如今赛先生几乎是“正确”的代名词，但也使我们的自然环境遭到空前毁坏。无论是苏丹红、三聚氢胺，还是最近的合成肉、假油漆、不合格奶粉等，都是“赛先生”的副产品；当“赛先生”坐着神舟7号在太空漫步时，“德先生”却仍在地面上艰难爬行。“德先生”的处境一直不顺利，不仅学界争议频繁，在政界更是疑虑重重。争议焦点和疑虑根源仍大多归于国情特殊，如中西文化差异、民众知识水平低、辨别能力差、政治不成熟等等，以上种种说法乍听似有道理，但细细想来又未免过于偏激。科学的发展需要民主的环境，如果没有民主的环境，新的科学见解和理论就会被扼杀而很难为民造福。现在各行各业都在提倡创新，科学的本质也就是创新，可是如果不给科学充分的自由，新的东西是永远出不来的。至于“赛先生”的副产品，我们需要在提高国民素质和道德情操上下工夫，但却不能因此而否定“德先生”或“赛先生”。

在提高国民素质和道德情操方面，我们同样有着深厚基础。原国家总理温家宝曾在记者会上说："一个国家的实力不仅表现在经济上，而且表现在国民素质、文化发展和道德情操上。我们国家有着5000多年的文化传统。在世界上，历经劫难而现在还保存完整传承下来的文明古国中，中国是一个典范。文化传统是一个国家的灵魂，文化传统更具有感召力和凝聚力。我们一定要充分发扬祖国的优良文化传统，同时我们也懂得，更要学习和借鉴世界先进的文明。只有这样，才能使祖国的文化得到进一步发展，也就是我常说的，只有开放包容，才能使国家强大。"因而，在新时期，我们一定要立足现实，真正把民主和科学的光辉进一步发扬光大，让"德先生"和"赛先生"以新的精神风貌迎来百年华诞。

（作者石艳红系宁夏回族自治区平罗县平罗中学教师）

责任编辑：张博燕

历史篇

建社之本　强社之魂

——试述九三学社与民主科学

许　进

民主，即人民的统治，是保障主权在民的政治制度，是现代社会的基本价值。在民主社会，政治决定权属于人民的多数。社会主义社会即民主社会。科学，是符合实际、符合事物发展的客观规律。69年前，数十位追求民主科学的知名学者定期座谈，探讨中国的前途和未来。不久后，他们以民主科学为宗旨，创建了一个知识分子的政治团体——九三学社。经过一代又一代人的奉献与发展，九三学社已经成为由中国共产党领导、服务于社会主义社会的参政党。民主科学是九三学社的核心价值观，民主科学的旗帜召唤着志同道合者不断地加入九三学社，民主科学是把九三人凝聚在一起的共同信念和精神寄托。改革开放的总设计师邓小平先生为九三学社创始人许德珩先生的回忆录题写书名：为了民主与科学。这是邓先生对于九三学社的评价。

民主科学是救国救民的真理

清王朝的灭亡是社会进步的必然。18世纪发生于英国的工业革命给欧洲带来了巨大的变化。由工业文明而产生的资本主义取代了以农业文明为基础的封建主义。面对世界潮流，大清帝国虽以改良应对，大兴洋务，但是落后的政体阻碍了工业化进程。清王朝末年，慈禧太后希望通过改变国体来保住清王朝的统治地位。立宪派提出效仿英国的君主立宪制度，但是此时的清政府已经没有权威推行改革了。大清国终于在外来侵略和内部动荡中被辛亥革命推翻了，共和国终于在中国诞生了。

辛亥革命是不彻底的资产阶级革命。法国思想家托克维尔在他所著的研究法国大革命的著作《旧制度与大革命》中指出："大革命只能摧毁形式上的东西，却没有改变社会的本质。"辛亥革命成功后不久，封建军阀、官僚政客、立宪党人乘机夺取革命果实。在宣布就职一个多月后，孙中山先生被迫辞去临时大总统，让位于封建军阀袁世凯。袁世凯解散国会、废除《中华民国临时约法》、复辟帝制。他死后不久，张勋把 12 岁的末代皇帝溥仪抬出来再次复辟，上演了一出 12 天的丑剧。事实说明，统治中国两千余年的封建思想不会在一夜之间随封建帝制的消亡而消亡。必须请来新思想、新文化的钟馗，赶走缠绕在共和国上空的封建鬼魂。

五四运动是意识形态层面的辛亥革命，是觉醒的知识分子联合全国各界民众共同破除封建思想、反对军阀统治、抵抗帝国主义侵略的精神解放和思想革命运动。民主科学是五四运动的武器，是五四运动的精神与核心。五四运动源自文化运动，转化为社会改造运动，成为更高层次的文化运动，成为建立新政治制度的文化运动。民主科学是五四运动时期中国思想潮流的顶峰，是当时中国最进步的思想。五四运动以后，没有哪一种势力可以阻挡先进文化在中国的传播。五四运动诞生了中国共产党，这场运动改变了 20 世纪中国的走向。

九三学社的早期成员大都参加了五四运动。许德珩、潘菽、杨振声和初大告先生是五四运动当天被北京当局逮捕的 32 名学生中的 4 名。九三学社首任主席许德珩先生是五四运动时期重要社团《国民》杂志社和平民教育讲演团的负责人，是少年中国学会的会员，是《五四宣言》的起草者。五四精神融入九三人的血液中，一代又一代地传承，形成了九三人的思想特质。

民主科学是仁人志士的理想

1946 年 5 月 4 日，九三学社成立大会通过了《九三学社成立宣言》（以下简称《宣言》)。《宣言》最后一段的内容是："今日适为五四运动二十八周年纪念日。'五四'号召于国人者，为科学与民主。今时间过去虽已二十余年，而民主与科学之要求，实较前迫切。本社同人，即本'五四'精神，为民主与科学之实现而努力，始终不懈，谨此宣言。”在短短的99个字当中，三次提到了“五四”，三次提到了“民主与科学”。

成立九三学社的目的是发扬五四精神、推进民主科学。民主科学是人类走向幸福生活的必由之路。一个不具备科技创新能力的国家，只能沦为他人的附属国，遑论大国、强国。一个独裁专制的国家，统治阶级的利益与人民的利益背道而驰，稍有风吹草动，其亡也忽焉。近有西亚北非独裁政权纷纷倒台的事例，远有蒋介石政权逃亡海岛的历史。世界潮流，浩浩荡荡，顺之则昌，逆之则亡。伟大的革命先行者孙中山先生对于社会发展规律的这一论述，一百年多年来屡屡被实践验证。

各个国家、各个民族在历史、文化、宗教信仰、经济水平和国民素质等方面千差万别。这构成了丰富多彩的人类社会，也决定了各国开始民主科学之途的起点、方式各有特色。

知识分子是理念的守护者和意识形态的源头，是为理念而生的人。辛亥革命成功后中国应该走什么道路？仁人志士曾经不断地求索。无论当时的中国还是当今的中国，都没有走资本主义道路的条件。九三学社的先辈们洞悉世界潮流所趋，通晓中国人民所求，他们不约而同地选择了民主救国、科学救国的道路。他们认识到只有社会主义能救中国，中国共产党是代表中国绝大多数人利益的政党。这是近代中国进步知识分子共同的成长经历。走社会主义道路，是九三学社先辈们做出的正确选择。

1956年2月，在九三学社第一届全国社员代表大会上，许德珩主席在社务报告中指出：“在我们伟大的新中国里，真正要求民主的必然归趋于社会主义民主，真正追求科学的必然归趋于革命的科学的马克思列宁主义，真正爱国、爱人民的必然归趋于无剥削、无贫困、繁荣富强的社会主义。”

民主科学是参政党人的足迹

在社会主义制度建立以后，九三学社的民主科学实践体现为中国共产党领导、沿社会主义轨道的政治协商、民主监督和参政议政，体现为推动国家决策的民主化和科学化。

九三学社第二任主席周培源先生在建设三峡水利工程问题上坚持科学决策的精神为世人传颂。在建设三峡工程的宏观论证中，周先生经常说，对于这样的工程，一定要百年大计，千年大计，慎之又慎。他通过调查发现，世界上还没有在大河主干上拦腰截断的例子，担心建设三峡大坝会出现事先估计不到的结果。可行性研究报告提出工程的静态投资为500多亿元，周先生认为整个工程的动态投资将达到3000亿元。当时国家财力不丰，周先生对于建设资金能否落实、是否会影响国民经济发展十分担心。广东省的一座水库建成蓄水后，当地发生了一次大地震。水库建成之前，那个地区没有发生过强烈地震。地震造成水坝裂缝，需做补强。周先生把北京大学曾为这座水坝做过振动研究的教授请去，详细询问蓄水诱发地震的问题。通过全面的调研和考察，周先生提出三峡水利工程建设应该通盘考虑上下游的受益情况，不可偏讲上游或下游；三峡以上河段各支流所蕴藏的发电总量大于三峡河段，如果分期开发各支流的水利设施，不仅资金和技术较容易解决，而且可以早受益；当时，国际风云变幻不定，三峡高坝的安全问题不能不考虑。周先生以科学家的睿智和负责态度对于这个特别重大项目的决策提出了独立的意见。他向中共中央书面提出了“先上（游）后下（游），先支（流）后干（流），先易后难”的建议。他将一个项目的论证和决策上升为国家决策的民主化与科学化。周先生以身作则，推动了我国的政治体制改革，促进了民主决策和科学发展，弘扬了九三学社民主科学的传统。

近十年来，九三学社通过政治协商平台，围绕推进政治体制和行政体制改革、深化科技管理体制改革、提高自主创新能力、推动战略性新兴产业发展、促进教育和医疗体制改革、解决分配不公和贫富差距过大、加强党风廉政建设等问题提出了具有前瞻性和可操作性的建议，力求将九三学社建设成为思想上坚定、履职上坚实、组织上坚强的参政党。

民主科学是九三学社的核心价值

五四运动时期民主与科学的主要内容是反帝反封建、思想改革和价值重建。我们的先辈们高举民主科学的旗帜继续奋斗且不断赋予其新的、更加完整的内容。民主科学是中国人民在受屈辱、受苦难的历程中通过斗争探索出来的解放之路，是九三人血液中代代相传、永世不绝的基因。

民主是对于社会政治进步的追求，科学是对社会文明发展的推进。自五四运动以来，中国知识分子与人民大众一道，反对帝国主义侵略、反对军阀统治、反对独裁、反对内战、追求民主、弘扬科学的历史就是九三学社的发展史。

梁希先生曾经说："民主可以改变落后，科学可以改变贫穷。""民主是科学的土壤，科学是民主的肥料。"对于现代人类而言，民主与科学如同空气和水。人民当家做主、资产公有和科学技术是第一生产力等社会主义社会的要素证明这种制度是对民主科学的极致表达。肥沃的土壤一定能够生长出丰硕的果实。

韩启德主席指出，追求爱国、民主、科学，坚持接受中国共产党的领导，与中国共产党亲密合作、和衷共济，是九三学社老一辈领导人的自觉选择和政治交代，是九三学社积久沉淀的政治信念和光荣传统。时至今日，这一光荣传统依然闪耀着真理的光辉，依然焕发着时代的光华，依然是推动九三学社各项事业发展的宝贵精神财富。我们有责任、有义务把这一光荣传统薪火相传、发扬光大。

继承和发扬先辈们在艰难困苦条件下创造的事业，把九三学社建设成为适应时代要求的、高素质的参政党，超越前辈，为中华民族伟大复兴事业做出我们的贡献。

（作者许进系北京品傲光电科技有限公司总经理）

责任编辑：张源

九三学社的民主与科学精神述论

李国强

九三学社的民主科学精神诞生于近代历史中，其间中国人民为了争取民族独立和人民解放而英勇斗争。在民主科学精神的指引下，九三学社的创始人积极投入到爱国主义的洪流当中，和中国人民一道进行了轰轰烈烈的救国运动。解放战争期间，在中国共产党的领导下，参与了新中国的筹备和创建工作，为中国的政治协商制度的建设做出了重要贡献。新中国成立后，九三学社的社员们继续秉承民主科学精神，为中国的社会主义建设贡献力量，成为中国政治生活当中不可或缺的一员。

回顾九三学社的历史，自正式成立以来，历经 60 多年的风风雨雨，在中国共产党的领导下，由小到大，最终成长为中国政治协商和民主制度的重要一员。而回顾九三学社的民主科学精神，其历史则更长，可以一直追溯到许德珩、黎锦熙、金善宝等创始人的奋斗历史。这些人或高举民主科学大旗，积极投身于新文化运动和学生运动等爱国主义运动，为反抗封建专制而英勇斗争，如许德珩参加了五四运动，起草了《五四运动宣言》，还参与了示威游行和火烧赵家楼的行动，成长为著名的学生运动领袖；这些人或秉承“科技救国”和“教育救国”理念，为中国的救亡而出力献策，如梁希、周培源、潘菽等人，在极端困难的情况下，一方面坚持科研工作，另一方面坚持教学工作，为中国培养人才。更为重要的是，伴随着九三学社的成长，在九三学生民主科学精神发展的历程中尤其是改革开放以来的新时期，其主导思想——民主科学精神作为学社的光荣传统得到了传承与发展，涌现了诸如王选院士等一大批杰出的活跃在教科文卫等各条战线上的优秀人才，民主科学精神不仅深入社员心中，也成为中华民族精神财富的重要组成部分。时至今日，我们仍有十分的必要对九三学社的民主科学精神展开深入探讨，以期对中国民主党派发展历史的研究和中华民族的精神财富的探索有所裨益。

以下试从几个方面来论述九三学社民主科学精神。

一、九三学社的民主科学精神的发源、继承和发展

（一）九三学社的民主科学精神是近代中华民族伟大的爱国主义精神的重要组成部分，是对实现中华民族伟大复兴的“中国梦”的热烈追求

回顾九三学社的成长历史，它诞生于中华民族饱含辛酸又不屈抗争的近代史中，从属于中华民族争取民族独立和人民解放的历史潮流。在这个潮流中，中国人民在高度的爱国主义精神指引下，满含着对祖国深沉而真挚的热爱，为了争取民族独立和人民解放，实现中华民族的伟大复兴，进行了前赴后继艰苦卓绝的斗争。因此，任何中国人民的爱国觉醒和斗争都从属于这一伟大进程，我们可以肯定地说，九三学社的民主科学精神，诞生于近代中国人民反抗外来侵略以实现救亡图存、反抗专制压迫以实现人民民主的伟大斗争实践中，与近代以来中国人民实现中华民族伟大复兴的“中国梦”有着深厚渊源。在这个过程中，中国人民尤其是中国的先进知识分子在爱国主义的大旗下，秉承民主与科学精神，展开了对国家出路的积极探索，最终取得了积极的成果，为实现中华民族的伟大复兴做出了不可磨灭的贡献。九三学社的先辈，如创始人之一的许德珩先生、梁希先生和张西曼先生等人，无论是在新文化运动、五四运动、抗日民主运动，还是在人民民主运动发展到最高潮的解放战争时期，都是高举民主科学大旗，为了人民民主和科学进步而英勇斗争。可以说，回顾九三学社在新民主主义革命时期的奋斗史，无疑也是一部满腔热情、英勇不屈的爱国史。

（二）九三学社的民主科学精神是近代中国人民尤其是中国知识分子的自觉选择，其间蕴涵了中国人民对于不同的社会思想、社会制度的反复比对和扬弃

近代中国，在帝国主义的步步侵略和国内封建主义专制高压的恶劣环境面前，中国的知识分子展开了救亡的运动。他们中最早的代表当属林则徐和魏源等人，尤其是魏源，在其名著《海国图志》一书中提出了“师夷长技以制夷”的主张，但是他们的主张以及后来洋务派的主张皆没有超脱经济制度的浅层范畴，停留在器物的层面。真正想要进行政治改革的戊戌维新运动又昙花一现，早早夭折。在此过程中，中国知识分子的救亡探索虽历经层次的递进深入，但是在改

良意义上的运动不能真正拯救中国。后来，以孙中山为代表的革命党人继续向西方学习，为争取建立西式的资产阶级民主共和制度而努力奋斗。但是，最终中华民国的建立也只是“无量金钱无量血，可怜换得假共和”。在理想与现实的巨大反差当中，在一次世界大战的隆隆炮声当中，中国的知识分子觉醒了，他们高举民主与科学两面大旗：他们提倡民主，反对专制；提倡科学，反对迷信；提倡新道德，反对旧道德；提倡新文学，反对旧文学，掀起了中国的新文化运动，为马克思主义的传入创造了条件。“十月革命一声炮响，给中国送来了马克思列宁主义”，在民主与科学的指引下，在十月革命与“一战”的反复比对中，中国的先进知识分子不再“隔着窗纱看晓雾”，他们坚定地选择了马克思主义。在不断地向外学习的过程中，中国的知识分子经历了一个递进的逐次的向西方学习的过程，而在反复的比对中，他们逐渐抛弃了西方的资产阶级思想，放弃了构建西式民主制度的尝试，毅然决然地转向了马克思主义这一无产阶级思想，进而探求构建社会主义制度。在此过程中，中国的知识分子对于不同的社会思想和社会制度进行了反复的比对，最终实现了由资产阶级民主向社会主义民主的华丽转身，尤其是在解放战争时期，九三学社在中国共产党的帮助下，彻底抛弃了带有浓厚资产阶级民主色彩的“中间路线”，毅然决然地选择了中国共产党，并在随后构建中国的无产阶级民主制度的过程中做出了重要贡献。

（三）新中国成立后，九三学社的民主科学精神得以继承和发扬

在筹建新中国的过程中，在中国共产党的领导下，九三学社等民主党派依照民主科学精神，积极参与人民政权的建立，在中国人民民主制度的形成过程中起到了重要作用。新中国成立以后，面临继续完成新民主主义革命的遗留任务、向社会主义过渡和进行社会主义建设的艰巨任务，九三学社等民主党派在中国共产党的领导下，积极投身于各条战线的奋斗，做出了巨大贡献。在抗美援朝、镇反和土改三大运动中，在“三反”、“五反”和思想改造运动中，在社会主义改造运动中积极投身于中国人民的伟大的政治民主实践中，坚决拥护中国共产党的领导，政治立场鲜明而且坚定，极大地推进了中国的民主进程。与此同时，九三学社自身的建设得到了较大发展，先后召开了几次全国性会议，健全了领导和组

织，明确了自身的定位。更为重要的是，在1954年，九三学社许德珩、梁希等24位委员当选为全国人大代表，许德珩、梁希、涂长望、黎锦熙等28人担任全国政协委员，这些人以自己的亲身实践践行了九三学社民主科学精神，为中国的民主制度的发展做出了重要贡献。在社会主义建设过程中，九三学社的社员们，以黎锦熙、金善宝、茅以升、周培源等人为杰出代表，担任了各科研院所的领导职务，在各自的领域中取得了突出的成就，以科学的精神为中国社会主义建设做出了重要贡献。即使在"左"的错误盛行的年代里，依然有王淦昌、邓稼先等人在科技领域如两弹一星的研制方面做出了重要贡献，而且绝大多数九三社员经受住了甚至是"文革"的严峻考验，坚持了民主科学精神。进入改革开放新时期以后，九三学社的社员们继承民主科学精神，在中国共产党的领导下，参与推进中国的民主化和法制化进程，积极投身于改革开放的伟大实践，在坚持和完善共产党领导的多党合作和政治协商制度方面，在社会主义建设的伟大事业中取得了突出的成就，涌现了一大批以王选院士等人为代表的杰出英才。与此同时，自身建设取得了新的成就，先后召开了几次全国代表大会，并在社章中着重突出了"民主与科学"。

由此可见，九三学社的民主科学精神在新中国成立以后，虽历经几多挫折，但是得到了很好的继承和发展，已经成为九三学社的一面旗帜，也成为中华民族宝贵的精神财富的重要组成部分，在中国的民主化进程中发挥着重要作用。

二、九三学社民主科学精神与中国共产党的深厚渊源

（一）九三学社的民主科学精神与中国共产党有着深厚渊源，它是在中国共产党的坚强领导和亲切关怀下最终确立的

中国的先进知识分子自觉选择马克思主义后，还有相当多的知识分子迷恋西式民主，存在一丝幻想，甚至连国民党政府的专制独裁面目也看得不是十分清楚。随着中国民族矛盾和民主矛盾的加剧，中国的知识分子所进行的西式民主的尝试如乡村建设运动等先后遭到失败，民主党派早期的代表人物之一邓演达也遭

到了残酷的杀害。如此严重的形势下，中国的知识分子逐渐认识到蒋介石南京政权的专制独裁问题，可是依然对于西式民主道路存在幻想。在抗战结束后，他们大力宣传和鼓吹中间路线（也称之为第三条道路），幻想在社会主义和资本主义中间、在中国共产党和国民党之间进行调和，走中间道路，既不实行英美式的也不实行苏联式的民主。这些主张，究其本质，依然是想要在中国实行西式的民主。解放战争时期，在中国共产党的帮助下，中国的知识分子逐渐认识到在蒋家王朝的专制独裁统治之下，不可能走所谓的中间道路，一些著名的民主人士如杜斌丞、李公朴和闻一多等人的遇害更是深刻地教育了他们。因此，他们逐渐抛弃了自己的“第三条道路”幻想，逐渐地向中国共产党靠拢，最终以民主和科学的精神选择了中国共产党、选择了社会主义。因此，如果没有中国共产党的大力支持和真心帮助，包括九三学社在内的中国民主党派是不可能真正认清国民党独裁统治的本来面目并与之决裂的，也就不可能真正投身于中国人民之后更加伟大的人民民主运动当中。

（二）九三学社的民主科学精神在中国民主制度构建过程中有着重要的地位和作用

在中国的民主进程中，九三学社的民主科学精神是一条小溪，它曾经在寻找的路上犹豫过、彷徨过，遇到过挫折和艰辛，甚至还走过弯路。在寻求真理、寻求光明的过程中，最终得到了中国共产党的大力引导和支持，最终选择了正确的方向，汇入以中国共产党为代表的中国人民追求民主的洪流当中。当潘菽、梁希和涂长望等人组织自然科学座谈会的时候，就得到了周恩来等中共领导人的大力支持，并建立了与中国共产党之间的密切联系。1945 年，毛泽东同志到重庆参加重庆谈判时，许德珩、劳君展向毛泽东汇报了民主科学座谈会的情况，毛泽东同志鼓励他们将民主科学座谈会办成一个永久性的政治组织。正是在中国共产党的关怀和帮助下，九三学社最终得以成立，秉承民主科学的宗旨。而后在反对国民党一党专政、一党独裁的斗争中，九三学社坚定地向中国共产党靠拢。在 1948 年中国共产党发布五一号召以后，又给予积极响应，并且在新中国的筹备和成立过程中贡献了重要力量，为中国的政治协商制度的建立起到了重要作用。时至今日，九三学社不仅是中国民主党派的重要一员，也是中国民主制度的重要力量。

（三）九三学社的民主科学精神与中国共产党的民主精神保持了高度一致，并且成为中国共产党与各民主党派的关系的重要准则

新中国成立后，在追求中国民主化和法制化的进程中，中国共产党本着民主精神逐步确立了与民主党派的八字方针，即“长期共存、互相监督”，突出了民主党派作为参政党参政议政和民主监督的重要角色。后来，虽历经多次波折，到改革开放新时期又不仅恢复过来，而且得到了重要发展，中国共产党把与民主党派的方针丰富发展为“长期共存、互相监督、肝胆相照、荣辱与共”十六字方针。由此可见，九三学社的民主科学精神与中国共产党的民主精神保持了高度一致，在中国共产党处理与九三学社等民主党派的关系方面起到了重要作用。

三、九三学社的民主科学精神与中国协商民主制度的内在联系

（一）从新民主主义革命开始，历经社会主义改造、社会主义建设、改革开放的新时期，直至今日，二者相伴始终

新民主主义革命时期，尤其是解放战争时期，中国共产党领导中国各民主党派、人民团体和广大人民为成立新中国而努力奋斗。最终在成立新中国之后，确立了中国共产党领导的协商民主制度，中国共产党与各民主党派精诚合作，共商国是，开创了以协商民主来决定国家、民族和人民前途的伟大历史。以后历经多个历史时期，虽然经历过艰辛磨难，但是，中国协商民主的民主科学精神始终没有放弃，可谓是历久而弥新。

（二）九三学社的民主科学精神是中国协商民主制度的重要内涵，是协商民主精神的重要体现

胡锦涛同志在十八大报告中首次明确提出了“健全社会主义协商民主制度”，这是中国人民民主发展的重要的里程碑。这个提法不仅继承了中国共产党开创的

人民民主的光荣传统，而且把人民民主推向了新的高度，上升国家意志和制度层面。值得注意的是，胡锦涛同志特别提到要以民主党派等党派团体为协商民主的重要渠道，“加强同民主党派的政治协商”，这充分表明了党和国家领导人对民主党派的重视，也可以看出民主党派在协商民主中占有重要地位，发挥着重要作用。

在中国民主进程中，以九三学社为代表的民主党派与中国共产党一起创建了中国的协商民主制度，推进了中国的民主化进程。在此期间，协商民主成为中国特有的政治民主制度，成为中华民族的宝贵精神财富。而九三学社的民主科学精神也成为协商民主制度的重要内涵之一，它对于协商民主制度的创建和发展以及在中国政治实践中的应用起到了非常重要的作用。从几代领导人对于民主党派和协商民主的关切可以看出，民主科学精神也是中国共产党用以处理与民主党派关系，用以推进中国协商民主的重要精神之一。

总之，中国共产党与各民主党派秉承民主科学精神，创立和发展了中国的协商民主制度，并在随后的不同历史时期加以继承和发扬。

四、继承和发扬民主科学精神的要求

（一）坚持中国共产党的领导

历史证明，没有中国共产党的领导，就没有中国的光明前途，就没有包括九三学社在内的各民主党派的光明前途，也就没有中国真正的民主化进程，更谈不上对于民主科学精神的继承和发扬。因此，必须坚定不移地跟党走，努力贯彻党的大政方针，践行民主科学精神。

（二）着力加强自身建设

新中国成立以来，虽然经过社会主义改造和社会主义建设，九三学社早已经成为工人阶级的一部分。但是，改革开放新时期以来，由于社会的分层加剧，进入九三学社的成员数量激增，且成分日益多元化。新的成员在带来新鲜血液和新气象的同时，势必带来许多不良影响。因此，在新形势和新条件下，务必要加强自身建设。具体来讲，要继承和发扬民主科学精神，积极参与中国的协商民主发展；要积极学习马克思主义理论，强化自身的理论修养，以便更好地抵制西方资产阶级思想的侵蚀，克服自身的不良表现；要深入人民群众，坚持群众路线，真正把民主科学精神贯彻到为人民服务的实践当中；要加强同其他民主党派和人民团体的横向联系，拓宽思路，为民主科学精神的贯彻找到切实的落脚点。

总体来看，九三学社的民主科学精神在中国经济、科技和社会发展过程中扮演了重要的角色，至今依然发挥着极其重要的作用。九三学社的人员组成以科学技术界高、中级知识分子为主，常见职业分布为教师、医师、工程师等等，活跃在中国的科技、经济和教育等领域。中国的知识分子是社会的重要力量，是工人阶级不可或缺的重要组成部分，对于中国的进步起着至关重要的作用。九三学社的社员们秉承民主科学精神，致力于中国的社会主义建设，在不同时期、不同历史阶段发挥了重要作用，尤其是他们以其独特的优势对于推动中国的生产力和思想进步起到了重要作用。可以说，九三学社的民主科学精神不仅在精神层面对于中国的社会进步而言是不可或缺的，而且在物质层面上，对于中国的发展也是有着极其重要的作用的。

纵观历史，民主与科学精神是中国先进的知识分子秉承的优良传统，在九三学社身上得到了突出的体现。无论是九三学社的老前辈们，如许德珩、梁希、潘菽等人，还是新中国成立以后的新进之辈，始终坚持民主与科学精神，为了中国的光明前途，为了中国伟大的社会主义建设事业，为了中华民族的伟大复兴而矢志不渝。

（作者李国强系河北省石家庄经济学院讲师）

责任编辑：张源

民主与科学　贯穿中国前进的主线

陈骁忠

一、民主与科学在中国的起源

中国人追求民主与科学并非始自五四新文化运动。鸦片战争结束不久，作为近代中国第一批开眼看世界的先进人物，魏源、徐继畲等人在他们的著作中，就以赞赏的态度介绍过西方的民主制度。洋务运动（1861—1895）期间，介绍西方议会政治、民主政治的著作逐渐增多，同时人们也已认识到学习西方声光电化等科学技术的必要，以王韬、郑观应为代表的一些洋务知识分子或早期维新思想家还主张以西方的"君民共主"制度取代中国的君主专制制度。到戊戌维新时期，维新派主张实行君主立宪，不仅着力宣传过西方资产阶级的自由、平等、民权思想，而且也对科学知识、科学方法进行过提倡和介绍。特别是严复的"以自由为体，以民主为用"思想的提出，在近代中国人追求民主的历程中具有十分重要的意义。进入 20 世纪后，由于辛亥革命的作用，民主思想得到进一步传播，科学的重要性也为越来越多的人所认识。

因此可以这样认为，19 世纪六七十年代，早期的资产阶级维新派，以王韬、郑观应等为代表人物，提倡中国应该学习西方先进的政治制度和科学技术，是民主与科学在中国的起源。

二、民主与科学在中国的发展

中国人追求民主与科学虽然不是从五四新文化运动开始，但却是从五四新文化运动开始，中国人才将民主与科学作为近代新文化的核心观念或基本价值加以追求和崇尚。在此之前，人们主要是把民主与科学作为一种实现国家富强和救亡图存的工具或手段而追求。20世纪初，以孙中山为代表的革命派主张建立资产阶级共和国，理由也是清朝的封建专制使中国贫弱，而资产阶级共和国能使中国实现富强。而五四运动之后就不同了，这不仅体现在它以民主与科学作为自己的旗帜上，也体现在它对民主与科学的认识和理解上。就五四新文化运动对民主的认识和理解来看，首先，民主是一种个人独立自主的观念。不迷信，不盲从，敢于怀疑的独立思考；勇于进取，敢担干系的负责态度。其次，民主贯穿于社会各个方面、体现了平等自由的精神。至于五四新文化运动所认识和理解的科学，不仅仅是科学技术或科学思想，而更是一种广义上的世界观和方法论，一种与迷信、盲从、愚昧相对立的崇尚实证的理性精神。

正因为五四新文化运动将民主与科学作为近代新文化的核心观念或基本价值加以追求和崇尚，再加上这种追求和崇尚又与对封建专制主义、迷信愚昧思想以及旧伦理、旧道德乃至整个传统文化的批判与反思联系在一起，因而它极大地促进了人们的思想解放，推动了思想文化的变革。同时，民主与科学从此也逐渐深入人心，并开始成为一种社会意识、价值观念。

抗日战争后期，一批进步学者发扬五四运动反帝反封建的爱国精神，以民主、科学为宗旨，在重庆组织的“民主科学座谈会”就是九三学社的前身。后为纪念1945年9月3日抗日战争和世界反法西斯战争的伟大胜利，改名为“九三学社”。因此可以说，民主、科学是九三学社的精髓，更是九三学社的优良传统。

高举科学和民主精神的五四运动，而后在马克思主义指导下，赋予了新的更加深刻的内容：民主不再是狭隘的资本主义民主，而是指多数人的民主，劳动阶级为主体的民主，必须建立劳动阶级为主人的社会制度；科学当然包括自然科学，但是人们对社会的研究，只有在唯物史观的基础上才能真正成为科学；讲科学，首先要讲马克思主义的科学世界观、方法论和社会革命学说。正是在新的民主和科学精神指导下，一大批先进的中国人积极传播马克思主义，走向工农，从而推动了中国人民思想在更广泛的范围和更深刻的程度上获得解放，直接促成了中国共产党的产生，掀开了中国历史新纪元。

五四运动取得胜利以及后来中国革命和建设经验表明，思想观念的解放是重大历史事件的先导，是推动社会发展的精神力量。可以说，没有民主与科学的启蒙，没有新文化运动，就没有五四运动的产生，也就没有以后的马克思主义在中国的迅速传播和中国共产党的诞生；没有延安整风运动，没有在毛泽东思想旗帜下思想的统一，就没有新民主主义革命的胜利；没有真理标准大讨论，没有思想路线的端正，就没有十一届三中全会的召开以及改革开放的巨大成就。正是从这点看，民主与科学是五四运动两面光辉旗帜，五四运动将因高举民主与科学大旗而彪炳历史。但是，民主与科学并没有因五四运动的结束而终结，民主与科学精神于现实中国有着更深刻的意义。

三、民主与科学在现实中国的意义

在五四精神的鼓舞下，为了建立一个民主共和的新中国，以毛泽东同志为代表的中国共产党人将马克思主义与中国革命具体实际相结合，创立了适合中国革命和建设的马克思主义——毛泽东思想。在毛泽东思想这一科学理论指导下，我国取得了新民主主义革命的彻底胜利。新中国的成立，是中国社会主义民主政治发展的历史起点，它标志着民主共和制的国家在一个具有五千多年历史的文明古国得以确立，中国人民开始以民主的国体和政体来管理国家，中国共产党人争取民主的宣言成为事实。以毛泽东同志为核心的中央第一代领导集体，领导中国共产党和中国人民为我国民主建设做了大量工作，包括民主制度的经济基础（如公有制建立等）、民主制度的法律保障（如宪法的制定等）各个方面。

以邓小平同志为核心的中国共产党第二代领导集体，本着“解放思想，实事求是”的科学精神，对我国政治体制改革进行了创造性探索，为我国民主建设做出了重要贡献。在科学方面，邓小平结合当今社会发展趋势，创造性地发展了马克思主义生产力观点，提出了“科学技术是第一生产力”的著名论断，极大地推动了我国科学技术和社会生产力的发展。更为重要的是我党创立的邓小平理论，是指导我国当前进行现代化建设的科学世界观和方法论，它蕴涵着深刻的人文科学精神，是当代民主和科学精神的最集中体现。

以江泽民同志为核心的第三代领导集体，在全面总结中国共产党的历史经验和如何适应新形势新任务的要求后，提出了科学的论断：中国共产党80年的奋斗历程充分证明，中国共产党要继续站在时代前列，带领人民胜利前进，就必须始终代表中国先进生产力的发展要求，代表中国先进文化的前进方向，代表中国最广大人民的根本利益（“三个代表”重要思想）。

以胡锦涛同志为核心的第四代领导集体，继承和发展了党的三代中央领导集体关于发展的重要思想，尊崇科学与民主的精神，提出了“科学发展观”的重要指导思想，并且在中国共产党第十七次全国代表大会上把“科学发展观”写入党章，成为中国共产党的指导思想之一。“科学发展观”是马克思主义关于发展的世界观和方法论的集中体现，是同马克思列宁主义、毛泽东思想、邓小平理论和“三个代表”重要思想既一脉相承又与时俱进的科学理论，是我国经济社会发展的重要指导方针，是发展中国特色社会主义必须坚持和贯彻的重大战略思想。胡锦涛说，科学发展观，第一要务是发展，核心是以人为本，基本要求是全面协调可持续发展，根本方法是统筹兼顾。胡锦涛指出，科学发展观，是立足社会主义初级阶段基本国情，总结我国发展实践，借鉴国外发展经验，适应新的发展要求提出的重大战略思想。强调认清社会主义初级阶段基本国情，不是要妄自菲薄、自甘落后，也不是要脱离实际、急于求成，而是要坚持把它作为推进改革、谋划发展的根本依据。我们必须始终保持清醒头脑，立足社会主义初级阶段这个最大的实际，科学分析，深刻把握我国发展面临的新课题、新矛盾，更加自觉地走科学发展道路，奋力开拓中国特色社会主义更为广阔的发展前景。

十八大以来，以习近平同志为核心的新的中国共产党领导集体，继承和发扬了民主与科学的伟大精神，高瞻远瞩，响亮提出了实现中华民族伟大复兴的中国梦。中国梦，实现中华民族伟大复兴，就是中华民族近代以来最伟大的梦想！这一时代解读，既饱含着对近代以来中国历史的深刻洞悉，又彰显了全国各族人民的共同愿望和宏伟愿景，为党带领人民开创未来指明了前进方向。

“中国梦”深刻道出了中国近代以来历史发展的主题主线，深情地描绘了近代以来中华民族生生不息、不断求索、不懈奋斗的历史。中国梦连接了过去与现在、历史与未来，连接了大家与小家、国家与个人，中国梦，也是每一个人的梦！

正如习近平总书记说的那样：“生活在我们伟大祖国和伟大时代的中国人民，共同享有人生出彩的机会，共同享有梦想成真的机会，共同享有同祖国和时代一起成长与进步的机会。有梦想，有机会，有奋斗，一切美好的东西都能够创造出来。”

习近平总书记说：“人民对美好生活的向往，就是我们的奋斗目标。”总书记关于中国梦的深情阐述，用实现中华民族伟大复兴的中国梦凝聚起强大的精神能量。

中国道路、中国精神、中国力量，就是“中国梦”梦想成真的根本保证。面对浩浩荡荡的时代潮流，面对人民群众过上更好生活的殷切期待，我们不能有丝毫自满，不能有丝毫懈怠。我们要更加紧密地团结在以习近平同志为总书记的党中央周围，让中国梦会聚起中国社会磅礴的正能量，戮力同心，埋头苦干，攻坚克难，锐意进取，继续把中国特色社会主义事业推向前进，为实现中华民族的伟大复兴而不懈奋斗。

（作者陈骁忠系山西省长治市林业局干部）

责任编辑：张源

论九三“民主与科学”之精义

马　栋

一、认识民主与科学

关于民主（democracy）和科学（science）概念的解释，目前来看，我们只能借助于西方理论体系和西方政体实践模式。民主与科学语词的使用在我国历史文献资料中的呈现是后来的事，而古代文献中的意义与当今之义已大相径庭。如在欧洲语言中，科学来源于拉丁文“scientia”，意为“知识”、“学问”，在近代侧重自然的学问。而科学一词在中国古汉语中意为“科举之学””。明治时代日本启蒙思想家西周使用“科学”代替西学“science”一词。1893 年，康有为引进并使用“科学”二字，此后便在中国广泛使用。

民主出自希腊雅典。希腊文为 demokraiu，系取 demos 与 krateein 两词合并而成；demos 的意思是人民，krateein 的意思是治理。民主意指“人民做主治理城邦（国家）”。所以，实际上来看，民主一词概述了一种是人民抑或统治者治理（以及如何治理）城邦或国家的问题。近代以来，民主的含义有所扩大，广义的民主不仅仅指政体，还包括生活文化等内涵，比如家庭生活的去家长制、个人重要性的凸现等。一般来说，民主是与极权（或专制）相对的一个概念，民主界定了一种政治参与方式，是自下而上的，以“民意”的方式表达意见，达成共识，参与大政方针制定，而政府只是代表，人民通过政府实施对政治社会治理；而极权或专制则界定了权力的统制是自上而下的，人民是被动承受的，自由受到限制。民主作为一个政治学重要概念被提出来，实际上不是为了就理论而论理论，完全是为了“需要”。建立城邦或国家之初，人们“需要”政治治理或政治统治，因此，政治理论便提供了应时之助。实质上，民主的本质是“自由”，没有自由，民主就没有意义，也无多大价值。最后用一段简短的话来陈述我们对民主的理解：自由构成了民主的基础，民主是在人民这一国家主人翁的积极参与下，在平等、宽容、博爱等基础上，实施的对城邦或国家的治理。对于科学，简单地说，即反映自然、社会、思维等的客观规律的分科知识体系，大家皆耳熟能详，具体内容不再阐述。

二、九三“民主与科学”价值观源流考

九三学社之“民主与科学”这一核心追求，得益于一种社会政治“需求”，最终终结为一种“文化”需求。而形成这一对核心概念要义的关键原因就是：成员的价值取向、个性自由和历史时代背景。余英时说：“尤其是在今天，一般人需要民主，因而希望了解民主。……我们要针对需要获得关于民主常识的人们替民主下些注解。”而对于九三学社的知识分子们来说，这种“民主与科学”的追求则是“当时时代政治的迫切需求之下的尝试性体验和实践性探求”。“九三学社的建立同抗日战争时期国内的政治形势密切相关。”时代需求是催生出它的历史动力。

（一）九三知识分子的思想转换和个性追求

中国近代以来自洋务运动到五四运动，再到抗战胜利、世界反法西斯斗争的彻底结束，中国传统知识分子们面对外来坚船利炮的打击和逼迫，内心纠结、挣扎和焦虑，中国整个社会遭遇“文化危机”乃至“道德危机”，以及面对时局时的个性化追求，这些为九三学社的产生提供了宝贵的思想资源和意识前提。

先来看“民主科学座谈会”的主要发起人许德珩（1890 — 1990）。他是五四运动的学生领袖之一（“五四运动”中曾起草《五四宣言》）。1906 年在九江同文书院走读，初年读完《三字经》、《幼学琼林》，次年老师开讲《诗经》、《左传》、《四书》。后又自学《纲鉴易知录》等。几年私塾，奠定了其儒家文化深厚基础。后其父又指导、推荐其阅读《新民丛刊》，邹容《革命军》，严复译介的《天演论》和梁启超的文章，这些给他灌输了民主革命思想，对他启发很大。后来，他考入前身为濂溪学院的九江中学堂，到参加同盟会，剪去长辫，立志改革，又以许绌名字投笔从戎。1915 年考入北大，结识李大钊、毛泽东等人，参加少年中国

学会，和邓中夏等人组织北京大学平民教育讲演团，向人民群众进行宣传，以扩大新文化运动和爱国民主运动的影响。从其行动可看出，当代中国思想危机已经在他这一代人身上表现得异常激烈和紧张。他们正处于中西文化碰撞最为激烈和残酷的历史转折点：一方面承继了传统儒家文化精华，另一面又受到外来民主、科学文化的挤压和逼迫，乃至诱惑，致使他们内心产生剧烈冲突，在国学是否还有价值和如何借助西学振兴民族上牵肠挂肚。而他积极参加中国近代民主革命这些事实，恰恰是以经世思想为核心价值观的儒家文化与西方宪政民主文化相互碰撞的必然结果。几十年来，中国一直处于剧烈变局里，这种危机在知识分子里扩张和尖锐是不足为奇的。在1895年到1905年之间，西方思想大量侵入，同时固有思想非正统流派又告复活，儒家传统的一些重要道德政治价值首遭难题。到了20世纪初期，当五四的狂热者要求对所有价值，特别是整个儒家的道德传统重加评估之时，“迷失”状态达到极致。对于他们来说，解决当时整个社会危机的方法不外求助于西方：一个是民主，一个是科学。中国近代民主革命体现出以现代化批判传统和以传统批判现代化（尤其是新儒家）两种姿态，但最终以现代化观念取胜，传统被迫放弃掉一些坚守的原则。五四时期确实是一个矛盾积累的时期，在像许德珩这样的五四运动知识分子身上明显带有“两歧性”，但他们身上却又同样凝聚着五四启蒙运动的人本精神、重新估定一切价值的批判意识，包括许德珩，其受传统文化教育越深，越受传统文化之“害”，那么他们接受“新式”教育，尤其是接受民主宪政理论和科学知识教育之后，立志改革的勇气将越强烈、信心越足。这些都为九三学社诞生奠定了良好的思想基础。

（二）时代政治形势催逼

时代政治、军事斗争形势是造成九三学社诞生的重要前提。为了响应中共号召，抗战时期先后来到重庆的一部分文教、科学技术界的高级知识分子许德珩、潘菽、梁希、黎锦熙……发起组织了“民主科学座谈会”，主张“团结民主，抗战到底”，发挥“五四反帝反封建的精神，为实现人民民主与发展人民科学而奋斗。本来国共合作、一致对外是国人的必然选择，但是蒋介石却出尔反尔，经不住诱逼，最终背叛了良心，走上了破坏合作的道路。九一八事变、皖南事变，以及国民党加快摧残民主人士的恶劣行径，都极大地伤害了广大民主人士和国民党内进步力量的爱国热情，使反蒋和反日力量形成一边倒态势，公开亮出反蒋、联共抗日的旗帜。在这种内忧外患共同夹击下，爱国知识人士借助中共提供的统一战线平台，密切地团结起来，共同谋求和平民主，团结抗战。可见，九三学社的产生是时代风云激荡的产物，是为了响应中共号召，在国难当头之际，积极寻求团结协作，参与民主政治建设，为实现人民民主和发展人民科学而积极努力运作的结果。九三学社学者和科技专家们终于在中共的统一战线制度引领下，找到了一条救国图存、贡献力量的良好途径。他们以崭新的姿态，肩负厚重的使命，高扬民主、科学旗帜，响应中共的“结束国民党一党专政”主张，主动加入中共领导的抗日民族统一战线当中去，选择了正确的政治道路，形成了鲜明的政治主张，为后期的九三学社正式成立打下的鲜明基础。

（三）在政治领导人推动下最终形成鲜明政治主张

应当说，如果没有九三学社老一辈与中共领导人的密切合作和协商交谈，不能积极介绍科技界高级知识分子参与九三学社，以及后来毛泽东的亲切接见和殷切期望，九三学社将不可能成立。九三学社创始人许德珩、劳君展同毛泽东有着亲密的友谊，有过诸多思想碰撞和交流，甚至个人交往甚密。在许德珩考入北大后，先后认识了李大钊、毛泽东，当时北大校长蔡元培又实行一系列校风改革，提介思想自由，培养学术研究自由空气，学术、政治团体如雨后春笋般涌现。“五四运动”前夕，毛泽东与许经李大钊介绍参加了李发动的“少年中国学会”，由此他们三人结下深厚友谊。在毛泽东的关怀鼓励下，许德珩下定决心把“民主科学座谈会”建成一个永久性组织。九三学社的高级知识分子如梁希、潘菽、金善宝等受到毛泽东接见之后，信心受到极大鼓舞，这对九三学社的建立和未来发展发挥了关键作用。经过积极努力和策划，尤其是对九三学社这一名称的界定上，经过争议和讨论，最终确定这样一个“既体现学术性，又带点不太明显的政治性的名字”。一个方面，这反映出九三学社高级知识分子们在“民主与科学”价值理念上有坚守“自由”底线的“保守性”。

从九三学社《成立宣言》不难看出，九三学社奠基人一开始即明言民主、平等和自由，深受法国政治哲学的影响，反对极权暴力，反对愚昧无知，追求民主与宪政以求国家政治昌明、人民得享正义。许德珩读过邹容的《革命军》，而邹容在1903年在其文中就强调西方的民主思想是中国“起死回生之灵药”。从其基本的政治主张能够看出九三学社知识界的个性气质和政治诉求的坚决性：如促进民主政治之实现，争取人民之基本自由，从速完成国家工业化、农业现代化……学术思想之绝对自由，等等。九三学社的知识分子们，经受了历史血与火的考验，在斗争中磨练了意志，在危机中认识、团结了中共，受到礼遇，找到了可信赖的伙伴，这是他们能够坚定信念、继续走下去的重要原因。就新中国成立后我国的科技发展进步来说，九三学社科技界知识精英皆做出了突出贡献，这是不言而喻的！其意也明，其心也诚，其志也同，实在是一种“忠诚卫士”型的、有知识之人之君子气概的参政党。

三、现代性背景下民主与科学的时代价值

时过境迁，时代变换了颜色。这个时代可以用几个耳熟能详的语词来形容：全球化时代，知识经济时代，或者如韦伯所说“祛魅”时代。这些称谓之内涵通常要高度凝练地蕴涵在“现代性”这一概念之中。当代著名社会学家安东尼·吉登斯是这样解释的：“现代性指社会生活或组织模式，大约17世纪出现在欧洲，并且在后来的岁月里，程度不同地在世界范围内产生着影响。”（《现代性的后果》）在《现代性与自我认同》中，他认为现代性“意指在后封建的欧洲所建立而在20世纪日益成为具有世界历史性影响的行为制度与模式。‘现代性’大略地等同于‘工业化的世界’”。现代社会以来，后发国家，如殖民国家的中国、巴西、印度等，传统文化被“资本主义”现代性切割、撕裂和撞碎。自由（作为现代性的核心）成为现代社会的基础。现代性的解构首先是在一个拥有传统和固定信念的世界里开始动摇传统和信念的。正是现代性的这种解构的强大力量促使传统被一点点肢解，最终社会的传统结构被一种类现代性的方式代替。中国接受的现代性的社会解决方案就是“现代化”实践。最近，这一现代化方案正转变为实

践之“复兴之梦”。

在九三学社建立之初，九三创始人正是血气方刚的年龄，看到山河破败，于是归罪于传统，敢于向传统挑战，并积极向着现代性设计方案迈进，于是造成了中国启蒙运动的浩浩荡荡，摧枯拉朽，势不可当。这在当时时代背景下，是不得已而为之的选择。中国发展到今天，现代化取得了巨大成功，九三学社知识界人士无疑发挥了重大作用。但是，我一直认为，九三学社的忠诚卫士们，到目前为止，依然还是停留在建立之初时的思想状态和水平。在一种强大的官方哲学贯通的背景下，科技界知识分子们对于政治之民主的理解到底发生了什么变化？以及如何正确地建立一种科学的哲学观？我想这将是一个重要的挑战。当西方一大批思想家开始反思“现代性”的悖反性，在一种警惕和反思的意识上思考现代性时，即认为“它的内部具有极大的破坏潜能，这种潜能实际上已经被道出，并且经常被某些最激进的批评者挂在嘴边。他们将现代性视为一种道德上的破坏性力量，强调它的某些核心特征的消极后果。”而我们的科学家，我们整个社会正视现代性的核心动力，如科学和民主、自由，为最忠诚的依靠。他们以自身之力报效祖国的劲头依然是那么强劲。这不得不使我们表示出足够的敬佩！但是，由于九三学社知识分子们天然地与政治保持距离，所以，在学术自由、科技研究与政治风云的考验之间存在着传统使命和信念与现实之间的矛盾冲突。

面对时代的压力，面对传统即将丧失掉的危险，面对经济增长带来的政治腐败问题的巨大破坏性，面对贫富差距的改革开放结果，面对科技之毁灭性的负面效果，面对经济发展、生活富裕带来的生态失衡和环境被破坏的现实，九三学社知识分子们需要走出困境，需要逆转心态，需要反思性批判意识的成长。对于自由与平等的关系，对于民主宪政体制的完善，对于社会自由力量的加以引导，对于制约政府的权力集中，加强和扩大监督力量上，也即进一步增强民主监督上，九三学社能否突破政治制度的约束和瓶颈，确立一种良好的价值观，都需要九三成员加以深入思考。

最终我们提出以下问题作为本论文结尾以引发众人思考；但作为一种实践理论，它却刚刚开始！

1. 一个参政党的清醒首先是思想的清醒和成熟。理论建设始终是摆在目前首要位置的课题。从九三学社最近几年的成员结构的变化来看，社会科学乃至哲学界的专家和学者开始逐步踏进九三学社的学术氛围，这对于进一步充实社科和人文知识力量将起到重要作用。

2. 民主和科学作为一个反思和认可的主题，其历史背景已经发生改变，那么对于民主的定义应该有重新的构建，对科学的认知应该有个精准的哲学反思。这是一个亟待完善的任务。

3. 不能只是在执政党政权的边缘"参政"，对于实质性内容应该有建设性的意见。根本上说，由于中国是特殊的"共和体制"下的多党合作、一党执政的政体形式，在如何更好地帮执政党执好政，该如何作为，是过于宽容，还是敢于批判；是只求中庸，还是敢于针砭时弊；是委曲求全，还是努力争取，九三学社将有大量的工作要做，而且不只是不痛不痒地诉说。

4. 应该正确地认定"参政议政"的真正意图和确实成效。参政议政不是空喊口号，人云亦云，而是要喊得响，建议准，工作实，推进监督体系构建。

5. 九三学社所有成员，尤其是那些担当一定政府要职的社员同志们，同样应该牢记"权力使人腐败，而绝对的权力绝对使人腐败"，防止在现有政治体制模式中参与集体腐败。

6. 科学家的任务不仅仅是"发明"、"创造"，不仅仅是封闭式地关心数理几何和物理天文等知识，他更应当是社会实践者和富有同情心的"人"，在更高意义上，他应该担负着保卫和平和自由的历史重任，在维护正义和尊严上，他们同样是最忠实的守护者。

（作者马栋系九三学社辽宁省辽阳市委会干部）

责任编辑：张源

民主与科学　永恒的旗帜

赵银萍

半个多世纪以来，九三学社秉承爱国、民主、科学的优良传统，同中国共产党在争取民族独立和人民解放的宏伟事业中风雨同舟，在社会主义革命和建设的历史进程中携手前进，在改革开放和社会主义现代化建设的伟大实践中团结奋斗，发展成为一支建设中国特色社会主义事业、维护国家安定团结的重要力量。

60多年的发展历程中，民主与科学，始终是九三学社的魂魄，是九三学社的根基，是九三学社永恒的旗帜。

一、民主与科学光荣传统的定义

民主与科学，不是我国固有的，是西方社会发展的文明成果。民主一词源于希腊字“demos”，意为人民。其定义为：在一定的阶级范围内，按照平等和少数服从多数原则来共同管理国家事务的国家制度；科学一词，英文science，意指发现、积累并公认的普遍真理或普遍定理的运用，已系统化和公式化了的知识。但这只是狭义的民主与科学的概念，并不包括广义的民主与科学的精神。对于九三学社来说，民主与科学的光荣传统，更是一种用来引领社员思想、融于我社的骨子里的意识，是广大社员一致认同并奉为行动准则的价值观念，也是世界观和方法论。即倡导不迷信、不盲从、自立、自主、平等、自由之精神。

民主与科学的定义不是抽象的，而是具体的、历史的、具有阶级内容的范畴，其内涵和外延是随着历史的发展而不断变化的。

1915年，陈独秀创办《新青年》杂志（创刊时称《青年》杂志），在创刊号上，他“敬告青年”要“各有自主之权，绝无奴隶他人之权利，亦绝无以奴自处之义务”。“自人权平等之说兴，奴隶之名，非血气所忍受。”“我有心思，自崇所信”，“盖自认为独立自主之人格以上，一切操行，一切权利，一切信仰，唯有听命各自固有之智能，断无盲从隶属他人之理。”他所倡导的民主，是针对北洋军阀的封建反动统治，反对的是中国封建专制统治，是西方资产阶级民主，他所号召的科学，针对的是当时愚昧落后的思想，反对的是迷信和盲从，主要指的是我们现在所说的自然科学范畴。这在当时的时代背景下是进步的，对新文化运动的发展起到了十分重要的作用，成为五四运动的思想启蒙。我社发起人许德珩、潘菽等前辈，在亲历五四这场伟大的爱国运动的过程中，所秉承的也正是这样的民主与科学精神，并随着抗日战争的胜利、新民主主义革命的完成和社会主义建设时期的到来，不断地结合九三学社的发展，赋予其新的内涵。

在现阶段条件下，继承和发扬民主与科学的光荣传统，就是以马列主义、毛泽东思想、邓小平理论和“三个代表”重要思想为指导，深入贯彻落实科学发展观，按照国情，坚持党的领导，坚持人民民主专政和人民代表大会制度，坚定不移地走中国特色社会主义发展道路，实事求是地去研究各种新情况，正确地解决各种新问题，切实落实好中国共产党第十八次全国代表大会所制定的各项方针政策，与全国人民一道，为实现中国梦而努力。

二、民主与科学的内容

与定义一样，内容也是有其时代特征的，较之新民主主义革命阶段，当前时期民主与科学的内容也大有发展。根据 2012 年 12 月 4 日九三学社第十次全国代表大会新修订的《九三学社章程》内容：本社弘扬民主与科学精神。在建设中国特色社会主义新的历史时期，弘扬民主与科学精神，要在发展社会主义民主政治中，把坚持中国共产党领导、人民当家做主和依法治国有机统一起来，为建设社会主义政治文明，推进社会主义民主与法制建设，做出不懈努力；要贯彻“科教兴国”和可持续发展战略，大力推进创新型国家建设，积极发挥我社科技人才比较集中的特点和优势，充分调动广大社员的积极性、创造性，努力弘扬科学精神，倡导科学方法，崇尚高尚的学术道德和职业道德，为推进科技创新、促进科技进步、培育科技人才、发展先进文化、普及科学知识，提高全民族的科学文化水平，不断做出贡献。

简而言之，九三学社民主与科学光荣传统在当前时期的主要内容即是，坚持走中国特色社会主义政治发展道路，不断推进社会主义民主进程；不断发挥我社科技优势，推进科教兴国战略的实施。

三、民主与科学光荣传统的形成与发展

民主与科学，最早源出于五四运动，德先生和赛先生，这两位先生给了在迷茫彷徨中探索与求索的中国人思考的启蒙，它唤醒了以中国共产党人为先驱的中国人民的思想和灵魂，从此进入了中国现代革命的历史新篇章。五四运动，高举的就是民主与科学的大旗，提倡民主、反对独裁专制，提倡科学、反对迷信盲从，开启了中国新思想的闸门。民主与科学的精神，从根本上动摇了千百年来根深蒂固的封建正统思想。

九三学社前身为抗日战争后期一批进步学者发扬五四运动反帝反封建的爱国精神，以民主、科学为宗旨，在重庆组织的“民主科学座谈会”，后为纪念 1945 年 9 月 3 日抗日战争和世界反法西斯战争的伟大胜利，改建为九三学社。

在 1946 年 5 月 4 日，九三学社成立大会上发表的《九三学社缘起》中这样表述：“而民主的新中国之建设，经纬万端，科学与近代工业之发展，人民生活之改善，基本自由之保障，与夫社会之改造，以期侪列于世界强国之林，要为急不可缓之举。本此要求，发起‘九三学社’，冀从世界之观点，科学之立场，对以上任务有所尽力，世有同志愿进而教之者乎？是所望也。”并且在《成立宣言》中指出：“今日适为‘五四运动’28 周年纪念日，‘五四’所号召于国人者，为科学与民主，今时间过去虽已二十余年，而民主与科学之要求实较前迫切，本社同人，即本‘五四’的精神，为民主与科学之实现而努力，始终不懈，谨此宣言。”

由此我们可以看出，九三学社成立之初，所秉承的就是“五四”精神，而五四精神的核心内容为“爱国、进步、民主、科学”，这其中，爱国主义是源泉，而民主与科学是核心，即彻底地、不妥协地反帝反封建的爱国精神。

九三学社的创始人许德珩曾参加五四运动，负责起草《五四宣言》，并参加示威游行，遭北洋政府逮捕。自此，便在九三学社埋下了民主与科学的种子。直到九三学社成立，这粒种子正式在九三学社生根发芽。九三学社另一位先贤张西曼1919年7月在北京大学任教时，与李大钊、陈独秀等一起组织社会主义学说研究会，学习宣传俄国十月革命的经验，1920年翻译出版《俄国共产党党纲》，为中国共产党的创立和马克思主义在中国的传播提供了重要借鉴和参考，也为传播社会主义民主做出了重要的贡献。

许德珩等九三学社的前辈先贤，正是在五四运动的潮头上受到的洗礼，从而创立了九三学社，在中国共产党的领导下，与各民主党派和全国人民一道，共同开创了中国历史的新纪元。

国共和谈和旧政协期间，九三学社始终坚持“民主与科学”的精神，坚定地支持中国共产党的主张，反对内战，反对独裁，周恩来曾经评价说：“九三学社是抗战后期成立的，在民主运动中起了很大的作用。”解放战争期间，九三学社严正声明不承认伪“国民大会”，赞成中国共产党的各项主张，与中国共产党团结合作，积极参加反对国民党独裁统治的民主运动，为争取新民主主义革命的胜利而斗争。1949年1月，九三学社发表宣言，响应中共中央“五一”号召和毛泽东的八项和平主张，拥护召开新政治协商会议。1949年9月，九三学社代表许德珩等参加了中国人民政治协商会议第一届全体会议，参与了《共同纲领》的制定、中央人民政府的组成和中华人民共和国的成立，为成立新中国做出了积极贡献。新中国成立后，九三学社以中国人民政治协商会议《共同纲领》和政协章程总纲作为自己的政治纲领，积极参与国家政治生活中重大问题的协商，组织成员参加民主改革和社会主义改造运动，为发展科学技术、教育和医药卫生等事业做出了重要贡献，走上了为社会主义服务的道路。

韩启德主席说过：爱国、民主与科学优良传统是九三学社老一辈传承给我们的宝贵精神财富，是感召凝聚九三学社社员的一面旗帜。追求爱国、民主与科学，与中国共产党思想上同心同德、目标上同心同向、行动上同心同行，是九三学社历久弥新的政治信念。时至今日，这一优良传统依然闪耀着真理光辉，焕发着时代风采。

正是与中国共产党风雨同舟、患难与共的历程中，一代又一代的九三学社成员继承了民主与科学的光荣传统，并不断赋予其时代内涵，最终使之成为全体九三学社成员的共同信仰和永恒的旗帜。

（作者赵银萍系九三学社吉林省委会干部）

责任编辑：张源

弘扬民主与科学精神

——继往开来谱写九三新篇章

刘 琨

五四运动同时举起科学与民主两面大旗，是一个伟大的历史进步。五四运动启蒙先驱已经开始认识到民主与科学的互为依存关系，民主与科学“若舟车之有两轮焉”，缺一不可，必须以“科学与人权并重”，这样的认识是此前几十年近代化屡被中断的一个血的总结。

一、民主与科学的源流

民主与科学是两个不同的范畴，民主是政治范畴，而科学可以视为哲学范畴、认识论的范畴，两者的解读视角是多方位的。

（一）“民主”理念的来源

“民主”一词很早就出现于中西文化中，并且都与社会政治有直接联系，但是，古代中西文化中的“民主”含义截然不同。中国古代的“民主”基本含义是“人民的主人”，在西方，英文中的“民主”（democracy）一词来源于希腊文“demokratia”，由“demo”和“kratia”两字合成，“demo”是指人民，“kratia”是指统治或权威，因此，“民主”一词按希腊文直译，意思就是人民的政权。古希腊政治学家亚里士多德在政体形式的意义上使用“民主”一词，他认为民主制即是多数人执政的政体，以此区别于一人执政的君主制和少数人执政的贵族制。

在人类政治学说史上，诸多政治思想家曾就民主的含义作过论述。17 世纪英国政治思想家洛克沿袭了古希腊的民主含义，认为民主就是人民的统治；18

世纪法国思想家卢梭进一步发展了洛克的理论，提出人民主权原则，认为民主的本质就是人民主权的实现，洛克和卢梭对于民主的解释被人们称为“古典民主理论”；20 世纪奥地利经济学家约·阿·熊彼特认为民主的现实含义应该是人民有权通过投票决定由谁来充当政治精英，被称之为“精英民主理论”；20 世纪英国社会主义者、政治学家乔治·道格拉斯·霍华德·柯尔是“参与民主理论”的代表人物，他认为民主就是一种人民参与的政治制度，而实现这种参与的社会政治形式则是以社团为基础的自治，柯尔的民主观对当代民主理论影响巨大。

马克思主义经典作家在无产阶级革命斗争实践和理论研究中，对民主的内涵做了深入探讨和大量阐述，根据马克思主义对于民主内涵的论述原则，民主定义为：在特定的经济关系和利益关系基础上，保障公民政治权利得到平等实现的政治形式。在阶级社会中，它表现为以特定阶级利益为基础，平等实现社会成员政治权利的国家形式。社会主义民主是无产阶级和劳动人民通过社会主义革命而建立起来的政治形态，是保证无产阶级和广大劳动人民政治权利得到广泛、真实、平等实现的政治形式。

（二）“科学”理念的来源

在古代，不论是中国，还是被誉为科学故乡的希腊都没有“科学”这个名词。在古希腊人们用“自然哲学”一词来称呼近现代被人们称为科学的东西，这是因为在古代的西方，科学往往与宗教、哲学交织在一起，且处于次要的附属的被支配地位，“自然哲学”这种称呼一直沿用到近代科学革命之后。“科学”一词源于南欧中世纪的拉丁文 science，1833 年在英国剑桥召开的英国科学促进会的一次会议上，著名科学史和科学哲学家威廉·休厄尔建议仿照艺术家（artist）一词，采用一个新词“科学家”(scientist) 来称呼像法拉第那样一些在实验室从事研究，探索自然奥秘，增进人类自然知识的人。

法国早于英国在 17 世纪首先使用 science（科学）一词。西方人把“科学”理解为一种关于自然现象和社会现象的有条理的系统知识，即知道、认识和学问，英国人把科学理解为自然科学，而法国人和德国人则把科学理解为自然科学、社会科学和哲学之和。

“科学”一词在19世纪末20世纪初从日本引入中国。1868年日本明治维新后，有一位赴欧洲留学的日本学者接受了法国哲学家孔德关于科学分类的观点，把science译成日语“一科学”或“一科一学”，其目的是为了区别一统体系的儒学，直到1880年，日本才把“科学”一词正式固定下来。1896年，中国学者梁启超在《变法通义》中首次吸纳使用日本的“科学”一词。翻译家严复在翻译《天演论》和《原富》两书时，也将“science”一词译成“科学”。此后，在中国各类书刊中广泛采用“科学”这一用法。

二、探索民主与科学的历史进程

现代意义的民主观念是舶来品，在中国得以成长并逐渐被接受，其始于五四运动时期，当时的“德先生”与“赛先生”（即民主与科学）有无数的拥趸者，这说明了民主与科学相对于中国封建制度的先进性和号召力。

（一）民主实验反思和民主实践促成中国民主的本土化建构

中国民主的制度试验始于君主制度的终结之时，即孙中山先生领导的辛亥革命之后。以“五权宪法”为标志的中国资产阶级民主制度对人民权利、政府权力制衡、选举、地方自治等有了深入的认识，并对西方民主制度进行了改造，但是这种缺乏社会力量支持的内阁政体导致了民国初年政治上的严重失范。辛亥革命给人民带来了民主氛围，却没有给人民带来心理与社会层面上的适应，民国初年的民主试验成为解决中华民族危机和国家建设的工具，民主的工具意义远大于目的意义。

五四运动的爆发是知识分子对于中国民主及其走向的新反思，“五四”新文化运动的领袖们大力宣传人的解放、个性的解放，强调健全的个人主义才是民主政治的基础，使之前流于工具理性的自由、民主、平等口号具有价值理性的特征。五四运动后民主思潮开始日趋活跃，出现了新民主主义的民主思想同资产阶级民主思想相互较量的格局。中国民主的发展经历了不同的实践过程，这其中有

1922年中国共产党“二大”提出的“真正民主共和国”的新民主主义民主设想；孙中山先生的新三民主义民主；1927年大革命失败后中国共产党人在江西建立的工农民主政权初试和资产阶级中间派的改良主义民主；抗战期间中间势力所主张的宪政民主；抗战后中国共产党人所提出的新民主主义民主。在越来越多的人关注中国民主进程的情况下，民主在中国开始了本土化的建构，出现了适应中国需要的民主诉求和民主模式。

（二）“科学”理念的继承与发展

“科学”一词是外来语，中国古代用“格致”一词涵盖现代所用的“科学”一词的内涵。明末（1621年）出版的《空际格致》一书，“空际”相当于自然，格致相当于科学，合起来就是自然科学，书中介绍了古希腊亚里士多德的四元素论。到了清代后期，中国人更把声、光、化、电等所有自然科学内容统称为格致，近现代中国学术界放弃“格致”一词，吸纳“科学”一词是中国学术走向世界、融入世界的一个进步。

西方近代科学革命发生之时，也正是中西科学开始接触之际，欧洲天主教耶稣会16世纪末开始来华传教，西方的科学技术开始传入中国。但此后的200多年中，中国并没有走上欧洲近代科学的发展道路，主要原因是中西方科学文化传统的差异、中国的封建体制和清朝统治者的闭关锁国政策等。经过1919年的五四运动，科学才开始确立了在中国现代社会中的地位。科学是人类社会活动的一部分，受社会状况的制约，只有国家兴旺发达，科学才可能有广阔的发展空间，近代中国的历史充分证明了这一点。当代中国正处于伟大的复兴时期，科学技术的复兴也必将在民族复兴的伟大进程中得以实现。

（三）九三学社继往开来的历史贡献

九三学社（简称“九三”）的前身是由一批爱国的学术人士于1944年在重庆成立的“民主科学座谈会”，1945年9月3日，为纪念抗战胜利，改名为“九三座谈会”，1946年5月4日正式成立九三学社，主张继承五四运动的民主与科学传统，反对内战，实现民主。在解放战争时期，九三学社与中国共产党风雨同舟，并肩作战，为民主革命的胜利共同做出了贡献。1948 年 5 月，九三学社响应中国共产党关于召开新政治协商会议，成立民主联合政府的“五一”号召。1949 年 9 月，参加中国人民政治协商会议第一届全体会议，参与制定具有临时宪法性质的《共同纲领》，选举中央人民政府。新中国成立后，九三学社以《共同纲领》和政协章程总纲作为自己的政治纲领，积极参与国家政治生活中重大问题的协商，组织成员参加民主改革和社会主义改造运动，为发展科学技术、教育和医药卫生等事业做出了重要贡献，走上了为社会主义服务的道路。

中共十一届三中全会之后，九三学社进一步明确了性质、地位和作用，以经济建设为中心，坚持四项基本原则，坚持改革开放，履行参政议政、民主监督职能，为建设中国特色社会主义事业做出了显著成绩。近一段时期，九三学社充分发挥科技界人才密集的优势，围绕着国民经济重大课题进行调研，提出了许多有价值的意见和建议，为我国科技创新和发展提供了大量有益参考。与此同时，九三学社各级组织努力开拓参政议政的新领域，重视与地方合作，实现从单一支边扶贫到全方位为地方经济社会发展做贡献的转变，并多渠道、多层次开展海外联络工作，为促进祖国和平统一积极贡献力量。

三、传承民主与科学精神的现实意义

思想文化的现代化与现代化人格的塑造要远比政治经济变革困难，尽管政治经济的现代化也必将伴随着重重阻力。五四运动所高扬的民主与科学精神在当今社会仍有重大的启蒙意义，仍然是改革开放所热切呼唤的时代精神。

（一）有利于中国社会的稳步发展

坚持民主与科学精神可以为特殊群体政治参与的扩大提供现实渠道。九三学社以科技界高中级知识分子为主，这个群体具有比较强烈的爱国热情和参政意识，坚持民主与科学既可以满足这些人的参政意识，又可以及时化解矛盾，使利益表达、情绪宣泄、政治参与等方面都有顺畅的渠道，能使国家更好地解决部分与整体、部分与部分之间的利益关系，避免利益格局的冲突与失衡，保证社会发展的有序性和稳定性。正如邓小平所指出：“共产党总是从一个角度看问题，民主党派就可以从另一个角度看问题，出主意。这样，反映的问题更多，处理问题会更全面，对下决心会更有利，制定的方针政策会比较恰当，即使发生了问题也比较容易纠正。”

（二）有利于执政党的建设

中国共产党处于执政地位，自身的素质对社会主义事业的发展有着决定性的影响，这就需要党内外有效的监督，使执政党及时听到不同的意见和批评，克服缺点和错误，有利于加强执政党自身的建设。传承民主与科学精神可以使各行各业民主党派的专家学者提出不同的意见和建议，能够对中国共产党提供一种单靠自身力量所不容易提供的监督，有利于集中各阶层、各不同利益群体的意志和智慧，使执政党和中央政府在把握社会脉搏、了解群众呼声的基础上，制定出符合广大人民群众要求的方针政策，从而实现重大决策的民主化和科学化。这也有利于各参政党在社会主义民主建设中的优化组合，使其在多党合作的总格局中找准自己的位置，实现自身的价值，维护好民主、和谐的政治局面。

（三）有利于弥补社会文化的不足

民主与科学精神是人类优秀文化成果的精髓，要继承与发展先进文化，就必须吸收弘扬这种精神，以弥补中国社会文化中的不足，推动先进文化的建设。在当前社会形势下，我们应该普及科学文化知识，提高国民教育水平；提倡实事求是的精神，弘扬社会正气；鼓励接受创新，宽容文化多样性；培养公民勇于独立判断、锐意开拓进取的精神品质。倡导社会的每位公民都具备良好的文化素质，自觉增强自立意识、竞争意识、效率意识、责任意识、民主法制意识和开拓创新、求实进取的精神，反对和抵制拜金主义、享乐主义、极端个人主义等腐朽思想，荡涤带有迷信、愚昧、颓废、庸俗等色彩的落后文化，努力形成学科学、爱科学、讲科学的社会风气和民族精神，创造一个全民崇尚和认可民主与科学精神的良好社会环境。

民主与科学精神被当代人赋予了新的时代内涵，在当今中国社会依然具有重要的指导地位。中国的执政党正在循着民主科学之路提高执政能力和水平，各民主党派也应积极地在全社会倡导民主与科学精神，发展人民民主，繁荣科学事业，引导人民大众沿着民主科学之路建设社会主义，发展社会主义，这正是民主与科学的双重价值担当。

（作者刘琨系江苏理工学院思想政治理论教学部讲师）

责任编辑：张源

救国梦与九三学社民主科学精神的形成

何　兰

民主与科学精神是九三学社与生俱来的优良传统，源于20世纪初的五四新文化运动，形成过程与九三前辈致力于救国梦的实现过程同步。对于救国梦的不懈追求，成为九三学社民主科学精神形成并不断升华的基本动力，而民主科学精神又成为九三人追梦的两大支柱。爱国、民主、科学构成了九三学社的核心价值体系，也是中国特色政党制度的坚实基石。

一、救国梦与五四民主科学精神的继承

九三学社的民主科学精神直接传承于五四新文化运动。五四新文化运动集中体现了20世纪初激进民主主义者与早期的社会主义者对于救亡之道的全新思考，其核心价值理念就是民主科学精神。九三学社的主要创始人许德珩、潘菽等人，本身就是五四运动的直接参与者和五四新文化精神的直接继承者。

（一）五四新文化运动以救亡图存为背景

五四精神的核心是民主与科学，以20世纪初中国的救亡运动为时代背景。19、20世纪之交的中国，中国半殖民地半封建社会已完全形成。先进的中国人，从洪秀全到孙中山，一直在寻求并实践各种救亡方案，但均以失败告终，其救国梦想一一化为泡影。由是，中国先进知识分子从思想文化的角度开始新的思考。1916年，蔡元培受聘任北大校长，以“学术自由、兼容并包”为治校方针，自由、包容的学术环境，使北大成为五四新文化运动的发祥地。陈独秀、李大钊、胡适、周树人、周作人、钱玄同等都是新文化运动的主要发起者，民主与科学是

他们的共同呐喊。

（二）五四新文化运动以民主科学为救国方案

新文化运动以民主与科学为主要旗号。有民主科学旗手之称的陈独秀认为，科学与人权的并兴乃是西洋文明之所以优越的原因，人权（民主）、生物进化论（科学）、社会主义（基于科学观念基础上的现代文明生活方式）等三事则是西方文明演进的基本特征。借鉴西洋文明的经验，科学与人权应是拯救时下中国的不二方案，不仅如此，西方文明演进的基本特征，也为未来中国的现代性演进提供了一种方案设计。此外，陈独秀提出的"科学"，在近代以来多以"格致"名之，上文述及的生物进化论，亦属科学范畴。"人权"则是后来《新青年》言必称的"民主"。再后来两者又分别被"德先生"和"赛先生"的雅号所取代。从其内涵来看，陈独秀的"科学"更多体现在精神层面，要以科学求真实，以科学对抗君主专制，拯救中国于水火。陈独秀的"民主"矛头直指封建专制制度，价值取向实为西方民主政治制度。

五四运动为新文化运动早期的民主科学概念注入新内涵。李大钊有关"德谟克拉西与社会主义，在精神上亦复相同"，其在"政治上、经济上、社会上，都要尊重人的个性。社会主义的精神，亦是如此"，无产阶级的民主是一种新的德谟克拉西等论断，丰富并拓展了早期新文化运动民主思想的内蕴。

民主科学思想的提出，为困惑中的国人指出一条新的救亡思路，在器物、技术、制度、精神文化的嬗变过程中，从文化救国的维度，把中国的近代化发展推向了巅峰。

（三）救国梦与五四民主科学精神的传承

当时，同为北大学生的九三前辈许德珩、潘菽、杨振声，以及北平高师的初大告等，怀揣救国梦想，积极投身五四新文化运动。他们或创建、参与进步社团，或编辑爱国进步刊物，或深入民间开展爱国宣传，还直接投身五四爱国大游行，因此也都成为北洋政府逮捕的 32 名学生之一。其中，许德珩的事迹尤为突出，他不仅是五四运动的直接参加者，还是重要的组织者之一，也是《北京学生天安门大会宣言》的起草者。

五四新文化运动对后来九三学社的成立影响如何，笔者认为，主要有以下三点：

其一，五四民主科学精神在救亡图存的特定背景下形成，具有强烈的爱国救亡特质。许德珩等九三前辈正是抱着救国的梦想，积极参与了五四新文化运动，而该运动的特质又进一步影响了包括九三前辈在内的一代进步青年走上科学救国、民主救国的探索之旅，为实现救国之梦而毕生奋斗。

其二，五四新文化运动力倡的民主科学精神，把前人对于西方民主科学的引进学习，从器物及制度的层次上升到精神文化的更高层次。不仅如此，五四民主还提出了社会主义民主的新概念与社会主义救中国的新课题。五四民主强调人格独立与人的思想解放，李大钊进而又提出人的经济解放问题，这就提出了现代化最终是人的现代化的全新议题。五四科学在前人主张学习西方先进技术的基础上，增加了科学精神与科学方法的新内容，既然科学与人的思想解放密切相关，现代化最终是人的全面现代化，在救国路径图上，又增加了教育救国的新思考。在民主与科学的关系上，五四精神强调两者相辅相成，密不可分，这也体现了五四精神的一种超越。民主与科学的引进并非从陈独秀开始，但是强调民主与科学若舟之两轮，科学与人权并重，却是从新文化运动开始，说明激进的民主主义知识分子，已经从中外近代发展史中认识到，民主与科学自身的互为依托与互动发展在社会进步与发展中的支柱作用。

运动期间，爱国知识分子所表现出的强烈的忧患、担当意识、进取与改造意识等都进一步丰富了五四精神的内蕴。五四爱国、民主、科学精神构成了未来九三学社优良传统与精神架构的源头。

其三，五四新文化运动的巨大包容性造成了五四时期新青年知识群体的学术资源、知识背景、思想路径、价值趋向的差异性，但他们在铺垫“科学”与“民主”的底色上却并行不悖。五四新文化运动的学术自由性也带来了救国方案、救国路径的不同思考，但其规划性描述、现代性路径选择的深层，均共有一份对于“科学”和“民主”的执著与坚持。再从未来党派身份来看，在五四群体中，除了九三前辈之外，还容纳了未来中国国共两党及中间人士的众多精英才俊，但救国梦及其对于民主科学的一致追求，仍是他们聚合在一起的共同基础。结合以上的思考，推及未来中国政治制度的走向，可以很清晰地看到，中国与西方形成政党制度的土壤并不相同，各类知识精英于救国梦的共同承载，民主与科学精神的一致认同，势必对未来中国特色的合作型政党制度产生深远影响。

二、九三前辈科技救国路径之探索

（一）科学救国思潮的流行与留学潮的涌动

五四运动之后，科学救国的思潮进一步壮大，一代进步青年把救国梦的路径延展到西方资本主义国家，20世纪20年代前后，一股爱国青年的留洋学习潮开始涌动，并延展至整个20世纪上半期。九三前辈几无例外均加入这股潮流之中，其足迹遍及日本、西欧、北美三大留学中心，他们或基于近代中国落后挨打的痛苦回忆，选择科技救国的路径，或从西方工业主义与中国农耕文明较量中所显露的强势，选择实业、工程救国的路径，或基于中国面貌的改观乃在于国民素质的提高，选择教育救国的路径，也或基于西方共和国方案在中国的受挫，而试图另辟蹊径，寻求非资本主义的救国方案。总之，他们所涉及的专业领域，几乎涵盖了西方先进科技的所有领域。

（二）科技救国与科学理论救国路径的探索

在科技救国的路径上，美国因其在“一战”后最领先的科技地位与最强大的工业国地位，吸引了众多的九三前辈前往学习。以江苏籍九三前辈为例，冶金学家周志宏，无线电子学家朱物华，物理学家周培源，心理学家潘菽等，都是在20世纪20年代怀揣科技、教育救国的梦想赴美留学的。

在五四之后的留学潮中，除了科技救国之路的探索之外，还有着九三前辈许德珩、储安平等人从政治思想、科学理论、社会思潮角度对于救亡之路的思考。1920年，许德珩怀抱救国的梦想，去法国勤工俭学。留法七年期间，他专注于马克思主义、社会主义学说的学习与思考。1936年，储安平以南京《中央日报》副刊编辑身份赴英国采风，之后进入伦敦政治经济学院学习，受教于著名的费边主义者、“社会民主主义理论家”、有“红色教授”之称的哈罗德·拉斯基教授。从储安平留下的《英国采风集》及其主编的、在民国时期影响极大的《观察》杂志，可以看出社会民主主义对他的思想影响。

（三）救国梦与海归潮

与留洋潮交织并行的是海外学子的归国潮，这一股潮流同样席卷于整个20世纪上半期，尤其是在中国国内时局发生重大变化之际，总会吸引心系祖国的大量留学生海归。九三前辈中，辛亥革命之际由日本归国的有梁希，五四运动之际由法国归来的有何鲁。国民革命如火如荼之际，有许德珩、潘菽等人的归国，抗战伊始，有徐芝纶、张光斗等人的归国。留洋潮与海归潮交织并进，成为20世纪上半期一道十分亮丽的风景，九三前辈则是其中十分重要的一个组成部分。

（四）海派经历对于九三民主科学精神的影响

“海归”九三前辈构成了后来九三学社的中坚力量，一些人更成为后来九三学社的直接创建者与重要领导人，如许德珩、何鲁、涂长望、税西恒、吴藻溪、梁希、潘菽、金善宝等，这就不能不影响到后来九三学社政治价值体系的构筑。

其一,九三前辈的海外学习经历始终以救国梦想为驱动力，以科技救国、科学理论的探索为主题，以国家的需要决定其在所在国的去留。爱国主义作为后来九三学社的首要精神建构得到进一步加强。

其二,九三前辈深入欧美资本主义文明的故乡，立足世界先进科技前沿，在学习、实践、研究的过程中，他们了解到相关领域的最新技术，以及研究、实验的方法，科学的态度、科学精神进一步养成，科学救国的思路开始清晰，这就使他们将五四时期科学救国的笼统思考化为科学救国路径的具体实践。不仅如此，九三前辈在学习研究中所表现出的求真务实、超越进取、勇于创新的精神，也将影响到未来九三学社的精神气质。九三前辈的海外经历还使他们实地看到了科技进步对于西方社会发展与进步所起的火车头作用，进一步加强了科技救国、科技兴国的信念。由此，九三前辈将五四时先人侧重于科学救国功能的思考，推进至对于科学兴国功能的思考，在战争与革命的主题之外，提出了现代发展的主题，从而丰富了九三科学精神的内蕴。

其三,一直以来，欧洲总是扮演着世界思想智库的角色，对当代世界影响极大的马克思主义与社会主义、社会民主主义、法西斯主义均源于欧洲，并最早实践于欧洲。正是在留欧期间，许德珩接受了马克思主义、社会主义，储安平受社会民主主义思潮影响甚大，涂长望直接参与了英国的民主进步运动，这些新的变化势必进一步充实五四民主科学精神，并进而影响到未来九三学社的精神架构。

需要指出的是，在留法勤工俭学的道路上，还聚集了一批同样怀着救国梦想，并且已经接受了马克思主义与社会主义思想的进步青年，他们从实践的层面，开展各种社会主义的宣传、组织活动，他们当中的不少人尔后成为中共早期的重要领导人。九三前辈许德珩与蔡和森、周恩来、陈延年等人多有联系，关系密切。他们于救国梦想的共同承载，于勤工俭学路上的结伴而行，于探索过程中共同理念的接受，又不能不影响到未来中国特色的合作型政党制度的形成。

其四，西方留学之行，使九三前辈对于民主与科学并重且互动发展的关系，有了实地的验证。目睹民主科学对于西方社会进步的推动、对于西方民主制度进一步完善的推进，使九三前辈对于民主与科学并重的五四精神，又多了一份执著与坚守。

三、九三前辈科学救国之早期实践

20 世纪早期，九三前辈对于民主科学救国的践行，主要表现在以下四方面：

（一）科技兴国、教育立国的早期实践

教育是九三前辈以科技救国、推动中国早期现代化进程的十分重要的领域。本文取 20 年代中国高等教育为横断面，以 20 年代初筹建成立的东南大学（在南高师基础上形成，1928 年更名为中央大学）为切口，考察九三海归前辈在引进新的教育理念、革新教育及人才培养中所发挥的作用。

20 世纪 20 年代是中国高等教育效仿欧美、建设新型大学的重要时期。当时

的东大与北大齐名，以科学名世。九三前辈金善宝、何鲁、茅以升、陈鹤琴、潘菽等都是在教育大变革的背景下陆续来到东大，开始其教育救国的实践。现代大学的建设与科技精英的培养，对于中国早期现代化进程的推进意义重大，也对新中国的现代化建设起到了奠基作用。

（二）救国梦与科技、文学服务抗战

战争期间，九三前辈坚持科技救国和文学救国并举，为中华民族独立和新中国的解放事业发挥了十分积极的作用。其中，物理学家严济慈与他的研究团队，全力从事军需用品的研制和与国计民生有关的应用物理研究，气象学家涂长望利用气象科技服务于抗战，农学家金善宝为改善大后方的民生问题致力于小麦育种研究等。还有一些九三人以笔为枪，以报刊为战场，纷纷开展抗日救亡活动的宣传，极大提振了抗战士气。

（三）救国梦与民主抗战

在民主抗战方面，皖南事变期间，吴藻溪不畏专制强暴，连续在《新华日报》发表数篇署名文章，公开抨击国民党的残暴行径，旗帜鲜明、立场坚定地维护中国共产党的抗日民族统一战线。褚辅成、许德珩以社会名流、教授的身份，参与国民参政会的政治活动。作为续任的资深参议员，他们在国民参政会的早期阶段，以其社会影响及相关提案，为全民抗战及各党各派合作抗日、民主抗日局面的形成发挥着积极作用；在国民参政会的后期阶段，他们与中共参议员密切合作，促进并参与战时两次民主宪政运动的开展。

（四）救国梦与马克思主义中国化早期进程

20 世纪早期，张西曼、许德珩等通过宣传十月革命，通过马克思主义、社会主义学说的翻译、著述及教学活动，促进马克思主义在中国的早期传播。

本文试从以下四方面对 20 世纪上半叶九三前辈的各种救国实践活动进行理解和把握：

第一，这些实践活动根本上仍是受救国梦信念的驱动。即便是九三学社组织

本身亦是在抗日救亡的形势下酝酿，在抗战胜利的时刻诞生的。爱国主义是九三学社最为宝贵的精神财富和永恒的精神支撑。

第二，九三前辈以科技兴国、教育立国的实践推动中国早期现代化进程，此举难能可贵。他们在科技、教育事业方面所做的努力，尽管在当时难以完全发挥作用，却成为未来共和国现代化演进的先声。他们在实践中所表现出的善于学习、与时俱进及勇于改革创新的精神连同其以科技教育推动中国现代化演进的规划蓝图，也一并充实、丰富并拓展了未来九三学社的科学精神。

第三，褚辅成、许德珩等人在国民参政会与中共及其他爱国党派为争取民主抗战、反对党治所做的努力，值得关注。一直以来，国民参政会被视为未来政协组织的雏形。在中共领导下，九三前辈在这一平台上与中共参议员及各党各派爱国进步人士密切合作，展开对汪精卫投降派及国民党顽固派的斗争，一定程度上，昭示出未来中国政党多党合作的政治格局。

第四，许德珩、张西曼等传播马克思主义、宣传社会主义、十月革命，促进第一次国共合作的活动，以及许德珩在马克思主义中国化早期进程中的积极作用，充分反映出九三前辈在科学世界观、政治价值观方面与中共的高度认同，尔后成立的九三学社自觉靠拢中共，接受中共领导，就再自然不过。进一步来看，爱国主义不仅是九三前辈，也是中共及各进步党派前进的基本动力。与时俱进，始终处于时代前沿；吸纳包容，融合影响世界各大进步思潮与学说之精华；进取践行，以回应时代课题的民主科学精神，也为中共及各进步党派一致认同，进一步奠定中国未来由中共领导、多党合作的政党格局基础。

在抗日救亡的烽火中，在中共的关心帮助之下，尊重科学、追求真理的九三前辈满怀救国梦想，开始了组织的酝酿筹建。有“民主运动中坚”之称的民国最高学府——中山大学，成为催生九三学社组织的策源地。

1939 年初，以中央大学的潘菽、梁希、金善宝、干铎、涂长望等教授为中心，形成“自然科学座谈会”。1944 年 11 月，褚辅成、许德珩等知名人士出面组织“民主科学座谈会”，自然科学座谈会与民主科学座谈会的成立奠定了未来九三学社的组织基础。1945 年 9 月 3 号是日本签字正式投降的生效日，为纪念伟大抗日战争的这一胜利时刻，民主科学座谈会更名为九三座谈会。1946 年 5 月 4

日，九三学社正式宣告成立。在其《成立宣言》及《基本主张》中，九三学社向世人明确昭告，九三社员将继续“为民主与科学之实现而努力，始终不懈”，为和平民主、科学发展的新中国而奋斗。如此，九三前辈历经半个世纪的追梦、奋斗过程所形成的精神结晶——爱国、民主、科学，外化为九三学社组织的名称，内化为九三学社的宗旨、精神、灵魂。爱国、民主、科学是九三学社与生俱来的优良传统，也是九三学社永恒的核心价值体系。

（作者何兰系江苏省扬州职业大学副教授）

责任编辑：张博燕

漫谈九三学社的民主和科学之路

严红艳

民主和科学是个古老而又新鲜的话题，在今天，仍可以说是个时髦的话题。自从德先生（democracy, 民主）与赛先生（science, 科学）来到中国，国人在观念里一直把它们作为一种舶来品，嫁接在我们这个悠久的国度。拿来后我们才发现，民主和科学确实是好东西，它们为现代社会的发展提供着养分和动力；它们又像是一对孪生兄弟，紧密相连、唇齿相依，割裂了任何一方，对方都不会生根、发芽、结果，它们是一对共生体。

之所以说民主和科学是个新鲜而又时髦的话题，那是因为虽经过几代人的追求，但到目前为止，依然是我们孜孜以求的目标，德先生和赛先生依然好多时候是我们请来的客人，有时离我们近，有时距我们远。我们需要的是这二位先生常驻在我们国土，成为和我们不可分割的一部分，成为我们血液流动的必需养分。那到底什么是民主与科学？它为何值得我们不懈去追求？作为政治范畴的民主，是指在一定阶级范围内，按照平等和少数服从多数的原则来共同管理国家事务的国家制度。作为哲学范畴的科学，1999 年版的《辞海》解释为“科学是运用范畴、定理、定律等思维形式反映现实世界各种现象本质的规律和知识体系”。总而言之，民主的社会人人平等，公民享有广泛的自由权利，民主制度的公平和正义促进着科学技术的发展；另一方面，社会民主的推进需要有科学的进步，为人类破除迷信和推进民主进程是科学最为重要的社会功能。

一、民主和科学是九三的立社之本，兴社之源，是九三的一面旗帜

从 20 世纪以来，仁人志士追求民主和科学的脚步从未停歇，特别是每一个

九三人，都把实现民主和科学的目标作为己任，民主与科学是九三学社全体社员所认同的世界观、人生观和价值观，更是九三人性格特征的集中体现。

65年前，九三学社的前身是“民主与科学座谈会”，就把民主和科学作为立社的宗旨。《九三学社成立宣言》明确提出：“本社同人，即本‘五四’的精神，为民主与科学之实现而努力，始终不懈”；九三学社社章始终都把民主与科学作为本社的精神追求；社中央主办的社刊名为《民主与科学》；许德珩先生的回忆录名为《为了民主与科学》。“民主与科学”是九三学社的精神血脉与组织表征。

九三学社的创建者很多都是“五四”青年，他们中有的是五四运动中的学生领袖，因此“五四”新文化运动对“民主科学”的呼唤深深地扎根于他们的心田。正是这个原因，重庆时期以许德珩先生为中心的知识分子的关于时局的座谈会，就取名为“民主科学座谈会”，而“民主科学座谈会”正是九三学社的前身。回顾社史，九三学社先驱们经历了封建主义、资本主义、半殖民地半封建社会，既接受过中国传统文化的熏陶、又接受过西方现代文化的教育，同时接触了科学社会主义。九三人的职业习惯、人文修养、道德操守，塑造了他们敢于实事求是、大胆追求真理的品质，酿就了乐于独立思考、善于严密思维的科学素养。九三人在现代科学实践中、在历史变迁中逐渐成为现代政治文明和科学技术的传播者、拥护者和建设者。

九三学社成立以后，在中国共产党的影响帮助下，在与中国共产党团结合作的过程中，走过了一条从爱国主义向新民主主义，从新民主主义走向社会主义，进而与中国共产党共同建设有中国特色社会主义的历史道路。社会主义革命建设时期，九三学社涌现了许多为我国科技事业强盛而奋斗一生的优秀科学家，他们在自己的专业领域里孜孜不倦、勤耕不辍，结下了累累硕果。周培源、严济慈、茅以升、金善宝、王淦昌、邓稼先等是杰出的九三代表，他们为社会主义民主和科学技术的发展做出了不朽的贡献。

今天，九三学社这个以科技界高、中级知识分子为主的具有政治联盟特点的政党，是同中国共产党通力合作的友党。民主与科学作为九三学社核心的优良传统，半个多世纪以来一直是激励和引导广大九三人团结奋进的鲜明旗帜、精神力量、价值规范和行为坐标。根于心而见于行，往昔，九三人同中国共产党在争取民族独立和人民解放的宏伟事业中风雨同舟；当下，九三人同中国共产党在社会主义建设的历史进程中携手前进，团结奋斗，发展成为一支建设中国特色社会主义事业、维护国家安定团结的重要力量。

二、九三学社作为参政党，民主和科学这面旗帜与执政党的执政理念相契合

九三学社中央主席韩启德说："接受中国共产党的领导，与中国共产党亲密合作、和衷共济，是九三学社积久沉淀的政治信念和光荣传统，时至今日，这一光荣传统依然闪耀着真理的光辉，我们有责任、有义务把这一光荣传统薪火相传、发扬光大。"九三的民主和科学这面旗帜是一直和中国共产党的执政理念相契合的。

我国在法律和纲领上早已实现了人民当家做主，但民主的内涵远不仅如此，我们更要追求民主的精神实质。纵观好多国家，它们虽然实行了西方的民主议会制，但并没有改变落后国家的局面，从本质上说，民主只是一种文化，而不是一种制度，是一种政治价值理念、政治精神、政治风貌，更是一种态度和作风。只有适合本国发展、适合本国土壤的民主才是我们追求的目标，这也是和建设中国特色社会主义的理论和实践相契合的。中国共产党执政以来，虽然经历了许多挫折，但一直在寻求适合本国发展的民主和科学之路，九三作为参政党，和执政党同舟共济，共同探索，目标是一致的。民主和科学之路已完成了由启蒙行为到自觉行为的根本性历史转变，中国已屹立于世界东方这一事实有目共睹，民主和科学已成为执政党具有内在统一性的时代精神和兴国之道。现在流行一种观念，好像只有照搬西方式的民主中国才有出路，这种观念非常片面而且错误，持这种观念的人不了解中国的国情，没有看到中国的发展和进步，断章取义，尤其是割裂了历史，要知道，"照搬"曾经让我们吃尽了苦头。就拿西方的民主来说，无论是哪一种民主，如今都陷入了困境，它们的民主化进程也是任重而道远。西方社会民主生活中弃权率上升，选票流向飘忽不定，献金丑闻增加，政治生活的职业

化等，都是民主危机的表现形式。相应地，民主的危机也诱发了科学的风险，导致了科学自由精神的缺失，引发了经济的停滞甚至负增长。事实证明，中国共产党的民主集中和科学发展更适合中国国情，更能体现其优越性。

虽然存在上述民主和科学这些认识上的误区，但是这一切都不能丝毫动摇九三学社的核心价值观。九三人清醒地意识到民主集中制是中国共产党的政治优势，是我们党的根本组织制度和领导制度，也是领导班子建设的一项根本性建设。胡锦涛同志在十八大报告中强调："党内民主是党的生命，要坚持民主集中制，健全党内民主制度体系，以党内民主带动人民民主。"民主集中制，就是在民主的基础上集中，在集中的指导下民主。作为一种工作方法，它可以最大限度地保证科学决策。因此九三人须继续发挥科技人才集中的特点和优势，调动广大社员的积极性，努力弘扬科学精神，推进科技创新，促进科技进步，用科学的精神来推进民主建设、民主发展。

三、追求民主和科学，永远是九三人义不容辞的责任

首先，九三人将继续怀揣着民主与科学的追求，更加坚定地高举中国特色社会主义伟大旗帜不动摇，坚持中国共产党领导的多党合作和政治协商制度不动摇，坚持中国特色社会主义理论体系不动摇。我们不能因为民主进程中出现了不和谐的因素就放弃一贯以来坚守的民主信念，盲目地转投西方民主的怀抱。众所周知，中华文明源于自然，而西方文明源于宗教。西方历史上，希特勒就是民选的，"二战"中日本也实行宪政，但都给人类带来了无尽的灾难。

其次，九三人应该进一步增强自身建设。通过开展"坚持走中国特色社会主义政治道路"和"树立和践行社会主义核心价值体系"等一系列活动，同中国共产党更加"思想上同心同德、目标上同心同向、行动上同心同行"。随着改革开放的深入，我国面临着更严峻的挑战、更复杂的形势和更艰巨的任务。"十二五"时期是我国重要的战略机遇期，也是改革发展的矛盾凸显期，这对参政党履职的水平、能力、方式方法也提出了新的要求。九三人将按照科学发展观的要求，用

发展的眼光和思路，来面对我国多党合作制度在发展中遇到的调整和机遇，努力将我国的多党合作事业推向科学发展新的高度。

最后，要走具有九三特色的民主与科学之路。韩启德主席曾提出："要承认并尊重每个人的个性，尊重别人是一种修养。我始终强调'和而不同'。世界上的事物本来就是不同的，就因为'不同'，世界才变得丰富多彩，和谐就是求同存异的结果。要和谐，要安定，就要让每个人保持个性，不能要求千篇一律、千人一面，不能要求每个人都和自己知趣相投、意见一致，只有在'异'中求'和'，'和'才有意义。"九三人要继续发挥党派优势，态度端正、科学为民。九三人要利用自己在科学上的专业优势，要用探知规律的自由精神和实事求是的态度和作风，在国计民生的重要问题上积极建言献策，充分体现九三人的价值。

路漫漫其修远兮，吾将上下而求索。

传承，重任在肩。

（作者严红艳系江苏省张家港市国家税务局第八税务分局干部）

责任编辑：张源

民主、科学精神与九三学社发展的几个重要时期

刘玲媚

民主与科学是九三学社的立社宗旨，是九三学社在长期革命和建设实践探索中形成的优良传统。它作为一个民主党派的核心价值，是引领九三学社组织发展、壮大的灵魂，引领九三学社社员为中华民族的解放、振兴、腾飞做出卓越贡献的精神支柱。60多年波澜壮阔的社会主义革命和建设实践表明，在半个多世纪的风风雨雨中，九三学社的民主、科学在不同的历史时期被赋予了不同的内涵，并且显示出越来越厚重的历史感、越来越强大的生命力、越来越丰富的时代内涵。如果将九三学社比作“形”，民主与科学就是“气”，没有“气”，作为“形”的九三学社就无从谈起。梳理九三学社在几个重要历史转折时期的抉择，就会发现民主与科学作为支撑九三学社之“形”的“气”具有强大的精神感召力和真理永恒性。

一、成立时期：民主与科学与“五四”精神一脉相承

一方面，九三学社创建者自觉的追求与民主科学精神一脉相承。九三学社前身为“民主科学座谈会”，其创始人许德珩、潘菽、梁希是五四运动的学生领袖，他们都是彻底的民主、科学精神的倡导者和追求者。1948年，梁希在《政治与科学》中深情写道：“民主是科学的土壤，科学是民主的肥料”，其义是民主可以改变落后，科学可以改变贫穷，希望通过民主科学来实现国富民安，天下太平。而正是这一理念和追求，让九三学社的前辈们在拯救民族危亡、争取人民民主的斗争道路中，不退缩，不气馁，并主动选择了代表中国人民根本利益的中国共产党。

另一方面，九三学社就是以民主、科学为宗旨而成立的组织。无论从“民主

科学座谈会”成立时的政治主张，还是从九三学社的成立宣言中，都可以看出，九三学社成立的根本宗旨就是民主、科学。1946 年，九三学社在成立宣言中明确指出其成立宗旨：“‘五四’所号召于国人者，为科学与民主，今时间过去虽已二十余年，而科学与民主之要求，实较前迫切，本社同人，即本‘五四’精神，为民主和科学而努力，始终不懈，谨此宣言。”可见，从成立之日起，九三学社就是为爱国而追求民主与科学的民主党派。民主、科学是它的基本理念、纲领和核心价值。

二、考验时期：在抉择中探寻民主与科学的真谛

脱胎于“五四”精神的民主与科学不是抽象的概念，而是具体的实践。“民主”也从来都是属于历史的、具体的范畴，不存在着超越阶级的、超越历史的、普世的、永恒的民主。在国共和谈和旧政协期间，九三学社在复杂的政治环境中接受了考验，在历史的抉择中，探寻到了民主与科学的真谛。特别地，在中华民族存亡的关键时刻，九三学社从马克思主义科学理论高度出发，从中华民族最广大人民根本利益高度出发，准确地领悟民主、科学的实质，认清了国民党伪民主的本质，彻底地与国民政府的伪民主决裂，并在历史的考验中不断成长、走向成熟。

1946 年，国民政府公然发动内战。九三学社和在重庆的其他民主党派和人民团体，联合发出呼吁书，并积极参加反对国民党独裁统治的民主运动。当内战一触即发之际，许德珩奔走于北平、南京、上海之间，联络各地民主力量，共谋反内战大计。九三学社在这一期间，发表了一系列反独裁、反内战的宣言和意见，如《为国际民主胜利周年纪念宣言》、《对时局的六点意见》等。当共产党撤离北平后，九三学社积极配合共产党地下组织活动，采取各种方式参加民主运动，营救、保护进步人士，并利用合法形式，扩大反饥饿、反内战、反迫害宣传，如著名的“三教授”事件。当北平进步师生举行“纪念黄花岗先烈大会”，国民党亮出不惜血洗的姿态时，许德珩、袁翰青、樊弘三位教授依然受邀到会演讲，旗帜鲜明、正气凛然，有力地揭露了国民党当权者搞“行宪国大”的反动本质。

三、成长时期：在多党合作政治协商制度框架中拓展民主与科学的内涵

沐浴着改革开放的春风，九三学社在中国共产党领导下的多党合作和政治协商制度中，积极弘扬、践行民主与科学精神，不断拓展、丰富民主与科学内涵，立足履行参政党职责，积极作为，为建设中国特色社会主义做出了卓越的贡献。

躬身实践，自觉践行中国特色的民主制度。中国特色的民主是马克思主义基本原理与中国实践相结合的具中华民族特色的民主。尤其是在十一届三中全会以来，在社会价值更加多元、社会矛盾更加复杂、国际社会风云变幻的局势前，九三学社始终兢兢业业地履行好时代赋予它的职责，坚持中国特色社会主义的政治发展道路，坚定不移地坚持中国共产党的领导、人民当家做主和依法治国的有机统一。而这一切都是九三学社始终高举民主、科学旗帜的结果。如果背离这一旗帜，不仅谈不上九三学社有所作为，更谈不上九三学社的发展。

立足本职，为推进社会主义民主政治制度建设出实招。以高度的政治责任感，认真履行民主监督职能，突出加强对权力行使的监督，积极探索民主监督的有效形式，敢建诤言，勇讲真话，为提高执政党的执政能力，提升执政党的防腐拒变能力，充分发挥诤友、挚友的作用。发挥联系广泛、密切联系基层的优势，贴近民生，积极在参政议政履职过程中体察民意、反映民情、表达民愿，为实现社会的公平正义、和谐发展做出贡献。

双岗建功，提升科学服务社会的水平。在以改革促发展、推动民族振兴的关键期，经济体制深刻变革、社会结构深刻变动、利益格局深刻调整、思想观念深刻变化，九三学社紧紧围绕保障人民群众基本权利、稳步推进政治和行政体制改革、加强反腐倡廉、加快转变经济发展方式、保障百姓民生等事关经济社会发展的全局问题，深入调研，科学研判，推动经济社会的科学发展。积极引导社员立足本职岗位，努力弘扬科学精神，倡导科学方法，崇尚高尚的学术道德，为科教兴国、人才强国做贡献。

内外兼修，讲究参政党建设的民主与科学。科学是实现民主的必要手段、途径，也是保障。没有科学的理念、思想和行为，就不可能实现民主。体现在参政党自身建设也是如此。几十年来，九三学社在自身建设中不断摸索、实践、创

新，对外树好形象，对内注重规范化、程序化和制度化建设，突出加强参政议政、民主监督、社会服务履职建设，注重建立一套科学的制度和方法，使得社员民意得以充分、合理表达，使得社员的智慧得以有效会聚，使得决策科学化、民主化，从而不断提升自身建设的民主性、科学性。

四、新的历史时期：助推实现中国梦新征程中辐射民主与科学的效应

新的历史时期，实现中国梦、共圆中国梦不仅是每一位中国人的梦想，更是“九三梦”。作为新的历史时期最为需要的民主形式，社会主义协商民主为九三学社辐射民主与科学效应、助推实现富国强民梦想提供重要平台。

社会主义协商民主能够有效整合各种政治资源，调动一切积极因素，拓宽民众诉求渠道，广纳真知灼见，进一步增加推力，减少阻力，凝心聚力，形成合力。九三学社应民主、科学的感召而来，因向往民主、科学而聚。如何凝聚全体社员智慧，通过协商民主的形式，弘扬科学精神，辐射民主、科学效应，为实现国家富强、民族复兴、人民幸福、社会和谐的社会理想再做贡献，成为全体九三人共同面临的课题。

新的时代，新的征程，新的使命。在民主、科学的旗帜感召下，九三学社任重道远。

当前，辐射民主、科学效应，就是要不断探索、拓展九三学社参与协商民主的有效方法、途径和载体形式，对参与协商民主的形式等具体操作性问题提出合理化建议，最大范围、最大限度地凝聚广大社员参与到社会主义协商民主中；就是要进一步制定完善九三学社参与到履行协商职能的制度建设，为有效参与协商民主提供制度保障，包括健全完善参政议政渠道机制、民主监督机制、履行政治协商机制，为最大深度、广度地践行协商民主提供制度上的保障；就是要切实增强参与协商民主的自觉性、主动性，真正深入实际，广集众智、广求良策、广开言路，听真知灼见，出真招实招，不断增强紧迫感、责任感、使命感，不遗余力地让民主、科学精神融入社会主义协商民主中去。

民主与科学是永恒的话题。在世情、国情发生巨变下，重新回顾九三学社在不同时期对民主、科学不同内涵的具体实践，能启迪智慧，振奋精神，不断引领九三学社在民主与科学精神家园中开花、结果。

（作者刘玲媚系九三学社无锡市委会干部）

责任编辑：张源

民主与科学照亮九三学社前进之路

张方荣

“民主”和“科学”，这是五四运动时期由《新青年》杂志所倡导并举起的思想解放运动两面大旗。五四时期中国的先进知识分子，选择了民主和科学这两大精神武器，适合当时国情。民主，是针对专制而言，目的是建立民主共和制度。科学，针对愚昧落后，强调“科学思想”、“科学精神”，并非仅指自然科学。民主和科学并提，因为二者不可分割。一方面，民主是科学的保证，有了民主制度，思想才能活跃，科学才能繁荣发展；另一方面，科学又能促进民主，科学的发展必然推动民主制度。

民主与科学，是九三学社的特色，也是九三学社的追求，更是九三学社的使命。《九三学社章程》中阐述道：“本社前身为抗日战争后期一批进步学者发扬五四运动反帝反封建的爱国精神，以民主、科学为宗旨，在重庆组织的‘民主科学座谈会’。后为纪念 1945 年 9 月 3 日抗日战争和世界反法西斯战争的伟大胜利，改建为‘九三学社’。”由此可见，民主与科学和九三学社的关系是多么密切。

一、九三学社的成立和“民主”、“科学”有着莫大的渊源

九三学社是在追寻民主的道路上诞生的。九三学社的发起人或是五四运动中的著名人物，或是五四运动中的积极分子，九三学社从发起伊始，就带有浓厚的追求民主与科学的色彩。九三学社尚未成立的五四时期，社的创始人许德珩即已投入追求民主与科学的五四运动大潮，是五四运动的学生领袖之一，书写了一部可歌可泣的历史。抗日战争时期，许德珩等人以五四运动时民主与科学的旗帜联

系文教界的高级知识分子，发起组织了“民主科学座谈会”，讨论民主与抗战问题，为实现人民民主与发展人民科学而奋斗。与此同时，以梁希、金善宝等为主要成员的科技人员的组织“自然科学座谈会”也在活动，交流时局消息，学习理论，以团结科学界爱国民主人士——他们中的一些人也参加了民主科学座谈会。在抗日民主运动中，由社会科学界和自然科学界高级知识分子组成的“民主科学座谈会”，提出“继承和发扬五四反帝反封建的精神，为实现民主和发展科学而奋斗”的口号，为促进民主政治、团结抗战发挥了积极作用。1945 年 9 月 3 日，即日本投降签字之日，“民主科学座谈会”在重庆举行盛大座谈会，提出：“今后中国非休养生息，集全力于民主与科学之建设，迎头赶上欧、美不足以言生存。”为纪念抗战胜利，“民主科学座谈会”改名为“九三座谈会”，并在此基础上，1946 年 5 月 4 日，值五四运动 27 周年之际，九三学社成立大会在重庆正式召开。大会发表了《九三学社缘起》、《成立宣言》、《基本主张》、《对时局主张》等文件，这些文件的内容体现出了九三学社对民主的追求。

二、九三学社具有追寻“民主”、“科学”的优良传统

抗战胜利后，九三学社的先驱们不为权势所诱，不顾国统区的白色恐怖和迫害，积极响应中国共产党挽救时局的主张，要求停止内战，组建民主联合政府，实现和平民主。周恩来因而赞扬九三学社“在民主运动中起了很大作用”。解放战争期间，九三学社严正声明不承认伪“国民大会”，赞成中国共产党的各项主张，与中国共产党团结合作，积极参加反对国民党独裁统治的民主运动，为争取新民主主义革命的胜利而斗争。1949 年 1 月，九三学社发表宣言，响应中共中央“五一”号召，拥护召开新政治协商会议。1949 年 9 月，九三学社的代表许德珩、潘菽等参加了中国人民政治协商会议第一届全体会议，参与了《共同纲领》的制定、中央人民政府的组成和中华人民共和国的成立，为成立新中国做出了积极贡献。

三、九三学社为我国"民主"、"科学"做出了重要贡献

解放前九三学社为我国民主所做贡献前文已述，此处不再重复。解放后，九三学社坚持在共产党的领导下，履行民主监督、参政议政职能，为新中国社会主义民主政治发展贡献出力量。

作为科学界高中级知识分子集中的组织，九三学社中的众多杰出科学家为我国科学发展做出了突出贡献。如中国现代小麦科学主要奠基人金善宝；我国近代气象科学的奠基人之一，新中国气象事业的主要创建人涂长望；著名地质学家黄汲清；著名水利水电工程结构专家张光斗；荣获 1999 年中共中央、国务院、中央军委颁发的"两弹一星功勋"奖章的王淦昌、邓稼先、赵九章、陈芳允、程开甲；荣获 2001 年度国家最高科学技术奖的黄昆、王选以及在 2006 年度国家科学技术奖励大会上荣获国家自然科学奖一等奖的闵乃本等。2006 发行的第四组《中国现代科学家》（志号：2006-11）纪念邮票共四枚，入选的四位科学家分别是：林学家梁希、桥梁学家茅以升、物理学家严济慈、物理学家周培源。这些为中国科学技术发展做出重大贡献的杰出科学家，都是九三学社的。除了这些杰出代表，九三学社还有许许多多值得自豪的杰出人物，九三学社广大社员在各自工作岗位上为国家科技发展做出了不可磨灭的贡献。

四、在改革开放的时代背景中坚持走"民主"、"科学"的道路

如今，斗转星移。在改革开放大潮中，九三学社应怎样坚持走民主科学之路呢？这一问题值得我们深思。

作为参政党的各民主党派，应该保持自身的优良传统和个性特色，以保持中国社会主义政党制度所具有的多彩政治文化色彩。我们要巩固九三学社的科技特色。目前，博士、教授在各民主党派成员中都已不再稀奇，因此，要防止九三学社的高知特色淡化。需要通过组织发展，大力吸收高级知识分子加入，保持特色不褪色。

要继承弘扬九三学社民主和科学的光荣传统。要怀抱拳拳爱国之心和知识分子的良知，高举“爱国、民主、科学”的旗帜，秉承和发扬九三学社的优良传统，向以许德珩、梁希、茅以升、严济慈等为代表的九三学社杰出英才学习，学习他们对祖国、对人民忠心耿耿，为中华民族的伟大复兴殚精竭虑的爱国情操；学习他们坚持中国共产党领导的多党合作和政治协商这一社会主义民主政治制度，同中共肝胆相照、真诚合作的思想风范；学习他们献身民主科学，走中国特色自主创新道路。广大九三学社人要齐心协力，为中华民族的伟大复兴和中国梦的实现做出九三学社新的时代贡献。

（作者张方荣系九三学社江苏省南京市委会干部）

责任编辑：张源

当下“民主与科学”价值追求的历史变迁

周　军

九三学社是以科学技术界高、中级知识分子为主的具有政治联盟特点的政党。九三学社的前身为抗日战争后期一批进步学者发扬五四运动反帝反封建的爱国精神，以民主、科学为宗旨，在重庆组织的“民主科学座谈会”。后为纪念1945年9月3日抗日战争和世界反法西斯战争的伟大胜利，改建为“九三学社”。“民主与科学”成为九三学社的光荣传统。

本社弘扬民主与科学精神。九三学社第十次全国代表大会更是明确提出，要着力加强以爱国、民主、科学为核心价值理念的文化建设。追溯“民主与科学”的历史形成过程与发展变化，对九三学社当下追求核心价值有着重要的社会现实意义。

一、清末“民主与科学”价值追求的表现

中国人追求民主与科学并非始自五四新文化运动。鸦片战争结束不久，作为近代中国第一批开眼看世界的先进人物，魏源、徐继畲、梁廷枏等人在他们的著作中，就以赞赏的态度介绍过西方的民主制度，说它有中国传说中的“三代政治”之“遗意”。洋务运动期间，介绍西方议会政治、民主政治的著作逐渐增多，同时人们也已认识到学习西方声光电化等科学技术的必要，以王韬、郑观应为代表的一些洋务知识分子或早期维新思想家还主张以西方的“君民共主”制度取代中国的君主专制制度。到戊戌维新时期，维新派主张“兴民权”、“设议院”，实行君主立宪，不仅着力宣传过西方资产阶级的自由、平等、民权思想，而且也对科学知识、科学方法进行过提倡和介绍。特别是严复的“以自由为体，以民主为

用”思想的提出，在近代中国人追求民主的历程中具有十分重要的意义。进入20世纪后，由于辛亥革命的作用，民主思想得到进一步传播，科学的重要性也为越来越多的人所认识。

民主与科学理念被人们接受还可追溯至清末维新变法运动。1865年《时务报》在上海诞生，主笔梁启超在报纸上痛陈专制政治，他在《古议院考》一文中写道："问泰西各国何以强？曰议院哉。问议院之立，其意何在？曰君权与民权合，则情易通，议法与行法分，则事易就。二者斯强矣。”梁启超在《时务报》上对西方民主性质的政治制度的介绍，是晚清有识之士对民主价值追求的典型。1897年1月，温州人陈虬创办的《利济学堂报》、黄庆澄创办的《算学报》等纷纷展现在世人的眼前，这些报刊以传播科学知识，启蒙民智为主要内容和主要功能，这说明晚清的中国社会已由传播传统文史知识为主转向传播科学知识、倡导学习科学知识与技能为主，对科学的崇尚逐渐成为社会思想观念的主流。晚清时期的民主的含义主要是提倡君主与民平权，倡导平等、自由与分权；科学的含义主要是追求理性与求实，对自然科学和实用技能的学习和运用。

二、新文化运动中“民主与科学”价值含义

围绕“打到孔家店”、批判中国传统文化、倡导文学革命的狂飙突进式的新文化运动更进一步地倡导民主与科学。民主更突出人的权利自由与平等，例如，在新文化运动中，小说革命发挥了重要作用，其中婚姻自由、恋爱自由成为新文化运动时期小说表现的主要题材。另外，在新文化运动中，追求人格的独立和自由的精神、摆脱专制政治造成的人格依附和精神奴性，成为新文化运动中文化启蒙的主要内涵。科学理念在这个时期更加注重传播实事求是、理性求证、有一分证据讲一分话的严谨，同时科学价值此时也仍然包含自由精神。将民主与科学作为近代新文化的核心观念或基本价值加以广泛追求和崇尚，这是五四新文化运动最伟大的历史功绩。1915年9月，陈独秀在标志五四新文化运动兴起的《青年杂志》(从第二卷起改称《新青年》)创刊号上发表《敬告青年》一文，就向国人

疾呼："国人而欲脱蒙昧时代，羞为浅化之民，则急起直追，当以科学与人权并重。"不久，他在《本志罪案之答辩书》中又生动地将民主与科学称为"德先生"与"赛先生"，并明确表示，"西洋人因为拥护德、赛两先生，闹了多少事，流了多少血，德、赛两先生才渐渐从黑暗中把他们救出来，引到光明世界。我们现在只认定只有这两位先生，可以救治中国政治上道德上学术上思想上一切的黑暗。若因为拥护这两位先生，一切政府的压迫，社会的攻击笑骂，就是断头流血，都不推辞。"这样，民主与科学就成了新文化的两面旗帜。就五四新文化运动对民主的认识和理解来看，首先，民主是一种个人独立自主的观念。陈独秀在《敬告青年》一文中称欧洲历史为"解放历史"，而所谓"解放云者，脱离夫奴隶之羁绊，以完其自主自由之人格之谓也"。那么，怎样才算"完其自主自由之人格"呢？据陈氏的解释，要有"人间百行，皆以自我为中心"的自我意识；"纵横一世，独立不羁"的自主精神；不迷信，不盲从，敢于怀疑的独立思考；勇于进取，敢担干系的负责态度。一句话，"我有手足，自谋温饱；我有口舌，自陈好恶；我有心思，自崇所信，绝不认他人之越俎"，"一切操行，一切权利，一切信仰，唯有听命个自固有之智能"。胡适又称这种个人独立自主的观念为"健全的个人主义"。其次，民主贯穿于社会各个方面，体现了平等自由的精神。李大钊在《劳动教育问题》一文中曾指出："现代生活的种种方面都带有 democracy 的颜色，都沿着 democracy 的轨辙。政治上有他，经济上也有他；社会上有他，伦理上也有他；教育上有他，宗教上也有他；乃至文学上、艺术上，凡在人类生活中占一部位的东西，靡有不受他支配的。简单一句话，democracy 就是现代唯一权威，现在的时代就是 democracy 的时代。"五四时期的另一位思想家谭平山在《国民道德教育改造论》一文中也强调："今日时代思想的根本特质，就是民治主义，今日所谓民治主义的根本概念，就是平等自由两大观念。"至于五四新文化运动所认识和理解的科学，不仅仅是科学技术或科学思想，而更是一种广义上的世界观和方法论，一种与迷信、盲从、愚昧相对立的崇尚实证的理性精神。陈独秀在《敬告青年》中说："科学者何？吾人对于事物之概念，综合客观之现象，诉之主观之理性，而不矛盾之谓也。"不久，他又在《新文化运动是什么》一文中写道："我们中国人向来不认识自然科学以外的学问……向来不认识中国底学问有应受科学洗礼的必要。我们要改去从前的错误，不但应该提倡自然科学，并且研究、说明一切学问（国故也包含在内），都应该严守科学方法，才免得昏天黑地乌烟瘴气的妄想、胡说。”总之，新文化运动中传播的民主和科学，是基于和服务于将民众的思想从愚昧、落后、专制、奴性的传统思维启蒙到理性、独立、自由、平等的现代化思维。

三、五四运动中的“民主与科学”

五四运动是一场反帝爱国运动。五四运动是在民族危机一触即发的时局下，有组织地反抗政府屈辱外交的集中爆发。在此基础上提出了民主和科学，五四运动时期所倡导的“民主”，不仅仅是政治制度的民主，而是更广泛民主观念和民主精神，这是一种与封建伦理道德和专制制度相对立的精神。概括其含义，为“法律上之平等人权，伦理上之独立人格，学术上之破除迷信，思想自由”。作为五四新文化旗帜的“科学”，也不是仅仅指提倡自然科学的具体研究，而是提倡科学精神和科学思想。以民主和科学为核心的五四精神，是一种革命的精神。爱国主义是五四精神的源泉，民主与科学是五四精神的核心。

四、五四运动后的“民主与科学”

五四运动后，民主运动大致沿着两条轨迹向前发展：一是共产党发动和领导的人民民主运动；二是资产阶级自由主义者发动和领导的资产阶级民主运动，如20世纪20年代末胡适、罗隆基等人发动的“人权运动”、30年代中宋庆龄、蔡元培发起成立的“人权保障同盟”和“赔偿冤狱运动”、抗战时期的两次民主宪政运动、抗战胜利后民主党派主张的第三条道路和民主建国运动等。

与此相一致，民主思潮的发展也分两个方向，共产党及其支持者认为，传统的资产阶级民主具有虚伪性，它虽标榜代表全体人民，但实际上代表的只是有产阶级自己，只有无产阶级领导下的新型的社会主义民主，才能真正代表广大劳动人民的利益和要求。而资产阶级自由主义者则坚持传统的资产阶级的民主理想，坚持以选举为核心、以议会为形式的西方民主制度。在科学方面，则产生了经久不衰的“科学救国思潮”、30 年代初至抗战全面爆发前夕的“科学化运动”、同时期的“新社会科学运动”等。

同时，民主与科学的追求和崇尚开始贯穿于社会的各个方面。比如，在教育方面，平民主义教育运动的兴起和发展，“启发式”、“个性化”教育方法的提倡和推广，科学知识、科学实验课程的设置和重视等；在学术研究方面，主张学术独立，要求思想自由，反对政治干预学术，提倡用科学方法整理“国故”，注重调查研究和理论与实际的结合等；在文学艺术方面，揭露和鞭挞封建专制主义与愚昧主义（如“启蒙主题文学”），追求文学形式的多样与自由，主张大胆地表现和张扬个性，以及 30 年代兴起的“大众语运动”等。总之，五四新文化运动后社会的各个方面，都渗透着中国人对民主与科学的追求与崇尚。但是就五四新文化运动后的情况来看，不民主或反民主、不科学或反科学的现象不仅存在，而且还十分严重，如政治上的专制独裁，思想上的封建迷信，学术上的政治干预等。

当下我们所处的时代环境和条件发生了很大变化，但“民主与科学”仍然需要我们切实加以继承和弘扬。我们知识分子最重要、最基本的品格就是道德性和批判性，就是怀着对祖国、人民的热爱和对现实社会的批判、改革。所以我们要坚持不唯上、不唯权、只唯实、只唯真的价值取向，实事求是，勇于创新，敢于讲真话，善于讲真话，为国家发展、社会进步、人民幸福贡献自己的真知灼见。因此深入研究“民主与科学”的历史变迁，便于我们更好地理解“民主与科学”的价值所在，牢记自己的历史使命，恪守民主与科学精神，特别是对政治民主以及民主中所包含的平等、独立、自由精神的追求，对科学中所包含的理性、求真、求实、自由的追求，在新的历史时期为中华民族做出杰出贡献。

（作者周军系浙江医药高等专科学校基础部干部）

责任编辑：张源

九三学社民主与科学宗旨的肇始与嬗变

徐怀科

鸦片战争之后，中国社会进入了内忧外患、落后积弱之境地。深重而无力解决的民族危机和民生灾难，强烈地激发了进步人士的民族主义情感和激情，他们苦苦寻求挽救民族和国家危亡的道路。在这一过程中，民主与科学的价值逐渐彰显出来。在中国发展民主政治和科学技术成为大批仁人志士救国救民结论性的路径选择，并成为他们终极的政治情节和目标，也成为中国许多秉持正义的社团和党派的共识，更成为九三学社的政治宗旨和历史使命。

在半个多世纪的历史发展过程中，九三学社对民主与科学的理念认知和实践内容、形式、宗旨也因不同的社会发展实际而发生相应的变化。

一、九三学社民主与科学宗旨的肇始：继承与传承

中国对民主与科学价值的发现是在中西社会发展形式、内容和结果对比的基础上逐渐产生和发展起来的，它们在早期大致经历了这样三个阶段。首先是器物层面的认知，也就是对科学技术的需求。这一阶段的代表人物当属魏源，他是一个进步的思想家，也是中国近代史上较早而且系统地明确提出向西方学习的人，提出了“师夷长技以制夷”的正确口号，从国家和民族安危角度来认识科学技术的价值。他同样推崇西方民主，提出“天下无数百年不弊之法，无穷极不变之法，无不除弊而能兴利之法，无不易简而能变通之法”的变革主张，积极要求清政府进行改革。随之而来的是推行工业化的洋务运动，继之而来的是戊戌变法。其次是制度层面的认知。甲午战争和戊戌变法失败以后，中国人对民主与科学产生了新的价值追求，从器物层面向制度层面深入。这一时期的代表人物是孙

中山。在辛亥革命爆发之前，康有为、梁启超等企图通过改良建立君主立宪制，推动封建制度的自我进化，实现有限民主，结果以失败告终。这说明封建社会制度无法孕育出真正的民主和科学，却是扼杀民主与科学的刽子手。洋务运动和戊戌变法对前期民主和科学的启蒙发挥了重要作用。当时的中国产生了众多激进分子，他们痛恨君主专制和愚民政策。以孙中山为代表的资产阶级革命派主张用暴力手段推翻清政府，倡导“天下为公”的“民主共和”思想，建立了体现民主和科学精神的“三民主义”为制度性基础的共和国。再次是文化认知。在辛亥革命失败以后，作为启蒙思想核心内容的民主与科学，经过数十年的演进，经严复、郑观应等时代精英的推动，民主和科学精神已经从前期浅度启蒙阶段实现了向文化和民族精神的深度启蒙阶段转向。陈独秀是这一阶段的旗手。他提出：“国人而欲脱蒙昧时代，羞为浅化之民也，则急起直追，当以科学与人权并重。”五四运动是这一阶段民主与科学精神的标识性事件。至此，民主和科学经历一个因果关系的演进，其中的价值和功能已经发生了根本变化，实现了价值和功能多元化、本质化和完善化的转变，反映了国人救国图强意志对制度、文化和精神的客观需求。

九三学社诸多先贤是五四运动的参加者或经历者，其中有些可谓民主与科学的斗士，所以他们所主张的民主与科学精神实际上是对五四精神的继承，当然也是对自鸦片战争以来中国百余年思想启蒙成果的传承。对民主、科学理念的执著追求和长期顽强坚持实践民主、科学精神成为九三学社一以贯之的意志。九三学社自成立以来，一直秉持民主与科学的本意，积极参与救国救民和后来的社会建设实践。这体现了九三学社所倡导的民主与科学的实质及其对中国历史发展的远见与责任担当。

二、九三学社民主与科学认知和实践形式的嬗变

在不同历史发展阶段，根据不同的社会需求，九三学社对民主与科学的认知和实践形式也有变化的特征，经历了几次明显的嬗变过程。主要表现为如下五个

方面。

一是抗战时期——救国救民。1944 年底，中华民族进入危急存亡的关键时期，为争取抗战胜利，来自全国各地科技界和教育界等一批进步学者和爱国人士在重庆组建了“九三座谈会”，即九三学社的前身。这个“座谈会”的宗旨是继承五四运动民主与科学的传统，张扬民主与科学精神，同时也成为这一批民族精英抗日图存的一个阵地。虽然此前还没有九三学社，但是民主与科学精神已经作为一种新文化融入这一批人的灵魂之中，成为他们救国救民的政治意愿。大部分早期九三社员都是抗日的积极分子，参加过抗日救亡运动。

二是解放战争时期——复归民主宪政的制度祈求。九三学社成立前后，九三先贤既对国民政府提出了民主宪政的要求。1939 年 2 月，后来成为九三创始人的褚辅成、许德珩等联合其他社会先达向国民党提出了《提请确立民主法治制度以奠定建国基础案》的提案，呼吁国民政府建设“以民主法治为基础”的社会制度。九三学社成立之初，九三学社的创始人褚辅成、张西曼、许德珩等明确提出“促进民主政治之实现，争取人民之基本自由”的主张，并创刊《民主与科学》，宣传民主与科学思想。这一阶段九三学社所秉持的民主与科学体现了五四运动的精神，复归民主与科学的制度祈求。反对国民党一党专政的制度体系，对民主宪政制度建设提出了明确目标，即：“人民参政就是国家大事要由人民来决定——通过代表人民的议会。所谓议会政治就是宪政。”强调“只有人民参加了政治，人民的力量才能彻底动员，最后胜利才有把握”。

在这两个阶段，九三学社所主张的民主与科学精神就是继承与发扬五四运动所倡导的反帝反封建及民主科学的精神；对象十分明确，那就是国民党和侵华日军；目的就是坚持抗战，反对独裁、反对内战，争取和平与民主。所以，总体上讲，救国救民仍然是这一阶段民主与科学精神的时代价值。

三是社会主义建设初期——积极参与民主建设与科技传播的实践。九三学社成立以后，积极响应中共的“五一”口号，投入反映五四精神的社会主义民主和科学事业的建设之中。在这一阶段，九三学社对实践五四精神充满了希望与信心，以主人翁的身份投身民主与科学的建设事业。1949 年 9 月，九三学社的代表参加了中国人民政治协商会议第一届全体会议，和中共一起制定了《中国人民政治协商会议共同纲领》，参与组建民主联合政府，并以《中国人民政治协商会议共同纲领》作为自己的政治纲领。新中国成立后，九三学社充分利用自己的人才优势和智慧优势，积极参加社会经济、科技、教育、民主建设等各项事业，为中国的民主和科技发展做出了自己的贡献。此时，也有少数人对九三学社“民主与科学”的提法提出异议，但是九三学社与民主、科学这两面旗帜的渊源极深，所以九三学社主要创始人之一潘菽及其他九三人坚持把民主与科学这两面旗帜作为自己党派的鲜明特色，这同时也标示着现有的成绩离九三学社的奋斗目标任重而道远。至此，九三学社的民主与科学精神已经从“救国救民”的历史使命转变为“爱国爱民”的社会实践了。

四是非常时期——民主与科学精神的消弭。新中国成立不久，到改革开放之前，特别是“大跃进”与“文化大革命”这段时间里，民主与科学淹没在各种没有科学性和民主性的运动和阶级斗争的洪流之中，民主、科学和九三学社都受到了巨大的创伤，甚至出现了反民主和反科学的严重倒退，比如出现批判相对论、热力学第二定律之类荒谬的事，有些学者被迫害致死等现象。这既是对民主的迫害，也是对科学精神的无端否定和践踏。九三学社等民主党派曾一度长期被禁止活动。此时的民主与科学精神被荒唐消弭了。但是九三学社成员始终没有忘记自己的职责和历史使命，即使在“文革”期间，他们还是用科学技术、用掌握的知识和本领为国家和民族做出了贡献。

五是改革开放时期——民主与科学转向关注经济和民生。“文革”结束和九三学社恢复活动以后，九三学社重新履行参政议政、民主监督的职责，并调整了民主与科学的实践内容，在协助中国共产党落实和改善知识分子政策及关注教育、科技发展等常规问题之外，把工作重点转移到以经济建设为中心，为现代化建设服务上来。在这一阶段，九三学社的民主与科学精神处于消弭之后的复苏时期，九三社员根据自己的知识和技术专长，开展科技咨询、支边支农等活动，直接以知识和技术为经济建设和民生工程服务，为改革开放事业，特别是早期人才缺乏阶段改革开放事业顺利推进发挥了特殊的作用。民生与知识和技术之间关系直接反映民主与科学最基本的物质对应关系，是民主与科学所追求的简单内容。所以它同样体现着九三学社不变的宗旨和价值追求。

民主与科学是五四精神在九三学社的传承，是九三学社建社的宗旨与灵魂，已经成为九三人的自我价值体系和民族良知的标志。不管历史如何演变，这两面旗帜将永远凝聚着九三人的共同理想和精神寄托，昭示着九三人对国家和民族复兴的责任担当和历史使命。

（作者徐怀科系安徽工业大学思政部讲师）

责任编辑：张源

从“五四”到“九三”：历史的选择

杨 慧

1922年7月的一个上午，著名文学家胡适教授在北大监考预科入学考试，这一年的国文试题有两种，其中之一为作文题：“述五四以来青年所得的教训。”考虑到“五四”仅仅过去三周年，因而这道题目在胡适看来非常简单，而学生们的反应则让他大为诧异。一位奉天高师附中的学生很认真地问胡适，五四运动是个什么东西，是哪一年的事。而这还不是最让人无奈的问题，竟有学生言之凿凿地认定，五四运动是一种不用医药的卫生方法。胡适的这一遭遇提醒我们，在伟大光明之外，五四运动另有其孤独高蹈的面相。事实上，如何继承其“伟大光明”，同时破解其“孤独高蹈”，这一直是“五四”以来知识精英不得不面对的难题。

作为社史常识，我们知道九三学社发轫于1945年的“民主科学座谈会”，正式成立于1946年5月4日，因为这一天适为五四运动27周年纪念日，而“‘五四’号召于国人者，为科学与民主，……本社同人，即本‘五四’的精神，为民主与科学之实现而努力，始终不懈，谨此宣言”。而之所以命名“九三”，乃是纪念1945年9月3日日本签订无条件投降书，中国迎来八年抗战的最终胜利。值得强调的是，“九三”之命名铭记的不仅仅是“二战”终结的历史事件，其更重要的意义乃是将“二战”胜利理解为人类社会民主与科学建设的新纪元，而对于“抗战最久而受创最深之中国人民”而言，展开新中国民主与科学之建设，更是“急不可缓之举。”因而，九三学社的成立乃是对“五四”精神——“民主与科学”的继承和发扬，其对“二战”之后中国与世界图景的想象也是以“五四”精神为底色而展开的。由此，本文所要思考的，正是“五四”精神在1945年前后的历史命运，以及第一代“九三”前贤薪传“五四”精神、发扬“民主与科学”光荣传统的思想历程。

众所周知，九三学社前身“民主科学座谈会”的主要成员大多是“五四运动”的中坚人物和积极分子，其主要发起人许德珩就是“五四运动”学生领袖，“五四”宣言起草者。因而，对于这些“九三”先贤而言，“五四”精神不仅仅是难忘的青春记忆，更是支持他们几十年如一日探寻救国济民之路的精神动力。不仅如此，以民主与科学为核心的“五四”精神遗产更凝聚了中国几代知识精英的艰苦努力，这是对现代普世价值的承认和学习，也代表了古老中国在面对现代性严峻挑战之际的文化重建。因而，1946 年 5 月 4 日，当“九三”先贤高举“五四”旗帜，将“五四”精神作为自己政治团体的基本理念之时，实际上是在一个新的历史语境下重新阐释了五四精神，而这也使得“五四”精神在新时代获得新生。

若要回顾九三学社的成立，我们有必要将目光投向此前一年——1945 年的“五四”。这一年的“五四”再一次以不可阻挡历史步伐如约而至，而知识分子也和往年一样再一次拿起笔来纪念“五四”。这种一年一度的纪念似乎已成陈规，但 1945 年的纪念却因为“二战”即将胜利而大为不同。正如一位论者所言，1919 年的五四运动起源于“巴黎和会”，而这正是“欧战”——第一次世界大战的后果；而在 1945 年的“五四”，第二次世界大战中的“欧战”（欧洲战场）已经结束，国人将再一次迎来“欧战”的后果：中国将成为第二次世界大战的又一战场，而在即将来临的胜利之后，中国则面临着战后重建的重任。因而，此时的“五四”精神被强调为“民主政治”，它将以其特有的建设性为战后中国提供解决之道，因而它将比 1919 年的“五四”更加蓬勃、广大、飞扬和持久。

进而言之，随着“二战”胜利曙光的临近，知识分子开始想象战后中国的命运和样貌。这种想象不仅有着描画蓝图的未来维度，更有着审视当下中国的现实意义。李泽厚对中国现代思想史曾有一个判断，认为中国的现代是救亡压倒启蒙的时代。这一论断至少适应于在抗战时期的中国思想界。具体而言，伴随着抗战胜利的曙光，战争阴霾即将散去，而被战争时代的民族救亡重负所压抑的启蒙话语也将再次生长。如果说，军事独裁在战争时期尚可为知识分子接受的话，那么在战后的时代它应该成为历史陈迹，而中国之进步也必须奠基于此。1945 年的“五四”，一位青年学生在杂志上控诉，其所在的学校竟然明令禁止学生参加“五四”游行，质询者被学校处以禁闭。比之于一时一事的控诉，著名学者闻一多的“五四感言”显然深刻得多。他追问国人：“战争本应使一个国家更加坚强，中国却愈战愈腐化，这是什么缘故？”而在他看来，随着“二战”的胜利，中国至少在名义上也将跻身于战胜国“列强”之列，然而中国真正的危机恰在于此，即帝国主义的退却成全了封建主义的扩张，而正是这两者形塑了现代中国二元共生的权力结构。因而，“五四”的历史法则告诉国人，现在到了用民主运动来击溃封建统治的决战阶段，而胜利终将属于为民主而战的人民。

除此之外值得说明的是，当下较为常见的社史叙述大多将“民主科学座谈会”以及此前的“重庆自然科学座谈会”视作九三学社的组织基础和宣传场域，相比之下，九三学社的另一位创办人张西曼所主持的与今日九三中央机关刊物同名的杂志《民主与科学》则不大为人所瞩目。事实上，这份1945年元月创刊于重庆的刊物是高扬“五四”精神的另一面旗帜。打开这份杂志的创刊号，我们将看到如下目录：

《论稀有元素（译文）》 英新闻处

《一九四五年为中国的民主胜利年》 张西曼

《中国工业化与民主是不可分割的》 马寅初

《苏联科学与战争（译文）》 陶大镛

《三十年来之中国工程》

《三十年来我国科学的进展》 卢于道

《野蔷薇含有维他命C》

《青藏公路试车完成》

《最近出现的几种空中新武器》 陶鲁书

《益母草的研究》 朱鼐

《中国的工业训练计划（译文）》 丁雨山

《西北两条新公路定期完成》

《“V-2”能帮助德国胜利吗？》 美新闻处

《小广播》

《森林与建国的关系》 姚传法

《苏联科学家为抗战胜利的努力》 苏新闻处

《中国西部科学的新苗床》

《战时生产局成立》

《河池南丹山地第四纪冰川现象述略》 吴燕生

《佛洛伊德理论的限度（译文）》 丁瓒

《纪念蔡元培博士诞辰，李四光教授学术讲演》

《黑光》

在这一期以及后续的杂志中，以科学与民主为主题的文章几乎各占一半，而其中最具理论深度的文章往往是对科学与民主本质的重新阐发。正如该刊“发刊词”所述，民主与科学是中国革命的两大目标，“‘民主’与‘科学’两名辞”并非仅仅是五四运动的产物，它们实际上和中国近代以来的革命运动有着密切关联，五四运动的功绩在于强调和发扬了这一革命传统，而这份刊物的宗旨就是“立愿作为全国民主和科学战士共同经营的学术园地”。今天看来，这份极有可能出自张西曼笔下的发刊词对五四运动有着全新的理解，表面上，它似乎调低了对五四的评价，而实际上则是把五四所代表的“民主与科学”精神放置到了更为宽广的历史视野，并赋予“民主与科学”精神深刻的革命内涵，这在更深层面上发扬了五四精神。值得注意的是，在张西曼对“民主与科学”的阐述中，我们不难发现其融合了孙中山的民权主义以及苏联的社会主义思想等复杂理论资源。早在1944年末，张西曼就预言1945年将是中国的民主胜利之年，而除了民主之“友邦战胜反民主之法西斯的事实，这一论断的另一个重要依据就是孙中山的训政设计。而在另一篇文章中，张西曼则细致追溯了五四运动中俄国社会主义的影响，在他看来，李大钊、陈独秀等人在北大组织的“社会研究会”直接促进了新文化运动的深入发展。有关张西曼的“民主与科学”思想是一个非常重大的论题，这里显然不能展开讨论。此处的简单勾勒旨在说明，在1945年的“五四”，包括张西曼、闻一多在内，众多来自不同知识背景、革命经历和政治派别的知识分子聚集在“五四”精神的旗帜下。他们有着相近的问题意识，那就是如何在“二战”胜利之后，避免内战，团结各方力量，为建设一个百废待兴的“战胜国”而努力。而时隔26年，经过了军阀混战、大革命、国共分裂、国共第二次合作以及抗日战争的血与火的历练，他们思想中的“五四”精神并非尘封的历史记忆，而是变得更加开阔成熟，更有现实意义。在此意义上，一年之后九三学社的成立并非“九三”人一党一派的决断，而是历史的选择。

1946 年 5 月，处在第二次世界大战结束后的历史关头，像 27 年前一样，中国人必须再次面对世界格局大变革的后果。而这一次，中国知识分子显然更加从容，他们开始从普世的角度审视世界与中国，他们开始参与和主持世界与中国秩序的重建。在笔者写作此文之际，正值旨在庆祝五四运动 94 周年的青年节，此时距离九三学社成立已 67 年矣。马克思有句名言：问题是时代的格言。67 年前的“九三”先贤们扣住了那个时代最为伟大的问题，而且做出了卓越解答。时至今日，“民主与科学”仍不失为我们这个时代最为伟大的问题，它召唤我们给出自己的解答。

（作者杨慧系福建省厦门大学中文系副教授）

责任编辑：张源

民主与科学：九三人高举的两面旗帜

傅　琼

民主与科学是九三人的核心追求。这一点在九三学社发展历程中彰显无疑。如，学社前身命名为“民主科学座谈会”；学社历届章程中始终强调弘扬民主与科学精神；学社主办的刊物名为《民主与科学》；学社创始人许德珩回忆录名为《为了民主与科学》。那么，九三人为何要高举民主与科学的旗帜呢？具体表现及成效如何？本文拟简要述之。

一、民主科学的含义及相互关系

（一）民主科学的含义

民主和科学是人类文明的共同成果。民主主要是指民主制度和民主（精神）理念，即大多数社会成员有序参加社会管理的国家制度和民权、民本、自由、平等、法治的社会意识。科学包括科学知识和科学精神，即系统化的实证知识体系和实事求是、不盲从、不迷信、不崇拜权威、勇于创新的精神。

（二）民主科学的相互关系

民主能保障人尽其能，科学能保障物尽其利。在近世以来的世界文明史中，民主总是与科学相依共生，推动科技的发展与社会的进步。

一方面，民主是科学探索的温床。科学研究是对客观事物和规律认识的一种探索，要推动这种探索，除了提供必要的物质条件以外，还必须具备有利于探索的自由民主气氛。如个体必须有自由支配的时间和精力，有不受权威和社会偏见束缚的独立思考权利，有自由进行思想交流的环境，有自主投身于科学研究的保障，等等。而这些只有在享有充分民主权利的民主制度下才有可能。所以，没有民主的制度与观念，科学技术难以兴旺发达。这是近代以来为大量事实证明的真理。此外，只有享有民主政治制度，才能优化资源配置，形成稳定有序高效的管理，才能对科技成果进行最有利的法律保护，而这些无疑保障了科学技术的快速发展。

另一方面，科学是民主发展的支撑。科学技术的推进使生产力得到了巨大的发展，创造出日益丰富的社会产品，从物质上保证了人民的基本需要。同时，科学技术的发展必然引起生产力的革新，它又将引发生产关系和上层建筑的变革。因而，科学技术的发展，既能有效提高人们的参与意识和民主意识，从而使人们行使民主权利有了更好的精神条件；又能借助科学技术所提供的丰富社会产品，增强人民对民主制度的信任，使政权享有合法性；而执政者为回馈人民的信任而不断推进民主，保障人民的民主权益，故而使民主得以不断发展。

可见，民主和科学既相互依存，又相互促进，前者侧重解决人与人、人与社会的关系，后者侧重解决人与自然的关系，成为推动人类社会发展的双引擎。九三人深谙其功效，故而高举民主科学之大旗，以期更好地服务于社会进步之需要。

二、民主科学与九三发展历程的历史诠释

（一）学社成立前九三人的追求：高举民主科学旗帜，摆脱封建迷信

九三人对民主科学的挚爱，不是始于学社成立，而是始于五四新文化运动时期。当时中国外有压迫、内有专制，国家处于贫弱状态。为反对北洋军阀的封建专制统治和守旧派头脑中牢固驻扎的封建专制思想，树立起民主共和的进步理念，九三人创始人许德珩成为五四新文化运动中的学生代表之一，以年轻人的爱国情怀，打出了“民主与科学”的旗帜。对统治中国达两千年之久的封建礼教进行了自觉的挑战，对于阻碍中国进步的旧政治、旧道德、旧文学等展开了英勇的攻击。当时他受北京学生联合会的委托，起草了《五四宣言》，提出民主与科学，在一定程度上是他们在社会上掀起了一股思想解放的潮流，这个潮流是生气勃勃

的、前进的、革命的。正如有人所说，“在‘五四’运动的战士们的面前，飘扬着一面战斗的旗帜，在旗帜的正面写着‘民主’，反面写着‘科学’。这旗帜，在消极方面是对于封建的黑暗的传统思想的反抗，在积极方面是助长了‘人的发现’，助长了理性的发扬”。

不过，尽管五四新文化是一种反贵族的民众的文化，但广泛性有限，对科学、民主思想的宣传主要还停留在思想文化界的狭小范围，很少顾及最大多数民众的精神生活，工农群众并没有受到新思潮的启蒙，依然过着愚昧、盲从、迷信的生活。如何才能民主科学思想深入民众的精神世界呢？西方国家是否有值得我们学习的经验呢？抱着这些疑问，许德珩等选择出国留学，刻苦学习法、德等国社会学方面的先进思想和理论以宣传民主科学思想。回国后，他到当时的革命中心广州担任教官，讲授唯物史观和社会主义史。继而应恽代英之邀，担任武汉中央政治学校政治教官，武汉第四中山大学教授，黄埔军校政治教官等职务。将民主科学思想播撒到青年革命者的心房里。

（二）学社成立初期九三人的追求：高举民主科学旗帜，期待成立新中国

在抗日战争后期，即 1944 年 11 月间，日本帝国主义对我国大陆发动新的进攻，桂林失陷，川黔吃紧，而重庆蒋介石阵营中，投降的空气异常浓厚，反动势力日益高涨。许德珩、潘菽、税西恒、褚辅成、黄国璋、张雪岩、孟宪章、涂长望、初大告、劳君展、笪移今、彭饬三等九三人发起组织“民主科学座谈会”（又名“民主科学社”），讨论民主与抗战问题。指出，民主与科学是当时中国图生存的必由之路，即要求对外应联合抗战，对内应该实行民主和科学。

九三学社成立之时，许德珩等九三人为反对蒋介石专制，逐渐以政治组织的名义公开支持中国共产党的民主主张。如在成立大会上发表《宣言》：“‘五四’所号召于国人者，为科学与民主，今时间过去虽已二十余年，而民主与科学之要求实较前迫切，本社同人，即本‘五四’的精神，为民主与科学之实现而努力，始终不懈。”该《宣言》的基本精神与中共在抗战后提出的“和平、民主、团结、建国”的精神基本一致。解放战争期间，九三学社对国民党片面召开“国大”进行了旗帜鲜明的抵制；1947 年 5 月 20 日，国民党政府召

开国民参政会之时，许德珩依照事先与中共地下党协商的结果，利用合法形式，和20名参政员联名提出《停止内战恢复和平案》，在参政会上造成强大的反对内战争取和平的声势；1948年4月30日中共提出“五一”口号，在北平的九三学社总社闻讯后秘密举行会议，响应“五一”口号；北平临近和平解放的1949年1月26日，九三学社北平同人公开发表《拥护中共“五一”号召暨毛泽东八项主张的宣言》；1949年1月12日，九三学社的许德珩等，联合城内各大学教员，奉劝傅作义将军顺从民意，谋取和平解放之法，将军队撤出城外。可见在民主科学旗帜引领下，九三人为创建新中国做出了自己的努力，获得了毛泽东主席和周恩来总理的高度评价。

（三）学社发展进程中九三人的追求：高举民主科学旗帜，构建和谐社会

新中国成立以来，尽管九三人有过“文化大革命”时期被迫停止活动的经历，但九三人深知这恰恰是由于民主科学旗帜被搁置所致。因而自中共十一届三中全会以来，九三人高举民主科学旗帜，响应中共政策，将工作重点转移到为社会主义现代化建设服务上来，不断开拓出新的局面。如就实施科教兴国、可持续发展战略、依法治国方略和科技、教育、经济、文化等重大课题进行调研，向中共中央领导同志提出了《关于建立长江上游生态保护和资源开发区的建议》、《大西南连片贫困岩溶地区脱贫与振兴经济建设的建议》和关于建立“农业建设专项基金”等建议，向中共中央和政府先后提出了促进科技成果转化为现实生产力、生态保护和资源的合理开发利用、实行产业化经营、大力推进中西部农村经济的发展、环境保护、实施人才战略、西部大开发、自主技术创新、三农问题等方面的多项重要建议，受到中共和国家有关方面的重视；面向社会，积极开展科教服务、支边扶贫活动，为老、少、边、贫地区的经济建设和社会发展提供了有力支持；多渠道、多层次开展海外联络工作，为促进祖国和平统一服务；努力参加社会主义精神文化建设的实践，为提高全民族的思想道德素质和科学文化素质贡献力量。

总之，在建设有中国特色社会主义伟大事业进程中，九三人高举民主科学旗帜，在中国共产党领导下，努力践行民主监督、参政议政、服务社会等职责，奋发有为，开拓创新，与时俱进，在国家政治经济和社会生活等领域发挥着越来越重要的作用，为构建社会主义和谐社会添砖加瓦，得到了中共和广大人民的普遍认可。

（作者傅琼系江西农业大学教授）

责任编辑：张源

民主与科学 永恒的旗帜

胡璐婷

民主是什么，民主就是在一定的阶级范围内，按照平等和少数服从多数的原则来共同管理国家事务的国家制度；科学是什么，科学就是反映自然、社会、思维等客观规律的分科知识体系。按照这个定义，民主与科学分属于两个不同的领域，民主追求一种相对自由的政治理想，而科学旨在创造一个相对完美的物质世界，两者看似不相关，其实却有着千丝万缕的联系。

先说民主与科学的来源，最早可以追溯到公元前6世纪到前4世纪，现代科学就启蒙于当时古希腊的自然哲学中，而民主思想的产生和发展也正是以现代科学萌芽和壮大为背景的；再说民主与科学的发展，1775年的美国独立革命、1789年的法国革命以及1848年的欧洲革命运动，最终让许多欧美国家建立了民主体制，而民主体制的建立极大地解放了人们的思想，进而推动了西方国家现代科学的迅猛发展。可见，民主与科学是紧密联系在一起的，互为依存，互相推动，这两者从本质上说都是现代文明发展的标志。

民主与科学在西方轰轰烈烈的同时，中国这头东方的雄狮却仍在沉睡，中国人追求民主与科学的历史远远落在了西方人之后。回首古代中国，曾经有过四大发明，有过灿烂辉煌的文明，那个时候也涌现过一批崇尚和重视科学的思想家，但受到封建皇权专制的国家体制禁锢，民主与科学一度得不到发展，直到鸦片战争之后，才再次出现“开眼看世界”的新一批先进人物，“君主立宪”、“兴民权、设议院”、“以自由为体，以民主为用”等思想的出现，以及后来的洋务运动在一定程度上推动了近代中国民主与科学的进程。

民主与科学真正在中国落地开花，始于五四新文化运动，1915年陈独秀先生创办《青年杂志》(之后更名为《新青年》)，把德先生（democracy 民主）和赛先生（science 科学）正式介绍到中国来，当时的《新青年》高举“民主”和“科学”的旗帜，号召人们用德先生武装自己的精神世界，抨击一切腐朽旧思想，用赛先生武装自己的物质世界，做自然界的统治者和主人。自此之后，民主与科学的思想逐渐深入人心，并开始成为一种社会意识和价值观念，虽然在新中国成立之前北洋军阀和国民党蒋介石仍在施行独裁专制，但他们在表面上还是不敢公然非难和反对民主与科学，以至于不得不打着“共和”的旗号。可见，民主与科学的思想已经势不可挡地在华夏大地生根发芽，茁壮成长为一棵参天大树，九三学社就是这棵大树上长出的枝丫，从巨大的树干汲取先进思想的营养，几十年来不断发挥着参政党的作用，为华夏大地遮风避雨。

1944 年，一批教育文化界和科学技术界的进步学者为争取抗日战争的胜利和政治的民主，继承并发扬五四新文化运动的民主与科学精神，在重庆召开了民主科学座谈会，经常聚在一起对当时的政治局面发表自己的见解和看法，这就是九三学社的前身。1945 年 9 月 3 日抗日战争和国际反法西斯战争胜利，为纪念这个特殊的日子，1946 年 5 月 4 日座谈会正式更名为九三学社并在重庆召开了成立大会。几十年来，九三学社作为参政党，履行好了参政议政、民主监督、服务社会的职责，社员中的科学家和院士数不胜数，为科技、军工、医疗、教育等各个社会领域的发展做出了卓越的贡献，提交各级政协、人大的提案不胜枚举，为执政党领导决策提供了极有价值的参考建议。九三学社的成立和壮大，得益于民主与科学思想的巨大影响。

民主与科学是九三学社的政治信仰

作为一个政党，所有成员共同的政治信仰是整个政党紧密团结的基本条件，从九三学社的前身不难看出民主与科学就是社员们最初和贯彻始终的政治信仰。1944 年，当那一批经过五四新文化运动思潮洗礼的各界先进学者们齐聚重庆的时候，不难想象大家是怀着怎样一种既激动又忧虑的心情，一方面抗日战争就要胜利了，祖国即将结束被外敌侵略的历史，另一方面国内局势不稳，各股反对民主与科学的势力蠢蠢欲动，国家未来的命运还处在一团迷雾当中。各位学者凭借自己的专业知识为国家未来的发展出谋划策，自由地讨论时政，不为权力，无关利益，仅仅是各自怀揣着一颗爱国的真心，渐渐地，在无形中，民主与科学就成为所有成员共同的政治信仰。

民主与科学是九三学社的政治原则

九三学社在章程第一条中就提到，从事科学、技术工作以及高等教育、医药卫生等方面的高、中级知识分子，赞成并愿意遵守本社章程，可申请加入本社，这条章程充分体现了九三学社崇尚科学的政治原则，也与最初民主科学座谈会的各位参会人员身份相符。另外，在第十条中提到，本社的组织原则是民主集中制，个人服从组织，少数服从多数，下级组织服从上级组织，全社服从中央，这是九三学社坚持民主原则的政治表现。只要是九三学社的社员，必须且乐于崇尚科学、坚持民主。

民主与科学是九三学社的活力源泉

从成立至今，九三学社先后拥有 170 余位中国科学院院士（学部委员）和中国工程院院士，九三学社社员吴阶平主席除是中国两院院士外，还是外国六个院的院士。许多社员为国家科技事业的进步做出过卓越的贡献，王淦昌、邓稼先、赵九章、陈芳允、程开甲获“两弹一星功勋奖章”，王选、黄昆荣获 2001 年度国家最高科学技术奖，师昌绪荣获 2010 年度国家最高科学技术奖。除此之外，活跃在社会各行各业的高级知识分子都在本职岗位上为国家发展添砖加瓦。这样的先进社员数不胜数。九三学社作为参政党也活跃在政治舞台上，为国家发展建言献策，提出了很多真知灼见。之所以有如斯成就，主要归功于九三学社始终以民主与科学作为自己长足发展的活力之源。

“西洋人因为拥护德、赛两先生，闹了多少事，流了多少血，德、赛两先生才渐渐从黑暗中把他们救出来，引到光明世界。我们现在认定只有这两位先生，可以救治中国政治上道德上学术上思想上一切的黑暗。若因为拥护这两位先生，一切政府的压迫，社会的攻击笑骂，就是断头流血，都不推辞。”这是陈独秀先生在《新青年》中写的一段话，如今将近百年过去，中国这头沉睡的雄狮早已睁开雪亮的眼睛，人民代表大会制度、民主集中制、科教兴国战略、科学发展观等一系列经过实践检验的制度和理论相继出现，中国人实践民主与科学的成功历程证明了当年陈先生的智慧和勇气。

作为一个秉承“民主、科学、爱国”精神的九三社员，作为一个陈独秀先生笔下的“新青年”，更应该用民主与科学的时代精神武装自己：一是用民主与科学的精神改造自己的世界观、人生观和价值观；二是在本职岗位上努力工作，不断提高自己的专业技能和水平；三是多观察、勤思考、认真写作，真正履行参政议政和民主监督的职责；四是积极参加社内组织的各种社会服务活动，参加社内组织的关于国家大事和有关工作的讨论，踊跃发言，反映意见，提出建议。

从民主与科学诞生至今，西方国家和中国几百年来的实践证明，当坚持了民主与科学精神的时候，便能引导整个民族战胜困难、走向进步；而罔顾民主与科学精神的时候，便将国家和人民拖向灾难。民主与科学是永恒的时代主题，是九三学社的灵魂，是九三人不变的信念和理想，高举民主与科学的旗帜，必然使我们的政党保持自己的鲜明特色，为中华民族的伟大复兴贡献力量。

（作者胡璐婷系江西省萍乡市统计局社会经济调查队干部）

责任编辑：张源

民主与科学精神是九三人的精神纽带

——论民主与科学精神对九三学社的重大影响

周　莉

九三学社成立至今已有68个年头了，如果是一个人，那么在这个年龄阶段是即将步入古稀之年，已尽显老态龙钟了，可是，九三学社却正处于其发展的青壮年时期，充满了勃勃生机。这种状态的呈现得益于九三学社始终将民主与科学精神作为其精神纽带。关于这点我们可以分别从以下两方面来窥见一斑。首先九三学社的历代领导人都将“民主与科学”视为九三的灵魂。许德珩主席将总结本人一生的著作命名为《为了民主与科学》。改革开放之初，周培源主席就明确指出，要“弘扬民主与科学精神，促进社会主义建设”。吴阶平主席也曾多次强调，“兴国犹需民主与科学”。进入新世纪后，九三学社的新一代领导人韩启德主席更是坚定不移地表明，“坚持九三学社民主与科学的传统，用民主与科学的精神凝聚人心”。其次九三学社以不同形式来宣传与弘扬民主与科学精神。九三学社的历届章程中始终将弘扬民主与科学精神作为其纲领；九三学社将其主办的刊物命名为《民主与科学》，以准确把握时代脉搏，正确地诠释民主与科学精神在不同时代的内涵为使命。在社九大开幕式上，贺国强同志代表中共中央致辞时把九三学社的光荣传统归结为“爱国、民主、科学”。致辞中一方面表达了对我们九三人的准确评价和殷切希望，同时从另一个侧面也反映了民主与科学精神对九三学社成立与壮大起到了不可替代的巨大作用。

一、民主与科学精神是九三学社成立的原动力

1944年，中国正处于一个列强入侵和统治集团内部腐朽无能的黑暗时代，

社会危机和民族危机日趋严重，整个中国都处于风雨飘摇之中，许多知识分子怀着强烈的忧国忧民情绪，积极投身政治活动，成为变革时代一支最为活跃的力量。其中九三学社的创始人许德珩、潘菽、初大告、杨振声等人积极参与到了五四爱国运动之中，均在32名被捕学生之列。他们为救亡振臂呐喊，痛斥国贼，誓死报国；他们为阐发民主要义，倡导科学思想、方法和精神殚精竭虑。正是在相同的政治理想倾向的驱动下，创始者们才于1944年底成立了“民主与科学座谈会”。1945年9月3日，日本法西斯正式签字投降。为纪念中国抗日战争和国际反法西斯战争胜利，“民主科学座谈会”改称为“九三座谈会”，既而改名为“九三学社”。九三学社在成立时的宣言中就明确宣告：“本社同人，即本五四的精神为民主与科学之实现而努力，始终不懈。”九三学社自诞生之日起，其命运和兴衰就同民主与科学精神紧紧地连接在了一起。在拯救民族危亡的时刻，九三学社的前辈们就认识到了只有民主与科学精神才能真正带领中华民族走向独立、才能真正实现人民民主和国家繁荣。

二、民主与科学精神是九三学社成长和壮大的沃土

正如一颗种子能不能茁壮成长取决于它所生存的土壤一样，一个参政社团能否发展、壮大同样也取决于其所存在的社会环境。回顾历史，我们可以看到民主与科学精神在中国的快速发展进程。自近代中国的新文化运动开始，由陈独秀首先提出民主与科学两大口号，树立起这两面旗帜以来，民主与科学精神便在中国扎了根，发了芽。在革命年代，毛泽东同志在总结中国革命的经验的基础上，提出了新民主主义革命理论，在文化建设上则要求建设民主的、科学的、大众的新文化。改革开放三十多年来，中国始终高举民主与科学的旗帜，在思想认识上，特别是在实践上，民主与科学都取得了很大的进展。在民主方面，中国共产党十五大曾提出，党内民主是党的生命。十七大又再次提出，人民民主是社会主义的生命。在科学方面，提出了科学发展观，我们的现代化建设已经进入了科学发展的阶段，全国各地正在开展学习实践科学发展观的活动。国家把培育高度的

民主和科学精神作为其长期的一项任务。民主与科学精神俨然已成为知识经济时代社会发展的两个主要动力。正是因为生长在这片沃土上，九三学社才能从只有几十人的政治团体，发展到今天拥有 30 个省级组织，292 个设区市市级组织，26 个县级市组织，5236 个基层组织，全国社员总数已达 132000 余人的政治社团。才使九三学社快速发展为组织比较健全、有较强参政能力的政党，并在国家的政治生活、社会生活中发挥着日益显著的作用。据统计，历届九三社员中担任各级人大代表的共有 1938 人，担任各级政协委员的共有 10029 人，担任县处级以上政府及司法机关领导职务的共有 1042 人。

三、民主与科学精神是九三学社发展的强大支撑

九三学社继承倡导的科学精神，我认为用梁启超先生所下的定义来概括最为准确，即“有系统之真知识，叫科学，可以教人求得有系统之真知识的方法，叫作科学精神”。随着时代的发展，它涵盖了科学精神、科学思想、科学方法和科学态度。这种科学精神渗透于中国社会的各个层面，大到国家政策的制定，小到个人行为的选择，或表现为实事求是的精神，或表现为创造性的思维方式。正是凭着这种科学精神的支撑，在十年动乱的年代，广大社员仍然在逆境中坚持着科学研究。被打成“反动学术权威”的潘菽仍然坚信“心理学作为一门科学是砸不烂的，也是取消不了的，前途是光明的”。正是凭着对这种科学精神的坚定信仰，黄汲清、谢家荣踏遍祖国山川，以“但愿以足踏额非尔士之高峰，痛饮帕米乐高原之晴空”的崇高志向，为中国一系列油田的发现做出了杰出的贡献；王淦昌、邓稼先隐姓埋名，为我国原子弹、氢弹的研制倾注了全部心血，建立了不朽的功勋。正是秉承着这种科学精神，九三学社在社会发展的许多问题上，如三峡工程、圆明园防渗工程等，才不会人云亦云，为国家的发展、社会的进步、人民的幸福贡献出自己的真知灼见。

九三学社不断丰富民主形式，拓宽民主渠道、健全民主制度，使其发展展示出更加旺盛的生命力。首先大力推进社内民主，坚持选举民主、协商民主、监督

民主等形式。所谓选举民主即社员通过选举、投票行使权利，是表达社员意愿的有效途径。协商民主指在进行重大决策之前，进行充分协商，尽可能就共同性问题取得一致意见，尽可能兼顾各方意见。监督民主指社员对公共权力和公共事务拥有监督权，是维护社员利益的有效方式。正是这些民主实现形式互相补充、相得益彰，有力地保障了九三学社的健康发展。其次大力促进人民民主，认真履行参政议政、民主监督职能。九三学社始终坚持想群众之所想，急群众之所急，深入调研，体察民意、洞悉民情，真实地反映了多数群众的意见，代表多数群众表达其民主意愿。九三学社始终坚持以高度的政治责任感积极履行民主监督的职能，努力推进人民民主制度化、规范化、程序化建设；正是基于对人民民主的积极参与，使九三学社日趋发展为坚持人民民主的中流砥柱。

九三学社的先驱者们，秉承五四爱国新文化运动的光荣传统，无论是在解放战争时期，社会主义建设时期还是在改革开放的新时期，都始终高举民主与科学的伟大旗帜，为国家繁荣和社会发展做出了巨大贡献。诚如韩启德主席所言："九三学社始终把民主与科学作为一种精神纽带，因为我们九三学社的社员从历史到现在，始终把民主与科学作为一种精神纽带。"回顾逝去的60多年，总结历史经验，使我们深刻认识到了民主与科学精神对九三学社的成立和壮大发挥着显著的作用。在新的历史时期，九三学社应该进一步发扬民主与科学精神，为振兴中华而努力，为民族辉煌而奋斗。

（作者周莉系江西省贵溪发电有限责任公司干部）

责任编辑：张源

民主与科学——永远的旗帜

黄 勇

民主与科学是由五四新文化运动大师陈独秀、李大钊、鲁迅、胡适等首倡，并由九三学社先贤大力弘扬，发扬光大的一个重要口号，也是九三学社的根本宗旨。五四以后的80多年间，特别是九三学社成立后，九三历代先驱始终高举民主与科学的伟大旗帜，和中国共产党风雨同舟，为国家振兴和民族富强做出了不可磨灭的贡献。

一、民主与科学在中国的引进与传播

近代中国，由于国势衰微，内忧外患，知识分子中的有识之士开始从思想上、文化上寻找落后的根源。甲午战争的失败更使人们认识到，仅仅依靠坚船利炮，而不从思想文化乃至社会制度上进行彻底改革，是难以真正救国的。于是，各种思想文化思潮相继被引入中国。从近代早期的睁眼看世界，到“中学为体，西学为用”，再到后来的“全盘西化”，各种思潮在中国相继登场，而其中最具震撼力，对中国的近现代化起到巨大推动作用，并且至今仍具有重大现实意义的口号，就是“民主与科学”。

1919年，陈独秀在《新青年》杂志上撰文提出，“要拥护德先生又要拥护赛先生”，呼吁将其引进中国。而被称为德先生和赛先生的即是近代中国“民主”与“科学”两大时代主题（democracy，science，即民主、科学的英文首音节音译）。在国家积贫积弱的危难之际，一大批接受了马克思主义思潮的先进青年，在主权遭受宰割、民族存亡危在旦夕之际，喊出了“民主与科学”的口号，形成了强大的时代潮流。而许德珩、潘菽等九三学社的发起人便是这场伟大的爱国运动的亲历者。

民主与科学的思想是“五四运动”勃发的主要动力，是新文化启蒙运动的旗帜。民主和科学的启蒙对提高国民素质起到了非常积极的作用。科学精神的大力提倡，为扫除愚昧与迷信、发展科学与技术创造了思想前提，在推动中国近代化过程中功不可没。它冲破了封建思想的藩篱，提出了思想启蒙和人的近代化课题，为中国后来的改革开放提供了巨大的精神营养。它鼓舞一代又一代青年挣脱封建思想的精神枷锁，投身于争取民族解放和国家进步的斗争中。民主与科学的口号掀开了中国思想文化史上崭新的一页，是中国近现代史上一笔宝贵的思想财富。

二、九三学社与民主与科学

九三学社的先驱者们，秉承五四新文化运动的光荣传统，无论是在社会主义革命时期、社会主义建设时期还是在改革开放的新时代，都始终高举民主与科学的伟大旗帜，为国家和社会发展做出了巨大贡献。

九三学社前身是1944年底成立的“民主科学座谈会”。1945年9月3日，日本法西斯正式签字投降。为纪念中国抗日战争和国际反法西斯战争胜利，“民主与科学座谈会”改称为“九三座谈会”，既而改名为“九三学社”。其宗旨是继承“五四”民主与科学的传统，反对内战，争取和平与民主。1949年9月，九三学社的代表参加了中国人民政治协商会议第一届全体会议，参与了制订《中国人民政治协商会议共同纲领》和组建中央人民政府等工作。

新中国成立后，一些同志曾对“民主与科学”的提法提出否定意见。而作为九三学社主要创始人之一的潘菽先生等对民主与科学情有独钟，深知“民主”、“科学”这两面旗帜与九三学社的渊源关系，极力主张社章中仍保留“民主与科学”的提法。当今天下政党繁多，以高级知识分子为主体的九三学社若不以“民主与科学”为主要内涵，那就不是一个有个性的民主党派了。“民主与科学”的大旗既打出了九三学社这个民主党派的鲜明特色，又标志着九三学社的奋斗目标任重而道远。

九三学社的历代领导人都将“民主与科学”视为九三的灵魂。许德珩总结其一生的著作便名为《为了民主与科学》。改革开放之初，周培源主席就指出，要“弘扬民主科学精神，促进社会主义建设”。吴阶平主席也强调，“兴国犹需民主与科学”。进入新世纪，九三新一代领导人韩启德更是坚定不移地表明，“坚持九三学社民主与科学的传统，用民主与科学的精神凝聚人心”。

在社会主义建设时期，特别是改革开放以来，九三学社在中国共产党领导下，积极参与国家政治生活，认真履行参政议政、民主监督的职责；紧紧围绕经济建设这个中心，充分发挥人才和智力优势，就教育、科技、经济建设等方面的情况进行调研，提出多项建议，受到国家有关方面的重视。我社黄昆和王选院士还先后荣获国家最高科学技术奖。

三、新时代坚持民主与科学的现实意义

审视中国自“五四”以来的发展历程，我们可以说，当坚持了民主与科学精神的时候，便能引导整个民族战胜困难、走向进步；而罔顾民主与科学精神的时候，便会将国家和人民拖向灾难。在这一方面我们曾有过惨痛的教训。从50年代末的“大跃进”到70年代末的“洋跃进”，无论是高产卫星，大炼钢铁，还是赶英超美，全国上下，都充满了乌托邦式的盲目和狂热，而缺乏的恰恰是审慎理性的思考、科学的论证和民主的决策，结果对国民经济发展造成了巨大的破坏。试想，在三门峡水库兴建、毁林开荒、围海造田以前如果能够充分发扬民主，以实事求是的科学态度认真倾听一下黄万里等专家的意见，那么，后来的生态灾难也许就会得以避免。

社会在不断发展，民主的诉求和科学的进步是现代社会永恒的追求。新的时代赋予民主与科学以新的内涵。中共十六届五中全会以来，党中央适时提出了建设和谐社会主义的构想，而社会的和谐首先就要求各个阶层的全体公民能够充分民主地表达其利益诉求。没有民主协商、民主监督、民主决策等一系列民主制度的建立和完善，就难以真正体现社会最广大人民群众的根本利益，难以体现社会的公正和公平，就可能导致各种矛盾的激化，建设和谐社会主义也就无从谈起。

科学精神，本质是实事求是，从尊重客观规律和真实情况出发，来不得半点虚假。它要求国家法律、政策的制定和各项决策必须以可靠的科学研究为基础，要有严格、缜密的科学论证，而不是盲目决策。科学的精神还体现在全民族的科学观念和创新意识。党中央最近提出，要提高全社会自主创新能力，就是充分体现了科学精神的这一内涵。

改革开放以来，随着我国社会主义民主的不断完善和科学文化的普及，民主与科学的种子也在不断地生根发芽。从农村基层干部“海选”到个人所得税起征点听证，全社会的民主意识空前高涨；从三峡工程的激烈辩论到圆明园防渗工程的专家论证，科学的信念延伸到社会各个角落。2003 年抗击“非典”的胜利，就是民主与科学精神的胜利。它一是靠公众的知情和民主参与，二是靠医学上的研究成果。近年来，各级政府和部门在决策时更强调发扬民主，以保证决策的科学性。国务院多次召开专家学者座谈会，就国民经济和社会发展中的重大问题征求意见。越来越多的此类做法表明，科学民主决策正在向制度化方向演进，这是一个重大的进步。

民主与科学是中国几代人为之而奋斗的目标，是永远也不会过时的九三的灵魂。“民主”与“科学”这四个大字，可以不刻于墙石之上，却将深深地刻在中国人，特别是九三人心中。

没有民主和科学，就没有社会主义，也就没有现代化。我们今天讲民主，就是要让人民当家做主，保障人民的民主选举、民主决策、民主管理和民主监督的权利；就是要创造一种环境，就是要让每一个人都能在平等、公正、自由的环境中全面成长；就是要把发展民主和完善法制结合起来，依法治国，建设社会主义法治国家。我们今天讲科学，就是要尊重知识、尊重科学、尊重人才，遵循经济规律、科学规律和社会发展规律，就是要鼓励创新，建设一个创新型国家。实现民主和科学的目标，教育是基础。只有人人都能接受比较充分的教育，整个民族的素质得到提高，民主和科学的目标才能真正实现。

（作者黄勇系湖南省怀化市农村公路管理处副处长）

责任编辑：张源

继承民主科学传统　推动社会进步发展

郑美花

民主与科学光荣传统是指 20 世纪初在中国国势衰微、内忧外患时代境遇下，先进的中国知识分子将西方的民主与科学精神引入中国，掀起思想解放的新文化运动，新文化运动高举民主与科学两面大旗，反对封建专制、抨击封建礼教，追求自由、平等、人权和个性的解放，建立民主中国。

一、民主与科学的引入

民主，系从西方引入，最早见于梁廷枏的《合众国说》，文中极力称赞美国民主制度。清廷出洋考察第一人斌椿，在游记中对英国的议会政治大加赞誉，"始知海外有此胜景"。真正引进民主与科学的是梁启超和严复，1898 年梁启超在《事务报》上发表"民权论"，维新失败后流亡日本，继续介绍西方民主思想，创办报刊，发表文章，讴歌自由，倡导个人权利，"人人自由，人人平等"，"人人各以自主之权，而行自由德义，实为立国之本"。其时，严复翻译《天演论》等西方著作，在 1895 年发表的几篇政论中，极力提倡科学和民主精神，鼓吹卢梭"天赋人权"的民主思想，抨击中国的君主是欺夺民主自由的窃国大盗；并指出中国的传统病根在缺乏民主自由，其所做的这些精辟论述，为五四新文化运动的发生奠定了思想基础。

科学的引入，同样经历了一个渐次深入的过程，鸦片战争之后近代科技开始被引进和传播，从 1840 年开始，中国的知识分子开始主动学习西方的科学技术，"师夷长技"，洋务运动期间达到高潮，戊戌变法以后，近代科学在中国得到了更加广泛和深入的传播，但这时在技术层面上的介绍比较多，基础理论和科学方法方面的介绍比较少，还没有将科学精神用作启蒙的工具和批判旧礼教、旧文化的自觉武器。

二、民主与科学成为新文化运动的旗帜

陈独秀首先高举民主与科学两面大旗，吹响新文化运动的号角。1915 年 9 月，他在《新青年》创刊号上发表《敬告青年》一文，向国人疾呼："国人而欲脱蒙昧时代，羞为浅化之民，则急起直追，当以科学与人权并重。"后来，在《本志罪案之答辩书》指出："西洋人因为拥护德、赛两先生，闹了多少事，流了多少血，德、赛两先生才渐渐从黑暗中把他们救出来，引到光明世界。我们现在只认定只有这两位先生，可以救治中国政治上道德上学术上思想上一切的黑暗。若因为拥护这两位先生，一切政府的压迫，社会的攻击笑骂，就是断头流血，都不推辞。"自此，民主与科学精神开始深入人心。

第一，民主是伸张人权，追求自主的个人主义诉求。陈独秀认为"当以科学与人权并重"，"解放云者，脱离夫奴隶之羁绊，以完其自主自由之人格之谓也"，"一切操行，一切权利，一切信仰，唯有听命各自固有之智能。"这里即胡适所称"健全的个人主义"。

第二，认为民主是一种平等自由的精神。五四时期思想家谭平山在《国民道德教育改造论》一文中强调："今日时代思想的根本特质，就是民治主义，今日所谓民治主义的根本概念，就是平等自由两大观念。"

第三，五四新文化运动所提倡的科学，不仅是科学技术或科学思想，更是一种广义上的世界观和方法论，一种与迷信、盲从、愚昧相对立的崇尚实证的理性精神。《敬告青年》中说："科学者何？吾人对于事物之概念，综合客观之现象，诉之主观之理性，而不矛盾之谓也。"之后，在《新文化运动是什么》一文中陈独秀又写道："我们要改去从前的错误，不但应该提倡自然科学，并且研究、说明一切学问（国故也包含在内），都应该严守科学方法，才免得昏天黑地乌烟瘴气的妄想、胡说。"自此，科学精神成为知识分子自觉寻求社会变革和探求个人思想出路的指针。

三、民主与科学深入发展

新文化运动之后，民主运动与科学精神得到进一步发展。

首先，追求民主与科学的运动和思潮继续发展。五四运动后，民主运动继续获得发展：一是共产党发动和领导的人民民主运动；二是资产阶级自由主义者发动和领导的资产阶级民主运动，如20世纪20年代末的“人权运动”、30年代中“人权保障同盟”和“赔偿冤狱运动”、抗战时期的两次民主宪政运动、抗战胜利后民主党派主张的第三条道路和民主建国运动等。与此相一致，民主思潮的发展也分两个方向，共产党及其支持者认为，传统的资产阶级民主具有虚伪性，它虽标榜代表全体人民，但实际上代表的只是有产阶级自己，只有无产阶级领导下的新型的社会主义民主，才能真正代表广大劳动人民的利益和要求。而资产阶级自由主义者则坚持传统的资产阶级的民主理想，坚持以选举为核心、以议会为形式的西方民主制度。在科学方面，则产生了经久不衰的“科学救国思潮”、30年代初至抗战全面爆发前夕的“科学化运动”、同时期的“新社会科学运动”等。

其次，民主与科学的思想和实践开始贯穿于社会的各个方面。如在教育方面，平民主义教育运动的兴起和发展，“启发式”、“个性化”教育方法的提倡和推广，科学知识、科学实验课程的设置和重视等；在学术研究方面，主张学术独立，要求思想自由，反对政治干预学术，提倡用科学方法整理“国故”，注重调查研究和理论与实际的结合等；在文学艺术方面，揭露和鞭挞封建专制主义与愚昧主义（如“启蒙主题文学”），追求文学形式的多样与自由，主张大胆地表现和张扬个性，以及30年代兴起的“大众语运动”等。

再次，五四新文化运动后社会的各个方面，民主理念和科学精神逐渐深入人心，成为一种支撑社会的实际力量，无论北洋军阀还是蒋介石国民政府，都以“共和”作为政体称号，他们所制定的宪法（如1923年北洋军阀颁布的《中华民国宪法》、1936年国民党颁布的“五五宪草”、1946年国民党颁布的《中华民国宪法》）都确认人民应享有种种民主自由的权利。即使三四十年代受国际政治思潮的影响，有些人鼓吹过法西斯主义，也发生过民主与独裁的论战，他们大都只是强调中国现在还不具备实行民主的环境和条件，而很少有人从价值上否认民主和科学精神。

四、九三学社成立——民主与科学的继续发展

新文化运动之后，先进的知识分子继续高举民主与科学大旗，反专制、反独裁、反侵略。1944 年底，在重庆，五四运动学生领袖许德珩、潘菽、初大告等发起成立“民主科学座谈会”，以民主、科学为宗旨，讨论民主与抗战问题，主张“团结民主，抗战到底”，发扬“五四”反帝反封建的爱国精神，“为实现人民民主与发展人民科学而奋斗”。后为纪念 1945 年 9 月 3 日的抗日战争胜利，“民主科学座谈会”改为“九三座谈会”，1946 年 5 月 4 日，九三学社在重庆成立，发表成立宣言，明确提出“本社同仁，即本‘五四’的精神，为民主与科学之实现而努力，始终不懈”。九三学社以自己的实际行动践行着自己的宣言，反抗国民党的独裁统治，积极参加了国统区的爱国民主运动。1949 年，九三学社参加了新政协，投入到了新中国的建设事业中。

五、民主与科学仍然是时代的主题

自 20 世纪后期以来，伴随着科技的迅速发展、人类社会信息化、经济全球化时代的到来，政治的民主化浪潮横扫全球，越来越多的非民主国家踏上了通向民主的道路。中国共产党的十五大指出：“发展社会主义民主政治，是我们党始终不渝的奋斗目标。”社会主义在本质上要求发展民主，因为社会主义制度就是人民当家做主的制度，没有民主就没有社会主义。随着我国改革的逐步深入，原有的某些制度性弊端显现出来，成为社会发展的阻力，我们所确立的和谐社会目标，建设富强、民主、文明的社会主义法治国家的理想，仍然需要发展民主和科学，民主制度与科学精神仍然是我们应该改革的方向，这就要求各个阶层的全体

公民能够充分自由地表达各自的利益诉求，如果没有民主协商，民主监督，民主决策等一系列民主制度的建立和完善，就难以真正体现社会最广大人民群众的根本利益，难以体现社会的公平和正义，建设和谐社会也就无从谈起。科学精神要求我们从尊重客观规律和真实情况出发，要求国家法律、政策的制定和各项决策必须以可靠的科学研究为基础，保障每个人的基本人权，让整个社会充满发展的活力，真正实现百年国富民强“中国梦”。

（作者郑美花系湖南湘中旅张家界国际旅行社经理）

责任编辑：张源

九三学社与民主科学简论

王宏海

民主与科学在中国源于“五四运动”，陈独秀、李大钊、鲁迅、胡适等人是民主与科学的倡导者和宣传者。“五四运动”间的新知识分子对民主与科学寄予了很大期望，希望通过民主与科学改造国民性格，教化民众，使中华民族尽早从苦难中解放出来。民主与科学就成了“五四运动”的启蒙思想。

毛泽东是五四青年，是中国民族民主革命的领袖。他在1940年1月9日的陕甘宁边区文化协会第一次代表大会上，发表了《新民主主义的政治与新民主主义的文化》（后改为《新民主主义论》），提出了新民主主义革命的理论。他以1919年的“五四运动”为分界点，认为在此以前的中国革命属于旧民主主义革命阶段，之后的革命属于新民主主义革命。中国的新民主主义革命就是要打破旧的殖民地、半殖民地半封建的社会政治，建立民主与科学的共产主义政治制度。毛泽东突出民主政治，反对独裁，反对假民主、伪民主。在中国革命战争期间，中国共产党及其军队充分运用民主集中制的原则，群策群力，极大调动了广大人民参加革命的积极性，取得了中国革命的胜利。

1944年在抗日战争胜利前夕，应中国共产党“结束一党专政，成立民主联合政府”的号召，由许德珩、潘菽、黄国璋、梁希、金善宝、涂长望等人组建了“民主科学座谈会”的政治性组织，其政治主张是：继承和发扬“五四运动”彻底的反帝反封建的民主科学精神，倡导“团结、民主、抗战到底、反对国民党一党独裁统治，结束国民党一党专政”的主张。1945年在重庆国共谈判期间，许德珩等人应毛泽东的提议，决定把“民主科学座谈会”确定为永久性的政治组织，后改为“九三座谈会”以纪念抗日战争胜利。1946年5月4日“九三座谈会”改为“九三学社”，标志着“九三学社”的正式建立。

纵观九三学社与民主科学发展的历史，救亡图存是那个时代的核心问题，如何避免亡国灭种之灾是中华儿女的共同使命。九三学社是高级知识分子为主的政治团体，对民主科学有深刻的理解和体会，选择民主与科学作为九三学社的宗旨也就再自然不过了。九三学社的历届领导人都旗帜鲜明地高举民主与科学的旗帜，老革命家许德珩先生终其一生就是“为了民主与科学”，改革开放初期，周培源主席强调“弘扬民主科学，促进社会主义建设”，吴阶平主席认为“兴国犹需民主与科学”，现任主席韩启德教授号召九三人“坚持九三学社民主与科学的传统，用民主与科学的精神凝聚人心”。可见，无论民主革命时期，还是社会主义建设时期，在政治上民主政治方面，九三学社与中国共产党的执政理念保持着高度一致。

反思中国民主与科学的历史进程，不难发现，民主与科学在不同时代呈现出不同的特点和意义。民族民主革命阶段，反帝反封建是那个时代的主题，反帝反封建表现为救亡图存的民族自救。这个阶段民主就是反对专制、反对独裁，科学就是学习西方的科学技术。对于什么是民主政治，如何建构中国特色的民主政治，还没有成功的经验，更不要说成熟的理论。毛泽东《新民主主义论》发表后，人们才对新民主主义国家有了初步认识。民主是口号，是理想，是信念，建立人民民主共和国就是民族民主革命的目标。当时一些学者被革命激情所驱动，被民族忧患意识所激励，认为只有推翻封建专制政府，实现民主共和才能实现中华民族的复兴。总而言之，民主革命阶段，民主与科学的基本落脚点是民生问题。当生存成为第一迫切要解决的问题时，民主问题变成了民生问题，而民生问题有时又导致精英执政、领袖崇拜、权力崇拜的老路。民主之路艰难行进，这也是九三学社在抗日战争结束后建社的历史背景。九三学社的老一辈革命家深知，没有真正的民主与科学就不可能真正实现民族振兴，更无法实现千年中国梦。

历史进入社会主义建设阶段，民主不再是革命而是建设。建设一个什么样的国家，如何建设这个国家，就成了民主与科学所面临的时代课题。新中国的建立给了无数人实现梦想的机会，海外归国华侨，一批又一批的科技人才、知识分子经历了千难万险回到祖国的怀抱。在西方国家，民主制度可以为每个人提供均等的发展机会，对此他们有一定的体验和认识。当看到民主与科学是九三学社的立社宗旨和行动指南时，许多科学家顿感“心有戚戚焉”，纷纷要求入社。此后，九三人爆发出前所未有的创造力，开拓了中国的医学教育与研究、航空航天研究等许多科学新领域。在民主政治方面，九三人以学科优势为背景，为国家建设与中长期发展积极建言献策，做出了不可替代的贡献。

然而，天有不测风云。中国共产党作为执政党管理国家的经验不足，民主政治在社会主义建设的道路上艰难探索，甚至还发生了“文化大革命”十年动乱，出现了多数人对少数人的暴政，九三学社的知识分子也受到较大影响，甚至一些人及其家人遭到了严重的政治迫害。“文化大革命”时期的大民主实际是不成功的，民主政治绝对不是武装斗争，也不是“大鸣大放大字报”，更不是派系争斗。因此，民主是手段而不是目的，应该有边界和约束。

从新中国成立后前三十年民主建设的经验教训中得出，民主的前提是人权、自由和平等。没有对公权力的约束和对私权利的尊重，就不可能有真正的民主；没有公民就不可能有自由，没有自由也就没有平等；民主建设需要稳定的社会环境，更需要良好的法制和政治环境。在社会稳定、人身自由、权利平等的条件下，才可能民主治国，给予每个人自我价值实现的机会。

改革开放以来，民主与科学呈现新的时代意义。和平和发展是时代主题，如何维护和平，如何保持均衡的可持续发展，如何使人获得全面的自由发展，就成为中国特色社会主义道路建设的重要问题，也是社会主义初级阶段民主政治必须面对的问题。由此，实现中国式民主，提升中国人的科学素养成为解决时代问题的关键所在。民主不是革命，民主实现的途径不是单一的，而是多样化的，是与本土的文化传承密不可分的。人大选举、政协参与就成了中国特色的民主政治生活，选举是选出强有力的负责任的领导，参与是民主决策的智力支撑。统一战线、共商国是是九三学社民主参与社会管理的重要职责。因此，新时代的民主就是非竞争式的政党合作、协商解决问题，促进社会和谐、可持续发展的民主决策与科学管理。民主决策与科学管理是有机的统一体。民主决策在于对个人自由的尊重。对公权力的约束和对私权利的保护，这就是自由，自由不是对个人私欲的放任，也非无边界的自在自为，而是对权力、权利的限制、尊重。正是有了这样的自由和民主，才有平等，才会服从真理，实现科学管理。科学管理需要科学精神，而不是“科学迷信”，更不是“唯科学”论。民主与科学紧密结合，为公民生活质量的提升提供了可靠保障。科学建议，科学参考，才能促进公民爱科学、学科学、用科学。尊重每个人的权利才能珍惜民主与自由，才能给予每个人实现梦想的机会。

回顾九三学社与民主科学的发展史清晰地发现，我们九三人主张的民主科学不仅包含自由平等、法律信仰、权力制约、服务社会的普世价值，而且还深深根植于中国的本土文化，在不同的时代显示出不同特点和意义。民主科学只是一条路径，而加快科技创新，促进社会政治经济发展，振兴中华，造福人类才是九三人的现实目标。

（作者王宏海系海南省三亚学院跨文化研究中心主任）

责任编辑：张博燕

“民主与科学”——任重而道远

金白杨

2012年9月，担任清华大学客座研究员的董洁林女士在《华尔街日报》上发表了《中国对人类创新贡献了多少？》，她带领她的团队遴选出了200项人类在科学方面的成就，其中我国古代科学成就仅有两项入选，她的团队调研发现，“中国在科学方面不仅与欧美相差甚远，较之其他文明古国也相形逊色”。

一、古代科技成就

科学是运用范畴、定理、定律等思维形式反映自然现象的本质和规律的知识体系，其目的是认识自然。而技术是应用科学知识改造自然、改造社会的过程中所用到的一切手段、方法的总和。科学对世界的发现，技术对自然的改造，共同推动和创造着人类文明和历史。然而“科学”一词只是近代才在我国广泛运用，尽管在我国悠久的文明史中不乏科技成就。

在科学方面的成就。如果按照历史书中常提到的“农、医、天、算”四个方面来分析古代科学成就，我国古代农业不属于科学范畴，将在下文叙说。而我国古代医学却别具一格，建立起了庞大的理论体系，至今仍具有强大的生命力，但却饱受争议。表现在面对西医（现代医学）时总是不断地在调试着自己独特的“身份”，以至于我国中医史学家廖育群说，古代中医与现代中医的区别，甚至超过中医与西医的区别。只有后面的“天”和“算”，也就是天文学和数学最具代表性。天文学和数学的结合建构起来的盖天说、浑天说都有数学模型作为支撑，但是这种数学模型却不与推算日月五星运行的另一套数学模型（算的模型）相融洽，而是各行其是。此外我国古代天文学还把地上的事物都搬到天上，形成了独具特色的“三垣二十宿”体系。该体系是天上、人间对应比附的产物，是军国星占体系的一种反映，即为战争胜负、王室兴衰、年成丰歉等军国大事服务的，已经走出了科学的范畴。所以，我国古代天文学不可能像西方那样，从古希腊天体运行的圆周运动中解脱出来，发展出开普勒的椭圆轨道等近代天文学体系。我国古代数学以成书于汉代的《九章算术》为基调，此书就是一本服务于实际生产生活的应用问答集，告诉题目、答案和算法，根本没有推理、论证的过程，完全是一个以“算”为特征的实用化体系。

在技术方面的成就。农业可以说是我国古代的立国之本，古代农业著作历代不缺，但是大多是记录一些经验性的总结，大量内容是种田技艺以及农耕器具的发明与应用——这些都属于技术的内容，元代王祯1313年写就的《农器图谱》是我国古代农事器具的集大成之作，但是并没有完善的农业科学理论知识体系呈现在文献中。除农业技术以外，军事技术、木构建造技术、天文仪器技术等引领着当时世界范围内的技术高峰。明代末年宋应星完成的《天工开物》系统总结了我国农业、手工业方面的技术成就。随后100多年时间里，在西方工业革命大潮下，我国与主流技术前沿越来越远。

是什么造成我国古代没有建立起抽象的科学理论基础和系统完善的知识体系，从而使近代技术发明远远落后于西方国家呢？

二、国人科技创新能力弱的原因分析

（一）科学方法方面

我国历史上的科技创新主要集中在春秋战国和唐宋时期，之后几乎就停止不前，明清以后就远远落后于西方了。对于这一现象有学者认为是因为中西方探求自然的过程中所形成的风格迥异的科学方法所造成的。总体上说，西方注重分析、侧重还原论，即力求从纷繁复杂的世界中找到纯粹单一的个体或元素，而我国则注重直觉，侧重整体论，即强调从宏观上笼统把握事物，缺乏对事物发生发展的本质精神的探求，长久地停留于经验直觉层面，往往形成孤立的个体科学事件。

比如早期在东汉，郑玄在《考工记注》中就注意到了弓受力的弹性形变现象，可是到了明末《天工开物》仍然记载了这一现象，没有从经验事实上升到普适理论（胡克定律）。又比如从公元前 240 年到 1910 年，我国对 29 次哈雷彗星的回归均有记载，但是并不知道它们是同一颗彗星，可是英国的哈雷运用牛顿的理论，利用三次该彗星的轨道记录，就发现了哈雷彗星的回归周期，并且成功预言了 1758 年后哈雷彗星的再次回归。科学理论超出经验事实的威力由此可见一斑。这只是从科学方法的层面来思考问题，如果我们从这背后隐含着的传统文化、社会价值以及政治制度来认识，恐怕就会发现我国科学技术落后的真正原因。

（二）“实用理性”的文化特征

有学者曾统计出《论语》中有关自然知识的材料总共有 54 条，涉及天文、物理、化学、动植物、农业、手工业等方面，其内容几乎都是利用自然知识来说明政治、道德方面的主张，自然本身并不是研究的目的。其实自先秦起，我国学者们就重视人生，讲究实用，漠视各种与现实人生无关的自然知识或抽象理论。任何学问只有落实到社会、人生的层面才有价值。所以，李泽厚曾一针见血地说，长期农业小生产的经验论所催生的“实用理性”，是中国传统思想在自身性格上所具有的特色。正是因为“修身、齐家、治国、平天下”的“为人生而学问”成为我国古代知识分子中一种占压倒优势的学术目的，造成我国古代科学技术总体上缺乏严格的推理形式和抽象的理论探索。人们把目光集中在那些短期内可以看到实际效用的领域，让那些看起来没有什么实际用途的基础科学长久地得不到重视。

世界科技发展的历史告诉我们，科技创新往往是一个长期探索的过程，很多今天看似“无用”的东西，恰恰能够在未来逐渐伸发出大用途。正是对于基础理论的探索才奠定了技术创新和应用的坚实基础。近代西方的学者以一种近乎宗教的执著，探寻着自然规律，产生了牛顿、爱因斯坦这样的科学巨匠。近代科学的产生就源于这样一种超脱世俗的求真精神。

（三）官本位的价值观

在几千年的封建统治下，儒家为主体的传统文化确立了“士农工学商”的社会等级，孕育了深厚的“官本位”思想。“学而优则仕”成为我国千百万儒生终身孜孜以求的目的，钻研科学技术不过是雕虫小技。这种根深蒂固的价值观，让我国古代科技工作者难有相应的社会地位，更严重的是导致我国古代知识分子普遍缺乏一种能够保障他们独立思考的生存环境，以至于让他们难以保有独立的人格，大多数科学活动都被直接或间接地当成了政治活动的附庸。

（四）大一统的社会制度

自汉武帝采纳董仲舒“废黜百家，独尊儒术”的建议以来，直到“五四”新文化运动之前，我国二千年的学术史上，儒家学说成了一统天下的唯一官方意识形态，建立起了大一统的社会管理制度。作为古代知识分子，不论其学习兴趣与研究方向怎样，他的主要任务就是学习儒家经典。其他学说都变成了“异端邪说”而受到排挤和迫害。这种“一元化”的思想形态遏制了科技创新所需的多样化的思想空间，无形中排斥了我国自然科学的发展。大一统的社会制度还要求，所有的经济活动都只能围绕中央政府的需求展开，失去了产品更新换代的观念和大幅度提高生产效率的迫切要求。我国科学的发展和技术的进步失去了重要的推动力。

三、五四新文化运动

落后就要挨打。我国近代内忧外患，有识之士开始从思想上、文化上寻找落后的根源。于是各种思想、文化相继被引入我国。1919 年的五四运动就是我国新民主主义革命的开端，对我国近代历史及其走向产生了巨大影响，其影响力之深远无可比拟。五四先哲们洞察到了西方世界的两大瑰宝——民主与科学的普世价值，这也是我国传统文化和本土思想最薄弱的环节。在整个五四新文化运动中，民主与科学是最核心的内容。九三学社的先贤们在五四新文化运动中走到了一起，成立了“民主科学座谈会”，后定名为九三学社。该社的创始人不遗余力地阐发民主要义（以及与之一体化的自由、人权、法制等），鼓吹民主宪政；大力引进科学知识，同时倡言科学思想、科学方法、科学精神——实证精神、理性精神以及怀疑批判精神。他们不仅是思想启蒙的先驱，而且身体力行，直接投身到民主与科学的伟大实践中。直至今日，九三学社仍是以科技教育界的中高级知识分子为主要成员，九三学社的历代领导人都将“民主与科学”视为本社的灵魂，在社会主义建设中弘扬民主与科学精神，把“积极发挥我社科技人才比较集中的特点和优势，充分调动广大社员的积极性、创造性，努力弘扬科学精神，倡导科学方法，崇尚高尚的学术道德和职业道德，为推进科技创新、促进科技进步、培育科技人才、发展先进文化、普及科学知识，提高全民族的科学文化水平，不断做出贡献”写进了社章。

四、“民主与科学”——任重而道远

五四时期所倡导的民主，并非仅仅指作为政治制度的民主，而是泛指民主观念和民主精神，是一种与封建伦理道德和专制制度相对立的精神。“法律上之平等人权，伦理上之独立人格，学术上之破除迷信，思想自由”，就是对五四时期民主含义的概括。作为五四新文化旗帜的科学，并不是单指提倡自然科学的具体研究，而是提倡科学精神或科学思想。民主是专制主义的对立物，科学是蒙昧主义的对立物。主张自由平等和个性解放的民主精神与反对愚昧落后和迷信盲从的科学精神，在反对封建专制主义和蒙昧主义的目标下紧密地结合起来，成为五四时期反对封建主义的一面光辉的旗帜。九三学社一直以民主与科学为宗旨，在国共和谈和旧政协期间，九三学社支持中国共产党的主张，反对内战，反对独裁。在解放战争期间，九三学社严正声明不承认伪“国民大会”，赞成中国共产党的各项主张，与中国共产党团结合作，积极参加反对国民党独裁统治的民主运动，为争取新民主主义革命的胜利而斗争。全国解放后，九三学社响应中国共产党召开新政协，成立民主联合政府的号召，接受中国共产党的领导，参加了中国人民政治协商会议，为建立新中国做出了积极贡献。当今中国 GDP 已跃居世界第二，近几年我国科技发展势头也相当迅猛，但是从一份由世界经济论坛编制的

2006 年度全球竞争力报告就可以看出，中国的科技创新能力还相当弱。在 125 个国家的基础条件、效率提升和创新因素这三大类别指标中，中国基础条件排名第 44 位，效率提升排名第 71 位，创新因素排名第 57 位。在创新因素中，中国拖后腿的指标包括“科学家和工程师可得性”（第 86 位）、“科学与研究机构的质量”（第 63 位）。上述三类统计指标分别对应了经济发展的三个阶段：要素驱动阶段、效率驱动阶段和创新驱动阶段。中国还处于最原始的要素驱动阶段，不仅不是创新驱动阶段的国家（大多数发达国家属于此阶段），连效率驱动阶段国家（大多数拉美和中东欧国家都属于该阶段）都算不上。从国家科学技术奖一等奖长期缺失，也能窥视我国的科技创新能力之薄弱。科学研究所需要的冷静而执著的品格仍需培养，科技创新所需的多元而宽松的思想氛围、独立的社会空间尚待开拓。平心而论，五四时期国人高调请来的“德先生”和“赛先生”，直至今日还未真正在中国落户，我国长期的封建制度及其思想文化传统仍然给中华民族在科学前进的道路上设置了种种羁绊，民主与科学精神至今仍未真正变为国民的自觉意识。九三学社仍需要在中国共产党的领导下，发扬传统，在民主与科学的道路上努力奋斗。“民主与科学”——任重而道远。

（作者金白杨系贵州省黔南民族师范学院图书馆研究馆员）

责任编辑：张源

践行民主与科学　增强参政党责任意识

胡英明

民主和科学是区分一个民族蒙昧还是文明的标志，是人类社会发展到一定程度的必然成果。它不分国家与民族，不分肤色和人种，但真正践行民主和科学，于个人来说需要一点勇气和智慧，于参政的民主党派而言需要较强的政党责任意识，于本着民主和科学精神成立的九三学社而言更需要始终秉持和传承。

一、民主与科学初入中国的时代背景

民主与科学在中华大地上广为传播缘于一个人、一本杂志，并最终因一场对中国社会发展产生深远影响的新文化运动而深入人心、载入史册。这个人就是陈独秀，这本杂志就是《青年杂志》，这场影响深远的运动就是“五四”新文化运动。

1915 年 9 月，陈独秀在《青年杂志》(从第二卷起改称《新青年》) 创刊号上发表了《敬告青年》一文，在文中他大声疾呼 :“国人欲脱蒙昧时代，羞为浅化之民，则急起直追，当以科学与人权并重。”不久，他又在《本志罪案之答辩书》中生动地将民主与科学称为“德先生”与“赛先生”，并认为德、赛两先生乃人类社会进步之两大动力，如同鸟之两翼、舟车之两轮。只有德、赛两先生才可以救治当时中国政治上、道德上、学术上、思想上一切的黑暗。《新青年》的创刊拉开了中国近代新文化运动的帷幕，而民主与科学作为这场运动的核心观念和口号，开始在中华大地上被人们追求和崇尚。

然而放眼世界，尤其英美等西方国家，民主与科学早在两个多世纪前就提出来了。鸦片战争后，作为近代中国第一批开眼看世界的先进人物，魏源、徐继畬、梁廷枏等人在他们的著作中，就以赞赏的态度介绍过西方的民主制度，说它有中国传说中的“三代政治”之“遗意”。洋务运动期间，一些介绍西方议会政治、民主政治的著作逐渐增多。到戊戌维新时期，维新派主张“兴民权”、“设议院”，实行君主立宪，不仅着力宣传西方资产阶级的自由、平等、民权思想，也介绍和提倡学习先进的科学知识及科学方法。进入20世纪后，辛亥革命又使民主思想得以进一步传播，科学的重要性也为越来越多的人所认同。需要指出的是，那时人们对民主与科学的认知是作为一种实现国家富强和救亡图存的工具或手段。如以王韬、郑观应为代表的洋务派或早期维新思想家，之所以要求变中国的君主专制为西方的民主共和制度，是因为在他们看来，西方的民主共和制度能使上下相通、君民不隔，而中国的君主专制制度使得上下不通、君民隔阂，由此造成中国的贫弱不堪。中国要实现富强，抵御外侮，就必须改弦更张。用郑观应的话说：中国“苟欲安内攘外，君国子民，持公法以保太平之局，其必自设立议院始矣”。以康有为、梁启超为代表的维新派之所以主张兴民权，也是因为他们认识到，“民权兴则国权立，民权灭则国权亡”，中国要救亡图存，实现富强，就必须大兴民权。20世纪初，以孙中山为代表的革命派主张建立资产阶级共和国，其理由同样是，反封建专制才能使中国富强。即使是五四时期的民主、科学、平等、自由、个性解放等诉求背后，仍然是群体高于个体，国家高于个人。其中无论是陈独秀倡导的“民主”、“科学”，还是蔡元培提出的“兼容并包”，抑或周作人的“新村主义”，乃至胡适与李大钊的“问题与主义之争”，最终都殊途同归地指向一点，即如何挽救国家危亡，建立强大新生的中国。

二、民主与科学精神于九三学社的深远影响

民主与科学思潮经过五四新文化运动而影响深远。九三学社就是在五四精神的鼓舞下，在侵略者猖狂、国民党独裁、民众科学精神匮乏的旧中国，为实现国家富强、民族独立而聚集在爱国、民主与科学的旗帜下所成立的政党。从成立至

今，民主与科学始终是九三学社高扬的旗帜和不朽的灵魂。

九三学社前身是“民主科学座谈会”。1944 年的重庆，以许德珩、潘菽、梁希、黎锦熙等为首的一批文教、科学技术界人士，忧国忧民，关心国运时政，由于政见一致、信仰相同，都主张“团结民主，抗战到底”，发扬“五四”反帝反封建的精神，“为实现人民民主与发展人民科学而奋斗”，因此，共同发起成立“民主科学座谈会”。1945 年 9 月 3 日，为纪念日本投降和中国人民反法西斯抗战胜利，“民主科学座谈会”更名为“九三座谈会”。1946 年 5 月 4 日，在五四运动爆发 27 周年之际，“九三座谈会”又更名为“九三学社”，明确提出“本社同仁，即本‘五四’精神，为民主与科学之实现而努力，始终不懈”。1947 年 5 月 4 日，九三学社在《纪念“五四”宣言》中指出：“‘五四’的精神是科学与民主，那精神与我们的主张适合。因为主张民主，所以我们反对独裁、反奴性、反帝国主义侵略。因为主张科学，所以我们反盲从、反复古、反一切的封建作风。我们深信，挽救目前中国，要在实行民主，努力科学。”1949 年，九三学社加入新政协，并参与新中国《共同纲领》的制定和中央人民政府的组建，成为中国共产党领导的多党合作政治协商体制下的八个民主党派之一，开始在新的历史时期书写新的篇章。

可以看出，九三学社倡导的民主与科学与五四精神一脉相承。民主与科学是舶来品，在旧中国封建专制下获准通行势必付出一定代价。正如所有变革一样，无论政治、经济、社会还是思想领域的变革，因为要冲击原本固有的、居于统治地位的利益集团的既得利益，受到阻力可想而知。变革不仅不免费，甚至要付出鲜血和生命的代价。古今中外，概莫能外。然而，“天下兴亡匹夫有责”，对理想和光明的追求，对真理的捍卫，从来都不乏热血和激情！

九三学社创始人许德珩以国家兴亡为己任，一生坎坷，为了民主科学，为了理想信念，4 次投笔从戎，2 次被捕入狱。当他还是一名北大学生时，就起草了《五四宣言》，并组织和参与多次社会活动和游行。在参加五四游行被捕囚禁时，口占“为雪心头恨，而今作楚囚。被拘三十二，无一怕杀头。痛殴卖国贼，火烧赵家楼。锄奸不惜死，爱国亦千秋”的诗句。20 世纪 30 年代，已是当时知名教授的许德珩仍积极投身抗日救亡运动，并为此再次入狱……像许德珩这样胸怀家国，为理想、信念奋不顾身、甘洒热血的九三前辈还有许多许多。他们都是在民主和科学精神的感召下，为了共同的理想和追求汇集而来。

半个多世纪以来，“五四”精神就像一面大旗，引领一代代的九三人沿着先辈足迹在社会主义现代化建设的各条战线上贡献智慧和力量。邓稼先、王淦昌、赵九章、陈芳允、程开甲、周培源、启功、王选、黄昆、闵乃本、杨佳……一个个令九三人无比骄傲的名字，或在科技尖端耕耘，或在学术前沿引路，为实现国家富强、民族独立、科学发展、社会进步，为人类文明努力奉献自己的卓越才智。

三、新时代对民主与科学的解读

今天，民主与科学已成为文明社会广泛认同并尊重的德先生和赛先生。我们追求民主、崇尚科学，应该更多从本质内涵上进行解读和把握。所谓“科学”，既包括自然科学也包括社会科学和哲学，其最核心的内涵应是科学精神、科学方法、科学思想和科学态度，并不是单指现成的科学理论学说和体系。而所谓“民主”，是人类千百年来思想和智慧的结晶，其本质也是科学，是社会科学，是科学的方法论，是科学发展的重要内容和智力因素。对于现阶段的中国社会而言，有效的“民主”即是科学执政、依法执政，是凝聚力，是权力制衡，是良性循环的血液，是社会有机体健康的保证。

今天，我们依然需要追求民主、崇尚科学。民主与科学不再是一句简单的口号，而是人们对待事物应有的责任意识和求真态度，是社会生活中人们要努力遵循并追求的方法与效能。“科学”正渗透到社会各个层面，大到国家政策制定，小到个人行为选择，或者具体到实验数据的测量，或者抽象到一种思维的方式。科学无处不在。

在新的历史时期，作为执政党的中国共产党已适时地、系统地提出并阐述了“科学发展观”和“科学执政、民主执政、依法执政”等思想理念。作为参政党的九三学社就面临如何在新的历史条件下，发扬五四精神，在中国特色社会主义事业建设中发挥更大的作用的重大课题。

科学发展是社会发展对参政党提出的新要求。随着改革开放的深入和社会主义市场经济的发展，参政党也必须通过科学发展推进自身的现代化，以适应不断改变的社会环境。此外，民主意识和民主制度建设，提升了人们对政党的要求与期待。参政党唯有不断改善内部的组织运行机制，探寻新的、有效合理的活动方式，提高自身对社会发展变化的适应能力，才能提高参政绩效，履行政治责任，从而真正实现参政党的历史使命与政治理想。参政党只有作为现代政党存在和发展，才能真正推进中国民主政治的发展，才能为多党合作奠定坚实基础，才能在中国的政治舞台上发挥更大作用。

参政党的科学发展，参政议政水平与能力的提升，需要大力增强参政党的责任意识。民主党派在社会主义现代化建设过程中发挥了巨大的作用，这是有目共睹的。但是，其功能发挥的程度与制度设计预期的空间相比还远远不够。究其原因，参政党的政党意识弱化是一个重要因素。从主观方面看，民主党派自身政党意识不强，导致民主党派在多党合作的实际运行过程中自居被动地位，利益整合与表达功能不足，民主监督职能软弱，这些结果表征又反过来加剧了参政党意识淡化的程度。从客观方面看，由于多党合作和民主党派的政治价值尚未被全社会认同，时至今日仍有不少人包括共产党的部分领导，对民主党派依然存在各种误解，或者忽视民主党派的存在，再加上对民主党派的宣传不到位，导致长期以来民主党派的政党形象在社会上晦暗不明。但是，我们必须看到，民主党派作为中国特色的政治资源，其功能充分发挥是以参政党意识为前提。只有增强政党责任意识，参政党自身建设、参政党形象、参政党作用才能最大限度地得到提升和发挥。

习近平总书记在中共十八大报告中提出的中国梦，让我们真切感受到我们离民族复兴的梦想如此接近。始终秉持爱国、民主、科学精神的九三学社，在新的历史发展阶段，该以怎样的姿态弘扬优良传统，为实现中国梦，为全面建成小康社会的宏伟蓝图增光添彩？陈独秀说得好：“西洋人因为拥护德、赛两先生，闹了多少事，流了多少血，德、赛两先生才渐渐从黑暗中把他们救出，引到光明世界。我们现在认定只有这两位先生，可以救治中国政治上道德上学术上思想上一切黑暗。若因为拥护这两位先生，一切政府的压迫，社会的攻击笑骂，就是断头流血，都不推辞。”

（作者胡英明系九三学社贵州省委会宣传部副调研员）

责任编辑：张博燕

实践篇

九三学社民主、科学传统的缘起、内涵及其践行

罗道全

追溯九三学社的历史，是一部追寻民主与科学的历史。早在五四运动时期，九三学社的先驱和创始人就投入爱国主义和追求民主与科学的大潮；抗战前后，他们不惜流血牺牲，为团结抗战、争取和平民主、反对独裁而奋斗，书写了一部可歌可泣的历史。如今，在九三学社建社近70年之际，我们缅怀前辈，回顾他们所创造的优良传统，以求在新的历史时期，追寻他们的脚步，走出一条新的民主与科学之路。

一、九三学社民主、科学传统的缘起

九三学社是在追寻民主的道路上诞生的。基于九三学社的发起人或是五四运动中的著名人物，或是五四运动中的积极分子，九三学社从发起伊始就带有浓厚的追求民主与科学的色彩。九三学社的创始人许德珩是一位著名的爱国民主人士，早年参加过辛亥革命，曾经是五四运动的学生领袖之一。九一八事变后，他从事抗日救亡运动，被国民党逮捕入狱，出狱后参加中国民权保障同盟，为争取民主、坚持抗战，做出了不懈努力。抗日战争时期，中共发出成立民主联合政府的号召，许德珩与各民主党派一起积极响应，并联系文教界的高级知识分子，举行“时事座谈会”，力争实现联合政府。同时，潘菽、梁希和金宝善等一些研究和技术人员也组成“自然科学座谈会”，交流时局消息，学习理论，在此基础上建立起“中国科学工作者协会”，以团结科学界爱国民主人士。

在抗日民主运动中，由社会科学界和自然科学界高级知识分子组成的“时事座谈会”与“自然科学座谈会”结合，组成“民主科学座谈会”，提出“继承和

发扬五四反帝反封建的精神，为实现民主和发展科学而奋斗”的口号，为促进民主政治、团结抗战发挥了积极作用。

1945年9月3日，即日本投降签字之日，“民主科学座谈会”在重庆举行座谈会，提出：“今后中国非休养生息，集全力于民主与科学之建设，迎头赶上欧、美不足以言生存。”为纪念抗战胜利，“民主科学座谈会”改名为“九三座谈会”，并在此基础上发展为“九三学社”。

1946年5月4日，值五四运动27周年之际，九三学社正式成立。《九三学社成立宣言》阐明了学社成立的宗旨：五四所号召于国人者，为科学与民主，今时间虽已20余年，而民主与科学之要求，实较前迫切，本社同人，即本五四的精神，为民主与科学之实现而努力，始终不懈。

二、九三学社民主、科学的内涵

（一）民主

1. 以每个人为本、真诚做人做事的风气

有社员多次接触王选老师的最大感受是：“尽管王选老师非常忙，但与我交谈的气氛始终很自然和轻松，我从未感到丝毫紧张。因为王选老师总是平等待人，无论对谁都没有一点架子，即便在2003年他身居国家领导人高位后也是如此。”在这点上，在当今社会尤其难做到，市场经济，功名利禄，支配着许多人的态度和选择，做人做事的正直心、人本心、公正心已被染得花花绿绿，所以真诚做人、真心做事难能可贵。像王选那样对人对事的态度，是九三信仰和价值观中的题中应有之义。

2. 宽容和谐、宽厚耐心的人文氛围

韩启德主席提出：“待人要宽，待己要严，己所不欲，勿施于人。无论何时何地都要做到，自己不喜欢的东西不要强加给别人。要多看人家的长处，少看人家的短处。不仅要看到人家的长处，还要欣赏人家的长处。不仅要欣赏人家的长处，还要说出来，去表扬人家，由衷地赞美人家。你尊重人家，人家才能尊重

你。世界上没有十全十美的人，要求别人不要太高，而对自己要求高一点。”

3. 尊重个性的精神

毛泽东的个性很强。在读湖南一师时，他曾帮黎锦熙先生抄写稿件。与众不同的是，当遇到与自己观点不同的文稿时，毛泽东总会随手丢弃不再抄写。作为毛泽东老师的黎锦熙先生，不仅未责备毛泽东，反而因此对毛泽东更加厚爱。多年后黎锦熙先生对人说：“在湖南办报时，经常帮我抄写文稿的青年人有三位，一位是不问文稿的内容，什么都抄；一位是见到文稿中的问题总是要提出来，并代之润色；一位是看到与自己不同观点的文稿干脆就不抄。这三位对抄写文稿态度不同的青年，后来各自的成就也大不一样。第一位，在中国历史上默默无闻；第二位成了中国著名的作家，那就是田汉；第三位，在中国历史上成了伟大人物。”这位“伟大人物”正是毛泽东。

尊重个性的精神是一种尤为宝贵的民主态度，也许在实践中做到很难，但始终保持这个态度总会渐行渐近。

（二）科学

在纪念五四运动60周年之际，时任北京大学校长的周培源说：在近代，一个国家、一个民族，先进与否，富强与否，在很大程度上取决于它们科学发展的状况。他认为：不能把五四运动所提倡的“科学”仅仅理解为自然科学，作为五四运动一面旗帜的“科学”，主要还是指“科学精神”或“科学思想”。

1. 态度端正、科学为民

自古以来，中国知识分子毕生最大的追求，就是能将自己的知识贡献给祖国和人民。科学的追求旨在对全人类的奉献，而不是只看重科学家本人的功利。

裴文中先生常告诫大家要放下教授、高级知识分子的架子，虚心向农民学习，以科学态度对待农村问题，努力在实践中锻炼成为人民的知识分子。他在接受重庆《新华日报》采访时说：“科学应面向人民，应和广大人民的现实要求结合起来。”闵乃本先生说：“现在我们国家的建设需要高素质的人才，所以要根据自身条件来选择合适自己的工作，只要做好，就是一种贡献。天生我才必有用，要有用于国家，有用于人民！”

2. 追求真理、实事求是

被誉为“科技界真理斗士”的邹承鲁先生，曾发表文章鲜明地提出“科研道德”问题。他在晚年的时候曾说：“我一辈子探索科学真理，现置身无处不假的环境中，安享晚年是不可思议的事，更不会闭眼或睁一只眼闭一只眼。捍卫科学真理是非常正常的，如果熟视无睹，则寝不安枕、食不知味。”

3. 善于思考、严谨治学

吴阶平主席说过：实践、思考、知识的自觉结合至关重要。三者缺一不可，思考是结合的关键，从重视思考到善于思考，要认真学习辩证唯物主义。韩启德主席提出：“我们讲科学，科学的一个重要前提就是要质疑，要多问‘为什么？’孟子讲‘尽信书则不如无书’。就是不能书里面说什么你就信什么，那是不会变成你的智慧的，那样的话还不如不读书。老子讲‘道可道非常道’。讲出来的‘道’已经不是‘道’了，‘道’需要‘悟’，是心领神会。这个‘悟’的过程就是一个思考的过程。”

4. 勤奋工作、以苦为乐

闵乃本先生的科研团队里，无人规定何时上班、何时下班，但每位成员吃完晚饭都会自觉地赶到实验室，直到晚上十一二点才离开，大家已习以为常，30年如一日。闵乃本先生认为：“做科学工作，我体会是自讨苦吃，没有钟点，没有假期，没有周末，一有时间想到的就是科研，尤其在没有突破的时候非常痛苦。当然，入了迷以后就乐在其中，一旦理论结果或科学预言被实验证实了，这种成功的喜悦是别的任何一个人都不能体会到的，只有自己能懂。”又如王志珍副主席总是夜以继日地在实验室里勤奋工作，她做学术报告时说：“我觉得兴趣对一个人成功很重要，有兴趣才能吃苦。我大年初一都泡在实验室里，别人说我的活不是人干的，但我乐在其中。”“我在工作中觉得最美的事情有两样：一是在研究和反复修改论文中，找到一个能很好表达出自己科学观点或问题的图画，写出一篇好的文章；二是遇到一个聪明的学生，在和他对话、交流中产生一个好主意。”

三、当今时代九三学社如何践行民主与科学精神

目前，中国正处于改革的深化期，人们的思想观念和思维方式、工作方式和生活方式，都在发生着变化，利益主体日益多元化，利益意识日益增强。人们的生活方式越来越多地与市场发生联系，“单位人”逐渐变成“社会人”，民间社会力量得以发育成长，国家与社会的关系渐渐发生变化。伴随着信息时代的到来，互联网渗入到我们的日常生活，各种信息和思想得以及时而便捷地传播，使人们的价值观发生相应变化，这一切都给执政党提出了严峻的挑战。九三学社应怎样发扬民主、科学的优良传统，在实践中提高参政能力和效率，成为一个需要认真思考和亟待解决的问题。

（一）弘扬传统，树立民主与科学的精神

要大力加强民主作风建设和科学建党管理，使九三学社内部真正做到思想民主、作风民主、行为民主，管理科学，公平和谐，充满生机，努力提高参政履职的水平。

一是在社内大力宣传学习民主与科学的典范，弘扬民主与科学的传统。民主与科学是中国人民在受屈辱、受苦难的历程中通过斗争探索出来的解放之路，是九三人血液中代代相传的基因。新时期，我社应深入挖掘社内民主与科学的典范人物，对这些代表性人物进行立体化地宣传学习，将秉持民主与科学精神规范为制度标准，在履行参政党各项职能与本职工作中，不断改革创新，使全体社员切实把民主与科学精神内化为行为动力和基本要求。

二是把民主与科学精神落实到社的工作中。民主与科学的宗旨要求我们结合实际，解决具体问题。在社内要注重实事求是地解决实际问题，形成脚踏实地的优良作风。特别是社的各级领导班子，要善于发现问题，积极解决问题，使社内各项工作符合民主与科学的要求。

（二）参政务实，落实民主与科学的宗旨

要代表多数群众的意见，特别是处于弱势的底层群众的意见，从而体现社会的民主意愿，使社会发展更加符合社会发展规律，符合科学发展观，因此在参政

议政中应深入群众，务实参政。

一是牢固树立参政为民的意识。九三学社作为以高中级知识分子为主体的参政党，应自觉克服各类特权思想，主动与底层群众站在一起，尽力做到与他们心相连、意相通，这样才能真正切准占社会大多数的群众的思想脉搏，在参政议政中关注民生，代表民意，成为人民群众的代言人，充分发挥参政党作用。

二是多元化、多渠道地收集民意。随着网络媒体的迅猛发展，各类信息资源的便捷共享成为现实，我们应充分发挥网络媒体搜集民意的作用，使参政议政工作更加科学务实。各级领导班子和广大成员应与网络保持密切联络，采用征求意见、浏览网友帖子等方式掌握民意。社内各级网站应考虑设立群众意见建议箱，以此征集民意，集中民智。

三是着重研究热点难点及机制体制问题。目前参政议政多数以容易解决的问题为主要内容，涉及利益分配、机制体制等群众关心的热点难点问题，一般都隐晦不谈，怕说不好会引起某些领导或某个群体的不满。作为参政党应深入社会各层，了解研究热点难点问题，真正履行好民主监督、参政议政的职责。

（三）创新履职，不断探索民主与科学建设的新举措

一是积极参与政治协商。目前，在各种党外人士情况通报会上，多数代表人士座谈发言以夸赞执政成绩为主，在提出意见、建议方面，一般是说一点无关紧要、无伤执政党自尊的建议。有的干脆根本不涉及这方面内容。这种类型的通报会基本形成惯例，往往形式大于内容，协商效果不明显。长此以往，政治协商就成了形式主义的东西，距离民主与科学精神越来越远，距离改革创新的时代精神和实事求是的马克思主义理论越来越远。作为以民主与科学为宗旨的参政党，九三学社应尽量在各类政治协商中说真话、进诤言，促进政治协商取得实实在在的成效。

二是把民主监督与舆论监督相结合，强化民主监督职责。作为民主党派也要适应时代发展的趋势，充分使用好电子网络等平台，借助舆论监督广泛、便捷、经济的特性，强化党派的民主监督职能。

（作者罗道全系北京石油化工学院教授）

责任编辑：张博燕

将民主与科学精神铸成我们心的长城

张博燕

五四运动中，“德先生”与“赛先生”成为反帝反封建的两面旗帜，为中国历史的发展开辟了一个新局面，激励着一代代国人追求进步与光明。科学之于民主，民主之于科学，看似两个独立概念，实则互相依存，难以割舍。坚持科学必须讲民主，发扬民主必须讲科学的价值观。有民主而无科学，则民主徒托空言，民主需要科学的眼睛；有科学而无民主，则科学无以昌明，科学需要民主的心胸！

对于以高中级知识分子为主体的九三学社来说，民主与科学则被赋予更为丰富而独特的内涵，不仅是九三学社成立的发动机、火车头、原动力，更是引领广大九三学社成员立足本岗、奉献社会的精神支柱。

一、民主科学是九三学社产生之源

抗日战争后期，一批进步学者以民主科学为宗旨，在重庆组织成立“民主科学座谈会”，成为九三学社的初期形式，后来为了纪念抗日战争和世界反法西斯战争的伟大胜利而改名为“九三学社”。

而人们熟知的九三学社创始人如许德珩、潘菽等在“五四运动”期间都是著名的学生领袖，许德珩还参与起草了《五四宣言》，其他代表人物还有如梁希、褚辅成、税西恒、金善宝、涂长望、张雪岩、张西曼等。这些学者都是中西文化贯通、文史哲贯通、科学与人文贯通、理论和实践贯通的大家，同时由于拥有极好的职业习惯、人文素养、道德操守，因此都拥有敢于实事求是、善于独立思考、大胆追求真理、勇于探索规律的品质，加上具有纵观民族沧桑、深谙世界风云的战略眼光，具备首得科学之先、初吸民主之气的卓越学识和忧国忧民的情怀，且笃信只有跟共产党走、靠民主与科学才有新中国的未来的信念，特别是在及时得到毛泽东、周恩来同志直接帮助和关怀下，于“黎明前的黑暗”时期创建了九三学社，擎起了“民主与科学”的大旗，团结大批追求民主、崇尚科学的知识分子成为中共忠实合作者，并使九三学社一直活跃在中国的政治舞台上。

二、民主与科学是九三学社凝聚之力

自成立以来，九三学社历代领导人都将“民主与科学”视为九三的灵魂。许德珩主席将总结其一生的著作命名为《为了民主与科学》。改革开放之初，周培源主席就指出，要“弘扬民主科学精神，促进社会主义建设”。吴阶平主席也强调，“兴国犹需民主与科学”。进入新世纪，九三新一代领导人韩启德更是坚定不移地表示，“坚持九三学社民主与科学的传统，用民主与科学的精神凝聚人心”。据不完全统计，改革开放以来，九三学社社员获省部级以上荣誉和奖励的有 3 万余人次，约占现有成员总数的 25%。他们中既有耄耋老者也有青年才俊。如多年潜心研究、创建“畤工程学”新生学科的闵乃本院士，甘于寂寞、毕其一生奉献海洋科学研究事业的“方便面”院士刘瑞玉，身残志坚、自强不息、坚持奉献的盲女杨佳等。

当前，尽管社会上形成了一种片面追求物质财富的不良风气，“追名逐利”成为许多人的人生目标，但相比而言，大多数九三成员却能保持科学工作者应有的良知和素养，在自己的工作岗位上默默奉献甚至是无偿为社会服务，为决策层建言献策，这不能不说是长期受到民主科学精神的浸染和感召。

三、应澄清的几种观点

民主与科学在当今社会、政治领域被越来越广泛地使用，并被赋予许多新的“注解”。然而正本当先溯源，我们应正确看待和理解这些形形色色的新“释义”，这也是我们在新形势下更好地继承和发扬优良传统的前提条件。

（一）民主篇

把人民捧上天的民粹是民主吗？任何社会都不可避免地存在不同程度的权力分配失衡的现象，也都存在官员腐败、社会贫富不均等问题。民众对现实不满，产生一些极端情绪抑或说成是民粹也是可以理解的。但民粹如果被一些人挟持，形成恶性的民粹主义，即通过所谓的民主手段达到反民主的目的那就不是真的民主了。典型症状是通过一些人的某些极端民意来裹挟占社会主流的温和民意，利用沉默的大多数来营造主流民意的假象，而反对者则被冠以“卖国”、“出卖民族”等大帽子而遭受围攻，当没人再敢出来反对他们的时候，就达到了他们的目的。

简单的“少数服从多数”是民主吗？许多人认为，民主就是代表大多数人的意愿。但如果片面地从“少数服从多数”、简单的投票制度等方面来理解民主，甚至将此直接等同于民主，则不仅荒谬而且危险。一味迷信“多数”，就有可能出现操控民主、挟持民意的情况，更有可能产生多数人统治少数人的暴政逻辑。然而，多数原则只有在有效范围内才生效，触犯了人的自然权利这个红线，多数人代表的就不是“民主”而是“多数人的暴政”。大哲学家苏格拉底被501人的法庭以281票对220票判处死刑，“二战”时的法西斯暴行得到“多数人”的疯狂追捧，我国的“文革”浩劫也不乏“多数人民”的积极参与，这样的悲剧不值得我们警醒吗？

盲从的“集体非理性”是民主吗？每个人都要为自己的行为负责；在集体行为中，由于人数较多，个人需担负的责任就很小了，也正因此，一个平时温文尔雅的人在足球场上变成“足球流氓”、上网时变成暴力倾向者就不足为怪了。这种人格的混乱说到底还是规则的丧失，需要另一种权力的制约。集体非理性，加上特殊年代的政治因素，中国社会曾达到过凡事上纲上线的极端程度。虽然，当前社会中对此了解的人甚至是深受其害的人越来越少，但人们在一些事情上上纲上线的语言风格、板砖满天飞的网络攻击仍然屡屡发生。这是需要我们深刻反思的。

（二）科学篇

科学就是技术吗？清朝末期，当西方列强用坚船利炮轰开国门时，人们普遍认为西方之所以强大，中国之所以挨打，主要是技不如人，这里的“技”就专指西方科学，由此国人更看重科学附带的技术部分，甚至将科学等同于技术。

科学就要有实用性？中国传统文化对技术的理解往往流于器物层面，认为技术只是一种工具，应该被使用并能够产生效用，其实用性能给使用者带来实实在在的效益和利益。若是无法利用就没有价值。

科学与精神无关？中国人对科学的理解与当初“科学”的译名有关。科学的本意是“分科之学”，英文应该是 discipline，它强调科学是自由的学术，是自由的知识，缺乏了这个精神，科学就没法走远。但 19 世纪中期日本人把 science 译为“科学”，是针对那时的西方科学正处于职业化、专业化、分科化阶段而言，突出了那个特定历史时期的科学特点。当年我们师从日本，沿袭了当时日本对科学理解的狭隘化，过分重视它的功利化和实用化，而忽略了它的自由精神以及应该涵盖的执著探索精神、创新改革精神和求实求真的精神等。

改革开放 30 多年，我国的科学技术有了很大进步，但在基础科学研究环节仍比较薄弱，技术创新能力比较欠缺，很大程度是因为人们对科学的重视仅着眼于其在物质生活方面的巨大成功，而并非建立在对科学的本质精神的准确把握上，不是为科学而科学，是为知识而知识了。

四、民主科学是九三学社发展之魂

社会在不断发展，民主的诉求和科学的进步是现代社会永恒的追求。新时期新形势下，我们要进一步传承、发展民主科学精神，做到在传承中发展、在发展中创新。

第一，加强学习。从王淦昌、邓稼先、黄昆、师昌绪等九三学社杰出先辈的身上，我们可以明显感受到他们具有的那种高超的境界和心胸。他们高尚的人格魅力一直以来就影响和感召着九三人乃至整个中华民族，我们应该向前辈学习，成为新时代的楷模。

第二，应在社内弘扬民主作风。民主作为一种政治原则，它的精义不在于少数服从多数，而在于多数尊重少数；作为一种生活方式，它更多体现了宽容、开放、多元、不趋极端、富于同情心等，所以一个富有民主精神的社会往往也是一个最有人情味的社会。九三学社这个“小社会”加强民主精神的泛化，尊重每个社员的权利，并相互遵守这一准则。

在社务工作中，我们应充分发扬民主作风，尊重多数人意见，也鼓励少数人充分行使表达意愿的权利，用心营造民主气氛；大力推进社内民主，采取选举民主、协商民主、监督民主等形式，有力保障九三学社的健康发展。

第三，认真履行参政议政、民主监督职能。坚持不唯上，不唯权，只唯实，只唯真，敢于坦陈直言，以理服人，忠于事实，注重调查研究，维护提案议案的品牌形象，坚持为国家发展、社会进步、人民幸福贡献我们的真知灼见。

第四，应创新工作机制。新形势下，需要我们创新工作形式，避免完全照搬过去老的做法。注重引导社员深刻理解民主与科学的时代精神；建立健全党派内部监督、制约的长效机制，规范干部任用管理制度；改进目前相对僵化的组织构架，提倡以调动社员参与积极性、提高内部成员对组织纲领的认同感及扩大社会影响为目标，建立灵活高效的组织结构，加强凝聚力建设等。

正如许德珩先生晚年所作诗句：“豪杰捐躯志已酬，史册光辉旧辈流。越过人间六十载，誓将白首再从头。”今天的九三人应该不负所托，勇于担当，继承发扬先辈们的优良传统，将民主与科学精神铸成我们心的长城。

（作者张博燕系九三学社中央宣传部干部）

责任编辑：邹晶

弘扬民主与科学精神　做九三学社有为之人

刘文斌

一、关于民主与科学

“民主”与“科学”也可称为“民主”与“科学革命”。其于1919年1月正式提出后，几乎代替了“人权”与“科学”一说。民主与科学是新文化运动时高举的两面旗帜，也是运动中的基本口号，并最终形成了强大的时代潮流。

民主与科学的思想是五四运动勃发的主要动力，是新文化启蒙运动的旗帜。民主和科学的启蒙对提高国民素质起到了非常积极的作用。科学精神的大力提倡，为扫除愚昧与迷信、发展科学与技术创立了思想前提，在推动中国近代化过程中功不可没。它冲破了封建思想的藩篱，提出了思想启蒙和人的近代化课题，为中国后来的改革开放提供了巨大的精神营养。它鼓舞了一代又一代青年挣脱了封建思想的精神枷锁，投身于争取民族解放和国家进步的斗争中。民主与科学的口号掀开了中国思想文化史上崭新的一页，是中国近现代史上一笔宝贵的思想和精神财富。

民主与科学是九三学社的优良传统，是九三学社坚持正确政治方向的自觉选择，也是半个多世纪以来九三学社始终坚持的重要原则，是一笔最宝贵的政治财富。可以说，如果丢掉了这些优良传统，就不会有九三学社的今天，我们九三人也就失去了本色和根基。诚如人言，“一种精神得以永恒，不仅在于它的精髓与内涵超越了时空，更在于它在时代的变更中能不断地被赋予新的色彩，这才是其生命力强大所在”，而民主与科学正是具有这样特色的一种精神。它既是中国几代人为之而奋斗的目标，也是九三学社永远不过时的灵魂，应该深深地刻在九三甚至是每个中国人心中。

二、如何弘扬民主与科学精神

（一）常怀爱国之心

在九三学社成立及发展的历程中，许多杰出社员都把个人事业与祖国、民族的命运紧密联系在一起，把能将自己的学识奉献给祖国和人民作为一生最大的追求。比如许德珩、金善宝、梁希、潘菽、涂长望等九三学社创始人，他们爱国爱民的抱负和品质是九三学社的榜样和光荣传统，也是中华民族的优良传统。在当代，九三学社更应当保持和发扬这个传统。韩启德主席曾指出：爱国主义是九三学社不断发展进步的力量源泉。每个社员的思想不同，境界也不同，但是有一点是共同的，那就是九三学社社员都满怀着爱国主义情怀，九三学社就是要把这一作用发挥到极致，用这一点来凝聚力量，把各项工作做好。今天，我们九三社员战斗在抗震救灾、科学研究等第一线的事迹数不胜数，王选、杨佳、刘玉瑞等社员的感人故事、典型事迹更是不胜枚举。虽然，并不是每一个九三社员都有这样的突出事迹或机会，但诚挚的爱国情怀永远鞭策着我们在本职工作和日常生活中默默地奉献。

（二）理解民主与科学的精神实质

我国作为社会主义国家，经过65年的建设，人民当家做主早已成为宪法保障的权利，但民主的内涵远不仅如此，作为新时代的中国人，重要的是要追求民主的精神实质。其实，民主就是要以人为本，提倡宽容和谐、宽厚耐心的人文氛围以及尊重个性的人文精神。对科学的追求旨在对社会的贡献，甚至是对全人类的奉献，要抛弃以科学家本人的功利为目的的功利主义观念。自古以来，中国知识分子毕生最大的追求就是能将自己的知识贡献给祖国和人民。九三学社的高级知识分子更是要与科研腐败划清界限，要利用自己在科学上的专业优势，在国计民生的重要问题上积极建言献策，充分体现科学为民的精神。

（三）深入了解社情民意，提高参政议政能力

参政议政是民主党派的主要职能，也是发挥作用的重要着力点。我们务必以

求真务实、开拓进取的态度，围绕经济社会发展中的重大课题，围绕人民群众普遍关心和迫切需要解决的热点难点问题，深入基层、深入实际，认真开展调查研究，积极为改革开放和社会主义现代化建设谋长远之道、建有用之言、献务实之策。同时，要积极探索工作规律，创新载体和抓手，善于集中广大成员和所联系群众的智慧和力量，不断拓展参政议政的深度和广度，提高参政议政的针对性和实效性，为推进社会主义经济、政治、文化和社会建设不断贡献力量。

（四）加强理论学习，提高政治修养和把握能力

我们在理论修养、政策水平、宏观决策等方面，都需要不断积累和提高。特别是面对当前复杂的国际国内形势，更加需要不断增强政治鉴别力和政治敏锐性，善于从政治上思考和处理问题，提高政治把握能力。这就要求我们必须加强学习，特别是当前，要以党的十八大精神为指导，自觉运用马克思主义中国化的理论成果，以及这些重大理论思想中所蕴涵的立场、观点和方法来认识问题、分析问题、解决问题，增强大局意识、责任意识、忧患意识，切实提高理论政策水平，增强抓大事、议大事的能力。

（五）勤奋工作、严谨治学、追求真理、科学为民

科学精神最根本的是求真务实、开拓创新。九三学社是所有民主党派中唯一以“学社”命名的政党，具有浓厚而鲜明的重视和突出“学”的特色。九三学社曾经为弘扬科学精神、提高全民族的科学文化水平做出了积极的贡献。在新的历史条件下，我们应该以更积极的态度弘扬和践行科学精神。以科学知识服务社会、促进发展。闵乃本先生曾说：“现在我们国家的建设需要高素质的人才，所以要根据自身条件来选择合适自己的工作，只要做好，就是一种贡献。天生我才必有用，要有用于国家，有用于人民！”九三学社是由科学技术和文化教育、医药卫生界高、中级知识分子组成的致力于社会主义事业的政党，从创建之初就是由一些知名的科学家和大学教授组成，成员中有许多是各个领域先进文化的创造者和传播者，在推进社会主义文化建设方面具有比较独特的优势。那么，我们应该利用科技人才荟萃的优势，发挥社内各方面专家和社员的“智囊”作用，为推进科技创新、促进科学进步、培育科技人才、普及科学知识、发展先进文化等方面献策出力。

总之，作为九三人，我们应当十分珍惜并永远保持和发扬民主与科学这个优良传统。在当今转轨时代，面对社会上“物欲横流”的不良风气，面对各种挑战和诱惑，面对道德的滑坡，我们更要高举“科学”与“民主”的旗帜，像先辈们那样保持高尚的情操，始终不渝地胸怀救国救民的理念，始终把个人的事业与祖国和民族的命运紧紧相连，为实现中华民族的伟大复兴而不懈努力。

（作者刘文斌系河北省张家口市通泰控股集团干部）

责任编辑：邹晶

践行民主与科学是建构社会主义核心价值体系的关键要素

费玉红

民主是人类社会的基本价值，是保障主权在民的政治制度，是集中多数人的智慧、人民当家做主构建公平社会的法宝，也是社会主义的基本原则，是马克思主义的核心。科学是符合事物发展的客观规律，是实现中国梦的基本保障，是社会主义核心价值观的根本要求，也是九三学社履行民主监督、参政议政的第一要务。

一、民主与科学是治国兴邦之道

民主与科学是两个不同的范畴。前者是政治范畴，主要指现代性的社会政治关系、政治制度，它以自由、平等、人权为基础和前提，以多数人决策和“保护少数”的原则为核心，包含分权制衡原则、法治原则、公开性原则、程序性原则、协商与选举原则等内容；同时，民主又是一种政治价值理念、政治精神、政治风貌，是一种态度与作风。科学可以视为哲学范畴、认识论的范畴，要素包括关于客观规律性的知识体系；关于探知规律的认识路线、思想方法，即实事求是的认识路线、态度与作风；关于探知规律的自由精神，或者叫自由批判精神。

然而，民主与科学之间仍有内在的统一性和关联性。

第一，民主是科学认识、科学决策、科学自身发展的条件和保证。民主是解放思想的重要条件，无论从人类科学认识、人类科学发展的一般视角，还是从政党、政府集中决策的特殊视角看，民主都是重要的条件和保证。没有民主就不可能有实事求是思想路线的正确贯彻，不可能有自由探索、自由批判的科学精神的真正发扬。实行民主不能完全保证我们的认识、决策的正确性，但可以使我们的认识、决策最大限度地接近实际，可以使我们真正做到从人民群众的实践活动出发去探索和揭示客观规律；实行民主不能保证我们不犯错误，但可以使我们少犯错误，能及时地发现和纠正错误，并尽量减少社会代价。

与此相关的是民主与真理的关系问题。民主政治的核心原则是多数原则，而真理认识的唯一检验标准是社会实践，民主性决策不等于真理性决策。但实行民主有利于我们在实践中发现、坚持、检验和发展真理，有利于尊重和保护个人的权利和“少数人的意见”，并真正使“百花齐放、百家争鸣”得到切实贯彻。

第二，科学是民主建设、民主发展的思想先导。在当今时代，实行民主与否是对社会发展的客观规律是否尊重的态度问题。但推进民主建设又必须老老实实按照科学规律办事，必须发扬自由探索和批判的科学精神。因此，民主建设的过程也是一个科学推进的过程。

二、民主与科学是强国之道

1940 年，毛泽东在《新民主主义论》中提出：新中国不但要有新经济，而且要有新政治、新文化。所谓新政治就是无产阶级领导的以工农联盟为基础的新民主主义政权。所谓新文化，就是要把一个被旧文化统治的愚昧落后的中国建设成文明先进的新中国。

进入社会主义时期，民主和科学更是在社会进步方面起到了强大的作用。邓小平关于“没有民主就没有社会主义，就没有社会主义现代化”、“科学技术是第一生产力”这两句著名论断，充分反映了我们党在新时期对民主和科学的高度重视。当然，新时期民主和科学的内涵和外延都有所变化，并赋予了新的含义。

新时期的民主特色主要体现在以下几个方面：一是加强了民主制度建设。马克思主义认为，民主是一种国家制度。作为国家制度的民主包括国体和政体两个不可分割的方面。政体方面，我们坚持和完善人民代表大会制度和共产党领导的多党合作和政治协商制度，以政体民主促进国体民主。二是不断强化人民权力观念，切实保障了宪法中所规定的公民享有的一切权力。三是加强了法制建设和建设法治国家。坚持用法制保障民主，使民主制度化、法律化，党中央也适时提出了建设社会主义法治国家的战略。四是搞好党内民主和基层民主，以党内民主推动人民民主。

在“科学”问题上，我们主要从两个方面向前推进。一是坚持发展要靠科学；二是提出发展必须是科学发展。以胡锦涛同志为总书记的党中央，在总结我国的历史经验和借鉴其他国家文明成果的基础上，从新世纪、新阶段的发展全局出发，创造性地提出了以人为本、全面协调可持续的科学发展观。

三、开创未来新举措

创新是一个民族和社会前进的不竭动力。随着多党合作理论和实践的创新，党派的履职理念和履职途径也需要不断创新。

一是积极参与政治协商。首先，九三学社应在人员安排、组织建设上积极与中共组织部门和有关负责人主动协商。各级社组织以及领导班子负责人应积极推荐我社优秀人才走上更加重要的岗位，切实发挥参政议政作用。其次，在重大政治、经济、文化、社会等问题上，积极主动协商。选出专题，提出研讨题目或范围，集中全社智慧进行广泛深入的调研，将调研成果汇集整理，提出具有前瞻性、科学性、长远化的意见建议。对涉及体制机制的调研成果，除进行提案（议案）转化外，还应积极寻找新的、有效转化途径，开拓协商方式。再次，通过高层协商会等形式，提出真知灼见，在各类政治协商中尽力做到说真话、进诤言。

二是把民主监督与舆论监督相结合。舆论监督是一个国家确保公共权力正当行使的重要保障。随着时代的发展与科技的进步，媒体舆论发挥着越来越大的监督作用。特别是随着新媒体的普遍应用，各类舆论监督更加多元化。民主党派也要适应时代发展的趋势，充分使用好网络等新平台，把党派的民主监督与舆论监督有机结合，借助舆论监督广泛、便捷、经济的特性，强化党派的民主监督职能。例如，我们可以利用网络技术等手段，在社内甚至社外范围就某一话题进行问卷调查，将调查结果进行适当范围的公布，从而起到一定的民主和舆论监督作用。同时，社内许多同志也可借在公共媒体参加活动的机会，进行宣传和监督，将党派的民主监督与社外舆论监督紧密结合，更好地发挥民主监督作用。

三是组织各类特邀人员进行学习交流。我社有许多成员担任各级行政执法机关的特邀监察员、检察员、行风监督员等职务，但是，许多同志却是被动地在履行职能，视聘请机关的重视程度而决定自己作用的大小。当然，有的聘请机关也是出于应付某种检查或要求，不得不走形式。十八届三中全会后，我们国家的政治形势有了极大的改观，作为民主党派，我们需要学习、研究、探讨，真正起到监督的作用。各级九三组织可以举行社内监督员的集中学习和研讨交流，组织特邀人员走机关、进社区，明察暗访，对发现的问题以特邀人员的身份提出解决问题的途径，切实履行特邀监督员的职责，提高民主监督的质量。

总之，践行民主与科学是构建社会主义核心价值体系，加快社会主义建设的一剂良药。九三人应以求真务实的态度，积极进行改革创新，使各项工作更加符合民主与科学的要求，不断提高九三学社的凝聚力、向心力、号召力，以高水平的履职能力，积极推动社会主义核心价值体系的构建。

（作者费玉红系黑龙江省庆虹律师事务所主任）

责任编辑：邹晶

继承发扬优良传统　积极发挥参政党作用

申　思

1944 年底，一批进步学者为争取抗战胜利和政治民主，继承和发扬五四运动的民主、科学精神，在重庆组成民主科学座谈会，后为纪念 1945 年 9 月 3 日抗日战争和国际反法西斯战争胜利，于 1946 年 5 月 4 日正式成立九三学社。

中华人民共和国成立后，九三学社郑重宣布：接受中国共产党的领导，以《中国人民政治协商会议共同纲领》作为自己的政治纲领。此后，九三学社作为中国共产党领导的多党合作中的一个民主党派和爱国统一战线的成员，参加国家政权。多年来，九三学社与中国共产党风雨同舟，患难与共，走过了不平凡的历程，也见证了中国不断地发展进步与繁荣昌盛。

一、"民主与科学"优良传统的继承

20 世纪 20 年代，九三学社主要创始人许德珩即与李大钊、毛泽东相识，并一起参加"新闻研究会"和"北京大学平民教育讲演团"。五四运动前夕，毛泽东、许德珩先后参加李大钊发起的"少年中国学会"。在李大钊、陈独秀等直接参与组织的五四运动中，许德珩负责起草《五四宣言》，并参加示威游行，遭北洋政府逮捕，可谓"志同者道相为谋"。在红军长征刚到延安的困难时期，许德珩、劳君展夫妇托人给毛泽东带去了怀表、火腿、布鞋等物品，毛泽东在回信中说："衷心感谢、不胜荣幸！我们与你们之间精神上是完全一致的……"

1945 年，毛泽东赴重庆谈判期间，分别会见了许德珩、劳君展和梁希、潘菽、金善宝、涂长望等九三学社先贤，鼓励他们把"民主科学座谈会"搞成一个永久性政治组织。许德珩担心人数太少，毛泽东说："人数不少，即使人数少也不要紧。你们都是有影响的代表性人物，经常在报上发表意见和看法，不是也起很大作用吗？”在毛泽东、周恩来等的启发、推动和关怀下，九三学社得以在“民主科学座谈会”基础上诞生。九三学社一经成立，就明确提出爱国、民主、科学的进步主张，作为中国共产党的同盟者与合作者活跃在中国的政治舞台。

抗战胜利后，中国面临两种前途和命运的历史关头，九三学社坚定站在共产党一边，反对国民党卖国、独裁、内战的政策。对此周恩来曾经评价说：“九三学社是抗战后期成立的，在民主运动中起了很大的作用。”1948 年 4 月 30 日，中共中央发布“五一口号”，九三学社发表宣言积极响应，公开表示接受共产党领导，认为“惟有循此途径，始可导中国于民主、自由、富强、康乐之境，愿共同努力，以求实现”。

1949 年 9 月，“中国人民政治协商会议第一届全体会议”在北京举行。九三学社作为民主党派之一光荣地参加了新政协，参与了《共同纲领》的制定、中央人民政府的组成和新中国的成立，成为我国重要的参政党之一。

二、“民主与科学”优良传统的发展

“民主与科学”于过去、现在以至将来，始终吸引着追求民主、崇尚科学的一代代知识分子，最大限度地发挥他们爱国敬业积极性，实现报效国家之情，振兴民族之志。新中国成立 60 多年以来，随着中国共产党领导的多党合作和政治协商制度的不断完善，九三学社发挥的作用越来越大。

九三学社成员从本职工作出发，为国家发展做出了巨大贡献，例如中国核武器研制与发展的主要组织者、领导者、“两弹元勋”邓稼先，领导科研集体研制出的汉字激光照排系统为新闻、出版全过程的计算机化奠定基础、被誉为“汉字印刷术第二次发明者的王选，中国科学院研究生院教授、联合国残疾人权利委员会副主席、第十一届全国政协委员、中国科学院十大杰出妇女、中国盲协副主席杨佳等，他们都是九三人的优秀代表和缩影，体现着九三人的智慧和力量，是国人所敬仰的民族楷模。

与此同时，广大九三学社社员在人民政协这个平台上也展现了自身的风采。围绕我国经济社会发展的热点与难点问题，九三学社社员不断发挥自身优势与特色，利用高水平的专业知识，深入基层、实地考察，倾听百姓呼声，聚集民智，他们以认真负责的态度，将对问题的思考写入提案。一些提案受到了社会的广泛关注和一致好评。一些社员还参加了国家政权，参与国家事务的管理，参与国家方针、政策、法律、法规的制定和执行，为国家发展奉献了自己的全部力量。

三、“民主与科学”优良传统的前进方向

（一）坚持多党合作和民主协商的原则

60多年的经验表明，九三学社在中国共产党的领导下，坚定不移地走中国特色社会主义道路，在共同推进多党合作和发展民主协商方面取得了不小的成果。在当前全球经济和国际形势复杂多变，我国也面临着严峻挑战的情势下，我们更要保持清醒的头脑，保持坚定正确的政治立场，增强坚持中国共产党领导的多党合作和政治协商制度的自觉性。

（二）弘扬九三学社爱国、民主、科学精神，充分履行好参政议政职能

中国改革开放30多年来，我们取得了翻天覆地的变化和举世瞩目的成绩。作为参政党我们要充分发挥整体智力优势，突出发展主线，积极开展议政调研，形成一批高质量、对经济社会发展有一定影响的提案和调研报告。认清“十二五”时期经济社会发展大局，就经济转型升级、生态文明建设、文化体制改革、和谐社会构建等议题，多做深入研究，多献务实之策，多建有用之言。特别要深入基层和群众，倾听群众呼声，体察群众情绪，真实反映他们的意愿，从基层最关心、最现实的问题入手，把履行职能的各项工作落到实处。要切实发扬科学务实的精神，紧扣经济社会发展的具体实践，选准履行职能的结合点、共振点和切入点，促进工作的具体化，从而使目标更加明确，重点更加突出，内容更加充实，建议更有分量，工作更富成效。

（三）继续弘扬爱国、民主、科学精神，不断增强参政党的整体素质

在新的历史条件下，作为参政党，我们必须始终重视自身建设，坚持开展自我教育，努力用科学理论武装头脑，不断提高政治把握能力，合作共事能力，组织领导能力和参政议政能力，为多党合作事业再谱新篇。

中共十八大报告对党的建设主线进行了新概括，首次提出“牢牢把握加强党的执政能力建设、先进性和纯洁性建设”的要求，作为民主党派，九三学社要贯彻、落实好党的新要求，在科学化上下工夫。要继续加强思想建设、组织建设，努力建设高素质的参政党组织。在注重质量、保持特色原则的基础上，妥善处理好成员发展数量与质量、发展与巩固、重点与一般的关系，做好成员年龄结构、专业结构的调整和优化，不断提高社员整体素质。

九三学社在《成立宣言》中指出：“本社同人，即本‘五四’精神，为民主与科学之实现而努力，始终不懈。”60多年团结奋斗和精诚合作使“民主与科学”作为九三学社的核心价值体系，它就像名醇佳酿一样越陈越香，历经半个多世纪风风雨雨，越来越强烈显示出历史的厚重感、越来越强大的生命力和越来越丰满的内涵张力。

（作者申思系九三学社黑龙江省齐齐哈尔市委会干部）

责任编辑：邹晶

给民主与科学以新的解读

毛时安

一、民主、科学是九三学社几代人薪火相传的精神理想

民主与科学是1919年五四运动以来中国社会发展前进的两大主题。中共创始人之一的陈独秀，是最早把民主与科学并举，作为拯救中国社会、改变世道人心的良药和利器的倡导者。1919年1月，他在《敬告青年》一文中为受到攻击的《新青年》杂志辩护：该杂志社同仁“本来无罪”，“只因为拥护那德谟克拉西（democracy）和赛因斯（science）两位先生，才犯了这几条滔天的大罪。要拥护那赛先生，便不得不反对孔教、礼法、贞节、旧伦理、旧政治。要拥护那赛先生，便不得不反对旧国粹和旧文学。”他满腔热情地呼唤：“我们现在认定只有这两位先生，可以救治中国政治上、道德上、学术上、思想上一切的黑暗。”

中国“五四”时代学人高举民主、科学的旗帜，从一开始就和爱国主义理想紧紧结合在一起，和中国积贫积弱、落后挨打、惨遭国耻的时代背景紧紧联系在一起。科学是对封建愚昧的冲击，民主是对封建专制束缚人性的否定。因此，民主与科学既是当时挽救中国、建设强大中国的总目标，又是为实现这一目标对国民进行的必要启蒙。

值得我们引以为傲的是，我们九三学社的创始人许德珩先生，就是不惜以年轻的生命和热血践行民主和科学的英勇斗士，是积极投身五四运动的北大学生中的风云人士，是被捕的32位学生中的领头人。值得我们感佩的是，我们还拥有潘菽、杨振声、初大告等几位在被捕学生之列的创始人。正是他们创建了九三学社的前身“民主科学座谈会”，也正是他们力主在抗战胜利之日将其更名为“九三学社”。可见，九三学社追求民主与科学的理想和爱国主义之间有不可切割的血肉联系。始终不渝地坚持民主与科学的理想，使九三学社获得了与当下

"新左派"完全不同的政治品格。始终不渝地将这一理想与爱国主义精神联系在一起，又使九三学社完全有别于那些将国家、人民利益置于不顾、将民主与科学"悬空"起来的"新自由主义"者。

其后，邓稼先、王选、裴文中、邹承鲁、吴阶平等九三学社杰出的代表人物，都在各自追求民主与科学理想的卓绝过程中，显现出历经磨难、不计名利得失的爱国主义情怀和强烈的家国担当意识。九三学社几代人共同追求，坚持民主、科学、爱国三位一体的高风亮节至今令人"高山仰止，景行行之。虽不能至，心向往之"。

这是九三学社最值得珍惜的，也是当下需要大力弘扬的政治思想传统。

二、当下对民主、科学的解读

笔者以为，如果只把"五四"时代对民主、科学的理解停留在引进和与同时代相呼应的口号呐喊上，无疑是粗浅的。九三学社成立之初就已经自觉深化了对民主与科学的理解。作为中国革命领导者和后来新中国的执政党，中国共产党对民主与科学也开始形成清晰的与新政权建设相呼应的理解，有了比较自觉和清晰的认识。最有代表性的是毛泽东主席在回答黄炎培先生关于未来中共如何跳出历史周期律的问题时的回答："我们已经找到了出路，这条新路就是民主。只有让人民来监督政府，政府才不敢松懈；只有人人起来负责，才不会人亡政息。只有民主才能救中国。"令人遗憾的是，由于历史的制约和认识的局限，中国共产党执政后一度在"左"的阶级斗争的道路上越走越远，与民主背道而驰的个人迷信越演越烈，以阶级斗争为纲代替了经济建设，代替了科学技术。诚如邓小平同志所说："解放以后，我们也没有自觉地系统地建立保障人民民主权利的各项制度。"从邓小平开始，党的第二、第三、第四代领导集体对于民主的认识不断深化、不断完善，取得了长足进展。

可以说，我们对科学的重视和理解要早于对民主的重视和理解。随着时间的推移，当下中国对于进一步民主的呼唤和渴求显得更迫切、更强烈。人们急切期待以民主来解决当下面临的各种重大社会问题。但我们对民主和科学仍然缺乏理性、自觉的认识，有必要对民主和科学作重新的认识和厘定。

以民主而言，首先它是一种人类共同追求的社会理想，其次是一种个人在社会中得以实现的价值体现，再次它是一种对理想价值实现的政治制度和操作程序。最后，它还是一个国家对内凝聚人心、对外输出政治的意识形态和软实力。民主要解决的是人和人、人和社会、人和政治的关系，是社会公众的人和人，以及他们和掌握国家权力的人的关系。它体现的是理想意义和理念模式中的人与人的价值平等。科学有自然科学、人文科学和综合抽象二者的哲学。如果说民主更多倾向于政治和人的精神层面的话，科学则侧重于物质和器物的层面，解决人和世界、人和自然的关系。对于民主与科学，我们需做结构主义的层次的分析，而不能笼而统之。

同时，我们必须看到人类对民主的认识和探究并没有形成一个终极模式。时至今日，很多人对民主的最大误读在于，认为民主只有一种实现模式即一人一票的票决民主，认为这种美国式的国民直选是解决社会各种弊端的灵药。2012 年，联想集团创始人、荣誉董事长柳传志因为一句“现在搞一人一票会让中国万劫不复”，就被广大网民强烈批评乃至漫天谩骂。以上对民主模式的误读，不仅影响了一般公众，也被不少知识精英接受和认同。其实，民主就是人民管理国家、管理社会、管理自己。票决、一人一票，直选、代选，两党、多党，竞选、合作，都是民主的实现形式和手段。所谓的美国民主也完全不是人们想象中的一人一票直接选出美国总统。这就是美国批评普京当选时普京理直气壮反驳的理由：因为普京倒是一人一票直选出来的。同样，在西方的民主权利构架中，有美国的三权分立、总统制，也有英国、德国、意大利立法、行政二权融合的议会制。换句话说，很多人心目中的西方民主本身就不是只有一种实现形式。

民主固然是个好东西，但包括美式民主在内的所有民主，都不是万能的。不能浪漫地以为民主包医百病，能一夜间解决一切社会弊病。比如对官员的监督，美国国防部长帕内塔 2011 年 7 月任职后，每次乘军用飞机去加州探亲，一次花费就达 3 万美金，不到 9 个月就先后 27 次，耗资 86 万美元。既未见处理也未遭追究，不了了之。而最近斯诺登揭露的棱镜计划更是对美式民主的绝妙注解，9

家IT巨头卷入“棱镜”、“核子”、“主干道”、“码头”四大监视项目。中央情报局的监视，不仅针对心目中的“敌方”，也针对自己的盟友。不仅在国外监视窃听，也对本国公民毫不留情。不仅在网络上肆无忌惮地监视，也私拆公民每一封过往邮件。联想克林顿·希拉里在任国务卿期间，以民主卫士自居，对中国网络监管的严厉批评，实在是一种莫大的讽刺。

美式民主是否具有普遍的适用性呢？恐怕并非如此。事实上，大多数完全借用美式民主或者在美国军事强权下实施美式民主的后发现代化国家几乎很少成功，而且大都陷入混乱不堪的两难境地。埃及实施“民主”以来只是迎来更大规模的血腥冲突和社会分裂。巴勒斯坦和埃及按照美式民主最终选出的领导人都是伊斯兰主义者哈马斯和穆斯林兄弟会成员。伊拉克在美国枪炮下付出10多万条生命后，上台的却是和伊朗同一教派的什叶派。在亚洲，菲律宾是长时间照搬美式民主的国家，但菲律宾除了动荡、落后并没有获得任何值得骄傲的民主成果。可以说，作为意识形态和软实力输出的美式民主并没有收到预期效果，甚至适得其反。

很多人认为，民主就是随心所欲，就是想说什么就说什么，想干什么就干什么。事实上，民主是一个有严格适用范围和法定严格的制度、程序的社会行为。没有界定的民主就是“大民主”，除了给中国带来灾难，不会有其他好结果。

因此，我们在推进中国民主建设的时候，应该借鉴人类一切主要成果，但必须不迷信、不照搬，必须对西式民主进行适当改良和祛魅。

“科学”也存在与“民主”类似的问题。在我国古代，科学就是关于科举的知识和学问，近代以来才成为英语science的译词。西方科学的最大特色在于对人的力量，特别对人用科学技术改造自然世界，让自然世界人格化，服从于人的意志、人的需要的高度自信。在这个科学体系中，科学无所不包、无所不能，作为工具和手段，人类可以用之征服自然。人是中心，自然和世界都是和人类对立的“他者”。直到20世纪后半叶，新的各种人文主义思潮流派，才开始对这样的体系进行反思，认识到这种包罗万象、统治一切的科学认识观的局限。

回首我国改革开放之路，我们运用中国独特的政治制度的优势，运用科学（技术）不断进步的力量，实现了社会经济令全球瞩目的伟大成绩。但从另一个角度看，中国面临的诸如空气、水质、土地污染，各种有毒食品的出现等问题，也是复制西方文化经典定义的“科学”而酿成的苦酒和苦果。我们几乎是原封不动地拷贝了一次西方先发现代化国家的发展之路。不同的是，时间上的高度压缩使我们的问题显得更严峻、更迫切，迫使我们不得不为曾经忽视或缺乏中国智慧的“科学”付出更加昂贵的“修正”的代价。

三、积极推进民主、科学的进程

民主与科学是当今世界发展的大潮，也是当代人类的普遍追求。关于社会主义的民主和科学，这些年来中共中央在各种文献、文件中屡有述及。中国未来的发展，必须全社会戮力同心，坚持探索、实现、完善人民治理国家、人民管理社会的民主方略，坚持科学技术作为第一生产力的道路，以民主与科学精神结合改革开放的伟业，实现中共中央提出的“中国梦”的宏伟构想。

在民主方面，首先我们必须积极、勇敢、真诚地承认，民主作为一种社会理想、社会价值的存在意义，认识到民主是中国社会发展的未来趋势。愿意以开放改革的心态，研究吸取借鉴人类民主政治建设中宝贵的经验和教训。逐步通过民主建设，有效提高国民的政治参与度，扩大一般国民的政治话语权，使他们能发出自己的声音，并能让国家和政府倾听到他们的话语，特别要汲取中华人民共和国成立后某些历史时段出现的拒绝党内外民主的沉痛教训。逐渐缩小民主理想模式和现实实践之间的差距。通过民主的交流对话，逐渐弥合社会各阶层之间过于对立的现状。

中国民主建设既不能像知识界新左派那样，对民主就是西方资本主义国家的一套意识形态而加以拒绝，也不能像知识界新自由主义者那样，照搬西方民主的实践模式“唯西”是从。中国的政治体制改革必须以民主为导向和基本理念。当代中国民主必须探索属于自己的、切实可行的道路和模式，必须建立在中国的历史文化和现实土壤上。中国民主建设的核心理念应该是“和而不同”，是个人意志的鲜活体现和国家、民族意志的和谐统一，是不同主张、不同声音和共同方向、共同梦想的和谐统一，是个人主义和集体主义的和谐统一，而不是顾此失彼的、非平衡的极端主义；是互相包容、互相尊重，而不是一方吃掉一方的强硬、霸道。

由此衍生出民主的素养问题。很多人对民主认识的混乱造成当下的网络乱象，相当程度上与“文化大革命”时期的“大民主”高度一致，只不过是以社群利益进行了划分，社会冲突代替了阶级斗争，以“某二代”的命名代替了“老子英雄儿好汉”的血统论，以人肉搜索代替了查出身、翻档案、查日记、抖隐私。左、右精英两派都以谩骂、扣帽子代替了平和的交流和说理。部分知识精英在网络平台上的野蛮、狂暴和极端主义以及博上位、博眼球、哗众取宠的恶劣“学风”和做法，助长了民间社会的暴戾之气。目前的主要问题是，无序、非制度化的民主过剩，有序、制度化的民主不足。无序民主是一把双刃剑，在倒逼中国民主进程的同时，也给有序民主的建设造成巨大伤害。

部分后发现代化国家、发展中国家民主的失控和失败，窃以为，原因有二。一是在美国强权介入下，在欧美“民主”话语霸权的垄断下，不顾实际、生搬硬套地照搬美式民主模式。二是国民民主素养的普遍缺失，完全以广场、暴力和革命来代替和平的民主诉求。“颜色革命”的无疾而终和“阿拉伯之春”的惨烈结局便是警示。

中国的民主必须是民主的制度发育完善和人民民主素养的培育同步发展。中国的民主进程，除了先党内后党外、先基层后高层，采取渐进有序的路径和方法，我们最能体现中国传统文化智慧的就是，找到另外一条新的路径和形式即协商民主，形成了协商与票决相辅相成的政治民主机制。在现实政治生活中，协商民主体现了中国文化的灵动性、生动性和交流性。中国政治民主的路径，除了继续完善发挥票决民主的人民代表大会制度外，更重要的是更充分地释放协商民主的有效性。当然，协商民主目前还处于认识不充分的初级阶段，还有巨大的提升和发挥空间。如何使执政党和参政党之间的民主协商更广泛、更深入、层次更丰富起来，真正使政协和协商民主成为人民群众认可的民主政治的平台，还有很多工作要做。特别是要让交流、交锋、交融中的“交锋”更充分地体现出来，通过不同意见的交锋达到政治大方向的交融，消解当下社群之间的隔阂、矛盾和对立，从而使协商民主成为社会情绪的“泄洪口”，成为治疗票决民主弊病的良药。如果中国能在民主建设上走出一条自己的道路，形成自己的特色，那将是古老中国对当代世界人类政治民主文明，特别是对后发现代化国家民主政治建设的一个巨大贡献。

同样，在科学上，我们也要摆脱单纯的西式科学观，不能一味凭借科学技术的先进，强硬展现人对自然的掠夺、征服和主宰。从中国传统“天人合一”的智慧中，运用现代科技再创人和自然和谐共赢的新境界。

九三学社在中国发展进入关键的历史时刻，在实现中国梦的伟大进程中，理当为民主、科学的发展建设做出我们应有的贡献。

（作者毛时安系上海市文化广播影视管理局副巡视员）

责任编辑：张博燕

弘扬民主科学精神　提升行政决策水平

胡庆十

民主与科学的应用范围广泛，但政府的公共决策应该说是一个重要的切入点，且包括两层意义：一是社会文化层面，即在全社会树立民主思想，崇尚科学精神；二是社会行为角度，指的是政府在决策时，落实民主与科学两大原则。这两个层面既有区别、更有联系，是一种类似宏观与微观的关系，但其思想的起点与目标是一致的。本文将就政府决策领域的民主与科学关系问题做简要分析。

一、行政决策中民主与科学的关系

行政决策的民主化和科学化是我国政治体制改革的重要目标，是社会主义民主政治建设的核心内容，也是社会主义市场经济发展的客观要求。改革开放以来，各级政府在推进决策问题上取得了很大的成绩，但由于决策时的民主科学机制尚不健全及问责制度的缺失，政府决策失误现象仍屡见不鲜。一些脱离实际、违背规律、不符合群众利益要求的错误决策，一些劳民伤财的“政绩工程”、“形象工程”、“面子工程”，决策时“三拍（拍脑袋决策、拍胸脯保证、拍屁股走人）现象，甚至是违法乱纪的决策频频现于媒体。其影响不仅是造成巨大经济损失、环境遭受破坏、可持续发展受损，还危害到广大群众的根本利益，引发群众不满甚至是恶性群体事件，导致政府公信力受到巨大挑战。

决策民主化从规范方面来说，体现的是价值判断，要代表大多数人的意见，充分发扬民主，广泛征求各方面意见，集思广益。决策的原则是“少数服从多数”。而决策科学化的基本要求是决策的真理性，符合实际，符合客观规律。从过程来说，要遵循正确的决策原则和决策程序，讲究科学精神，追求真理，深入研究，探究事物的真相，掌握事物的发展规律。

理论上说，决策的最佳效果是少数与多数的统一，真理与价值的统一，实证与规范的统一。但实际上，特别是在一些全局性、涉及时空范围较大的决策问题上，很难做到两者统一。或有的是暂时能统一，但随着时间推移，产生了诸多方面的变化，又形成了新的不统一。

二、决策的民主化

（一）决策民主化的条件

决策民主化首先要求政府在决策过程中与社会公众保持密切的联系与沟通，最大限度地让人民群众参与决策，简言之就是决策过程中充分保持广大公民的参与度，最终保障最广大人民群众的根本利益。

（二）现存的主要问题

决策中的意见表达并非总是代表大多数。现实社会中，有许多貌似代表大多数人的决策结果，其实并非如此。一些决策者往往为了做出民主的样子，为了体现是多数人的意见而采用虚假媒体宣传的办法，表面上看像是大多数人的意见，其实不过是个人的意愿而已。

更有甚者还事先定好调子，先入为主，使用不当手段压低不同意见的声音，使充分表达群众意见成了一句空话。例如，在政协圈子里就有所谓“一把手是绝对真理，二把手是相对真理，三把手是宣传真理，普通委员没有真理”的现象。

“一言堂”现象较为普遍。受中国传统文化的影响，我国政府中“官本位”思想依然严重，位高权重的官员自然就有了决策的最终决定权，即“一言堂”现象。有时还存在这样的现象，即尽管会议的决议是按多数人意见形成的，然而一些人仍在会下发表不同意见，因此造成尽管多数人通过的意见已成为文字档案，但在实践中却很难得到执行。最可怕的后果则是，如果某项决策使官员自己的利益最大化，尽管表面上看政策是体现了公共利益，也获得“大多数群众的支持”，但决策失误的后果总是会随着时间推移而最后显现出来。

（三）如何做好决策民主化

充分的民意表达机制。为了保证决策民主化，提升公民对政府决策的关注度，必须建立多元互动的民主决策机制。要建立开放性的制度结构，使大量利益表达和协商能通过政府决策体制内，或者通过体制化的社会运动方式进行表达。事实上，决策民主化的主要标志在决策过程，要尽量使各种要素能够畅通、规范、高效、有序地发挥作用。

建立公共决策的民众参与制度，增加决策透明度。决策公开是提高决策民主性和正确性的必然途径。其本质是对公众权力和利益的保护，同时也是对政府职责的监督。只有增加了决策的透明度，才能让公众放心，同时也在一定程度上督促着政府以更加负责、更积极的态度去做好每项决策工作，做到对人民负责。例如，要完善人民代表大会和政治协商会议机制，建立健全“人民建议征集制度”、“政府官员与群众之间的专题对话制度”等。

完善政府信息公开制度。政府信息公开是保证公众参与的必要途径。合理的信息公开不仅能使公众了解政府的行为，更能对政府进行有力监督，促使政府官员言行一致，认真履行职责。

三、决策的科学化

（一）科学化的条件

决策科学化主要包含两个方面：一是决策过程要实现从随机决策向程序决策转化。二是决策主观向技术化转化。当今社会日趋复杂化，单纯靠过往经验已经无法适应新形势。例如，运筹学、统计学等分析方法将起到越来越大的作用。另外，更为重要的是要使决策者真正认识到科学决策的重要性，不能抱着“‘付学费’是免不了的”心态，对因决策失误造成的浪费应依法处理。

（二）现存的主要问题

专家的“经济人”动机。政府对整个社会的价值做权威性的分配时，往往会为某项目标、价值与实践而制作计划，为了保证计划的完美，请专家咨询论证方案是常见的手段，或曰引入“外脑”。但在当前的中国社会，人们对专家逐渐产生了不信任感，其中一个很大的原因就是专家被利益集团左右，或只是看领导脸色行事。此外，公共决策面对的总是复杂的群体和多元的系统，决策变量众多，甚至无法清楚描述系统，对系统之间的构成与子系统的相关关系更是含糊不清，难以进入实证研究。

信息经常存在不对称和滞后的问题。由于过去多年计划时代的弊端的影响，即使有了现代科学理论和先进技术，我们也无法保证所有决策方案的绝对正确。而科学决策的前提是占有全面准确的信息，如果对信息把握不全或是不能准确把握，都有可能导致科学性失效，进而最终使决策失误。

（三）如何做好决策科学化

建立长期的政府“智囊团”，强化专家的客观作用。在西方发达国家，政府往往借助社会咨询机构帮助决策，获得了较好的效果，值得我们参考借鉴。我国正朝向现代民主社会发展，各级政府必须大力加强和完善各类研究咨询机构的建设，建立尽可能完善的专家数据库，发挥专业咨询机构在行政决策中的作用。与此同时，要充分利用现有的研究咨询机构的专家力量，加大培养咨询类人才的力度。

鼓励第三方科学研究机构的运行。目前，许多政府的决策虽然也大讲科学研究，但不得不说仍带有很强的非理性和功利主义的色彩，有的在局部看来是采纳了外部建议，但时间延长后、空间放大后它们就变成非理性的了。因此，对决策的科学性研究不能先定调子。在这方面，独立的第三方研究是值得推荐的，由于没有利益羁绊，它们的结论相对真实、客观、公正。

保证决策过程的科学化。科学决策并不只是指结果的科学化，也包括决策过程。一般认为，科学的决策过程通常要经过界定问题、确定目标、方案设计、结果预测、对比优选方案、实施方案、跟踪决策等一系列步骤。由于目前我国政府决策程序的不完善以及没有强力约束性，致使许多政府部门在决策时丝毫不受程序的约束，自然就会产生决策失误。因此，决策过程应该说是科学化决策的至关重要的步骤，应引起有关部门的高度重视。

（作者胡庆十系安徽师范大学经济管理学院副教授）

责任编辑：邹晶

民主科学的中国实践与九三学社的政党自觉

黄克顺

民主与科学作为现代价值的主要体现，曾经激励了一批又一批中国仁人志士为民族振兴、祖国富强而不懈奋斗。近代100年，中国现代化进程使得民主与科学观念深入人心，但特殊的国情又使得民主与科学的中国实践变得较为曲折，所呈现的形式也有所不同，这就使得少数人对民主与科学的中国化产生了疑问：今天我们应该如何对待民主与科学？转型期的中国又该如何实现民主与科学？民主与科学作为九三学社的旗帜一直是九三人的精神坐标，但我们不能回避的是，21世纪的今天，民主与科学对九三人又有怎样的时代新意？

一、民主与科学的中国实践

（一）曲折性

民主与科学是西方舶来品，因此，其在华夏文明的土壤上的发展必然充满曲折。洋务运动时期提出了“师夷长技以制夷”的口号，即是对西方科学技术的引进与学习，而戊戌变法则主要是对西方民主思想的引进与借鉴。洋务运动在甲午战争的硝烟中宣告失败，戊戌变法也以革新志士的被杀或流亡告终。辛亥革命的炮声宣告了皇权在中国的终结，民主共和国在中国诞生，由同盟会改组的国民党在议会选举中获得多数席位，民主政治在中国初现曙光，但随着宋教仁的被刺，这种民主尝试也宣告失败。然而，这些毕竟是民主与科学在中国的初步实践并开始在中国人思想里生根发芽，袁世凯倒行逆施的不得人心即是明证。

以陈独秀等人为代表的五四先贤大力提倡民主与科学，陈独秀明确指出“当以科学与人权并重”，并形象地将民主与科学称为“德先生”与“赛先生”。从此，民主与科学概念开始成为中国人的一种基本价值观念。20 世纪三四十年代，政党民主的尝试应该与五四运动的思想启蒙密不可分。1946 年 1 月 10 日，重庆“政治协商会议”的成功召开是这种民主尝试的一个有力成果。但这次政治协商的决议并没有得到真正落实，由于国家实际被急于发动内战的国民党所控制，这种政党民主的探索也在解放战争的炮声中宣告失败。

新中国成立后，历次政治运动打乱了国家政治生活的有序性，政治民主和科学的发展也就无从谈起。改革开放后，我国实行经济上的改革开放，科学技术的发展突飞猛进，同时也开始了中国特色的社会主义民主制度的探索。但相比经济建设令人瞩目的成绩，民主政治建设较为滞后。但即便如此，科学发展也很难说平衡了，因为科学精神的普及并不尽如人意。即物质生产的科学化做得较为充分，但政治制度的民主化、社会生活的科学化方面尚须努力。

（二）特殊性

笔者认为，民主与科学在中国的实践充满曲折是因为民主文化传统的缺乏和思想启蒙的中断。

中国两千多年的封建统治使得专制思想在中国根深蒂固，孟子虽然提出了“君轻民重”的民本思想，但其本质还是以君为根本。此外，这种儒家的民本思想在以后漫长的政治生活中也没有得到应有的发展和继承。由此可见，中国传统文化里的民主思想缺乏使得从西方嫁接来的民主与科学思想在中国大地上的生长发展变得极为艰难。更为关键的是，当这棵嫁接过来的民主与科学小苗刚刚在中国破土时，就遇到了重大挫折，例如戊戌变法中改革派失败、1913 年宋教仁被刺等，初步建立的民主氛围被公然破坏，尊重对手、尊重结果的基本民主原则被公然抛弃。五四虽然是中国的思想启蒙运动，但连年战乱、抗日救亡和不断的政治运动使得五四所开启的民主与科学的思想启蒙中断，中国人的生活一如既往被传统习惯所控制，这样，即使在民主制度下，民主精神与科学态度也很难得到真正的落实。加上传统势力的根深蒂固，使得中国在进行民主与科学实践时很难轻易地建立起良好的民主与科学的传统。

二、新形势下九三学社的政党自觉

九三学社具有追求民主与科学的优良传统。早在五四运动时期，九三学社的先驱和创始人就投入爱国主义和追求民主与科学的大潮；在抗日民主运动中，由社会科学界和自然科学界高级知识分子组成的“民主科学座谈会”，提出了“继承和发扬五四反帝反封建的精神，为实现民主和发展科学而奋斗”的口号。可以说，九三学社的历史就是一部追寻民主与科学的历史，是我们的政党之魂。但是，在改革开放30多年后的今天，社会已发生深刻变化，国家经济快速发展，贫富分化加大，阶层分化明显，社会矛盾日趋复杂尖锐，同时我们也面临失去自身特色、与其他党派趋同的倾向。在此新的社会形势下，我们还要不要坚持自己的思想特色、坚持民主与科学这个政党之魂和立社之本呢？答案当然是肯定的，且需要强化以下几点：

（一）深刻认识民主与科学中国实践的特殊性

首先，民主与科学不可能一蹴而就。民主制度与科学态度的养成受各国历史背景、文化传统的影响深刻，中国传统文化中民主思想的缺乏和五四思想启蒙的中断，一定程度上决定了民主与科学的中国实践不可能一步到位，需要不断摸索前进，逐步培育民主与科学的素养。此外，不能为了追求所谓的民主形式而忽视了民主的实质，这样做效果可能会适得其反。因为，有了民主形式并不一定意味着就能够实现民主目标。其次，我们不能照搬西方模式。正如2009年原全国人民代表大会吴邦国委员长在《全国人民代表大会常务委员会工作报告》中指出的那样：“中国特色社会主义政治发展道路……是不断推进包括人民代表大会制度在内的社会主义政治制度的自我完善和发展。要积极借鉴人类社会创造的文明成果包括政治文明的有益成果，但绝不照搬西方那一套，绝不搞多党轮流执政、三权分立、两院制。”可以说，这是在总结民主与科学中国实践的经验和教训的基础上做出的正确选择。

（二）牢固树立民主与科学中国实践的自信心

历史和现实的多重因素决定了民主与科学的中国之路充满曲折，但民主与科学的中国实践从未止步，它在历史的迂回中曲折前进。尤其是改革开放以来，中国共产党从未停止过对中国特色社会主义民主制度的探索。当前，国家民主进程稳步推进，“民主监督、政治协商”的多党合作政党制度逐步得到落实。更为重要的是，在当前的信息化时代，资讯空前发达，民众思想日趋多元化，人们的权利意识显著增强，这些也在无形地推动着中国特色的民主化进程，中国的民主与科学建设不可能走回头路。

（三）将民主与科学理念切实落实于九三学社的政治实践

在改革开放大潮中，九三学社应怎样坚持并发扬民主、科学的优良传统呢？这是一个需要认真思考和亟待解决的问题。对以民主与科学为立社之魂的参政党而言，需要做到高度的政党自觉。同时，国家社会的健康发展和九三学社的自身生存都要求九三学社保持高度的政党自觉，即自觉坚持并践行民主与科学的思想信念。具体而言，我们可以从以下几个方面着手。

第一，着眼于思想启蒙。我们可以从群众基础入手，努力担当起五四后中断的民主与科学思想启蒙的重任。近代中国 100 多年的现代转型中，我们对科学技术或物质层面的利用比较充分，但生活态度层面的启蒙却较为薄弱。因此，科学普及对九三学社而言，是使命更是责任。韩启德主席多次号召九三学社各级组织和广大社员，“要以科学发展观为指导，顺应时代要求，传承老一辈九三人尊重科学、崇尚科学、服务大众的优良传统，把开展科学普及工作作为参政党神圣职责和使命”。科学启蒙应主要着眼于生活的科学态度的培育，如思想独立、不盲从、不跟风、防止科学的异化等，九三学社近些年来大力推行的“百名专家进乡村学堂”活动即为这一思想的具体体现。但我们还应开辟更多群众喜闻乐见的科普活动和品牌，努力培育人们的科学知识和态度。

第二，发力于政治实践。参政党的地位决定了九三的民主实践要不越位，但又要落到实处。因此，我们要发挥九三学社高级知识分子集中的优势，用科学研究的态度，积极进行民主与科学的制度探索，为中共政治体制改革提供思想和理论资源；同时，也要敢于在自身的政党建设中大胆探索，并积极参与到基层社会的民主实践中去，民主党派的内部民主、社区民主、村民自治等都是可供选择的实践空间。

华夏文明有着深厚的文化底蕴，华夏儿女也有足够的政治智慧。现实已经证明，民主与科学的中国实践正在中华大地有序展开。我们有理由相信，在中国共产党的正确领导和各方力量的积极参与下，中华民族一定能够走出一条与众不同、符合中国实际的民主与科学之路。

（作者黄克顺系安徽省皖西学院文化与传媒学院讲师）

责任编辑：邹晶

弘扬民主科学精神 共筑美好中国梦

赵 静

近一个世纪以来，作为“五四运动”后走遍中国大地的“德先生”和“赛先生”一直都与中华民族的伟大变革紧紧相连，深刻影响着每个中国人的前途和命运。一直守望民主与科学的“九三”人，更是把民主与科学作为一以贯之的目标、宗旨、精神和旗帜。当历史的车轮驶入科学日益社会化和社会日益科学化的21世纪，我们更加坚信，民主和科学将更好地指引我们开创历史的新征程，是一条通向中华民族伟大复兴的必由之路，以及实现中国梦的成功之路。

一、民主科学是九三学社立社之魂

（一）民主科学是九三学社的目标和宗旨

民主与科学的思想是在中华民族生死存亡之际，由“五四”新文化运动大师陈独秀、李大钊、鲁迅、胡适等首倡，由九三学社先贤大力弘扬、发扬光大的一个重要口号，并最终成为九三学社的根本宗旨。可以说，它与九三学社渊源深厚。九三学社前身是1944年底成立的“民主与科学座谈会”，为纪念中国抗日战争和国际反法西斯战争胜利，后改为“九三座谈会”，既而更名为“九三学社”，其宗旨就是继承“五四”民主科学传统，反对内战，争取和平与民主。

新中国成立后，一些同志对“民主与科学”的提法提出否定意见，由于潘菽等人的极力主张，才得以继续保留。这两面旗帜既打出了九三学社这个民主党派的鲜明特色，又标志着九三学社的奋斗目标任重道远。

（二）民主科学是九三学社的精神和旗帜

九三学社成立后，九三历代先驱秉承五四新文化运动的光荣传统，无论是在社会主义革命时期、建设时期还是改革开放新时代，始终高举民主与科学的伟大旗帜，和中国共产党风雨同舟、荣辱与共，为国家振兴和民族富强做出了应有的贡献。

九三学社的历代领导人都将“民主与科学”视为九三的灵魂。许德珩主席将反映其奋斗一生的回忆录命名为《为了民主与科学》。改革开放之初，周培源主席就指出，“要弘扬民主科学精神，促进社会主义建设”。吴阶平主席也强调，“兴国犹需民主与科学”。进入新世纪，九三学社新一代领导人韩启德主席更是坚定不移地表明，“坚持九三学社民主与科学的传统，用民主与科学的精神凝聚人心”。

在民主与科学精神和旗帜的感召下，一代又一代的九三人，投身国家各项事业，服务经济社会发展。新中国成立初期，邓稼先、朱红元、严济慈、茅以升等九三人，在各自领域取得卓越成绩，为祖国发展做出了不可磨灭的功勋。改革开放之初，王选、吴阶平等九三人继续发扬民主科学精神，为改革开放先行先试。可以说，民主与科学精神在九三学社内薪火相传、与时俱进，凝聚和引领着一代代九三人沿着先辈们的足迹，在社会主义现代化建设的各条战线上贡献青春与力量。

（三）民主科学是九三学社前进的方法和路径

无论是革命战争年代，还是和平发展时期，民主与科学的历程既一脉相承又与时俱进。从旧民主主义、新民主主义，到社会主义这三个不同阶段，民主与科学的精神实质不断地得到丰富和发展。第一阶段主要是“德先生”和“赛先生”带来的西方资产阶级的民主与科学；第二阶段是十月革命送来的俄国式民主与科学同中国革命实际相结合，创立了新民主主义的民主与科学，赢得了新民主主义革命的伟大胜利；第三阶段则是经过艰辛探索，付出沉重代价，初步形成了中国特色社会主义的民主与科学，取得举世瞩目的成就。

二、民主科学是圆梦之路

习近平总书记在第十二届全国人大闭幕式上充分论述了实现中华民族伟大复兴的“中国梦”，深情描绘了近代以来中华民族生生不息、不断求索、不懈奋斗的历史，深刻道出了中国近代以来历史发展的主题主线，明确指出实现“中国梦”必须走民主科学之路。而走好民主科学之路、实现中国梦，关键是要实现坚持科学发展观、发扬社会主义民主和充分凝聚中国力量三者的有机统一。

（一）实现中国梦必须坚持科学发展观

真理是一个开放发展的体系。科学理论如果不能在与实践相互作用中不断发展，就不可能具有持续的真理性。而民主是真理发展的重要条件。如果没有民主作基础，要达到对共产党执政规律、社会主义建设规律和人类社会发展规律的科学认识是不可能的。众所周知，新世纪新阶段，我们面临经济社会协调发展、社会公平发展、人与自然协调发展等许多矛盾和问题，能否有效解决这些矛盾与问题，事关党和国家事业发展的全局。从这个意义上说，科学发展观既是真理与价值的统一，也是民主与科学的统一。实现民主与科学最根本的就是要贯彻落实好科学发展观。

（二）实现中国梦必须发扬社会主义民主

“中国梦”归根到底是人民的梦，要实现中国梦必须积累更广泛的人民群众基础，这个基础来源于广泛的人民民主。改革开放以来，我们总结发展社会主义民主正反两方面经验，成功开辟和坚持了中国特色社会主义政治发展道路，为实现最广泛的人民民主确立了正确方向，那就是不断扩大人民有序政治参与，坚持和完善中国共产党领导的多党合作制度，深入开展政治协商、民主监督、参政议政，发展最广泛的爱国统一战线。建立健全深入了解民情、充分反映民意、广泛集中民智、切实珍惜民力的决策机制，保证了决策符合人民利益和愿望。建立健全广纳群贤、人尽其才、能上能下、充满活力的用人机制，为各方面优秀人才建功立业开辟了广阔渠道。建立健全权力运行制约和监督体系，保证了党和国家机关按照法定权限和程序行使权力。

我国社会主义民主政治是我国的特色制度，走民主与科学之路，就一定要继承和发扬我国社会主义民主政治，才能更好推动我国政治文明健康发展。

（三）实现中国梦必须凝聚中国力量

习近平总书记指出，实现中国梦必须走中国特色社会主义道路，必须弘扬中国精神，必须凝聚中国力量。而力量来自民主，力量来自科学发展。只有充分发扬社会主义民主，加强中国共产党同民主党派和无党派人士团结合作，巩固和发展最广泛的爱国统一战线，才能最广泛地团结一切可以团结的力量。只有坚持科学发展、和谐发展、和平发展，才能不断壮大中国力量，战胜各种艰难险阻，使中华民族这艘巨轮乘风破浪，成功到达胜利的彼岸。

三、民主科学是行动指南

实现中国梦，我们九三人责无旁贷，应该大兴民主务实之风，弘扬科学求实精神，敢于有梦、勇于追梦、勤于圆梦，共同创造人生出彩的机会，共享梦想成真的喜悦。

（一）弘扬民主科学精神就必须坚持中国特色社会主义政治发展道路

中国梦的主要动力包括追求公平正义、民主法制，这就要坚持中国特色社会主义政治发展道路。民主党派自成立以来就积极探索中国革命的前途和道路，逐渐认识到，各民主党派、无党派人士只有在中国共产党的领导下，才能实现自己的目标、体现自己的价值。新中国成立以后，民主党派从小到大，从弱到强，在中国的政治制度中发展为参政党，在我国政坛上发挥着相当大的作用。截至2012年底，我社社员中担任各级人大代表的共有1938人，担任各级政协委员的共有10029人，担任县处级以上政府及司法机关领导职务的共有1042人。在中国共产党领导下，各民主党派与中国共产党精诚合作，我国经济社会发展实现了健康良好发展，经济实力不断增强，改革开放的成果丰硕，科学技术不断发展，人民生活水平不断提高，中国在国际上的地位越来越高。2011 年，我国 GDP 超越日本成为世界第二大经济体。在中国特色社会主义道路上，九三人更是矢志不移、充满信心。九三学社中央主席韩启德说过，“许德珩、周培源、吴阶平等老一辈九三学社领导人，亲手建立和发展的九三学社，为民族独立、国家富强做出了重要贡献。我们这一代的责任，就是要团结带领全社社员，接过历史的接力棒，继续推进政治交接，坚定中国特色社会主义道路、理论体系和制度的自信和自觉，与中国共产党同心同德，共同致力于中华民族的伟大复兴。”

因此，坚持和完善中国特色社会主义政治发展道路，就能够不断推进社会主义民主政治的制度化、规范化、程序化建设，进一步发挥这种政治制度的优越性，为国家兴旺发达、长治久安提供更加完备的制度保障。

（二）弘扬民主科学精神就必须坚持与时俱进地改革开放

李克强总理多次强调，改革是最大的红利。在全国上下同心共筑“中国梦”的关键时刻，作为九三人，弘扬民主科学精神，就必须坚持与时俱进地推进改革开放，不断丰富延伸民主科学内涵，助力实现“中国梦”。

在与时俱进坚持改革开放的道路上，九三学社取得了一些突出成就，也积累了一些宝贵经验，参政议政水平不断提高。继 2010 年低碳经济成为全国政协一号提案之后，九三学社中央关于绿色农业的提案今年又被选为一号提案，这也是十年内九三学社中央提案第三次被选为一号提案。在实现“中国梦”的前进路上，九三学社应坚持围绕中心、服务大局，把发展作为参政议政的第一要务；坚持维护广大成员及所联系群众的切身利益，始终保持与时俱进的精神状态，致力建设适应新形势、新要求的高素质参政党。

（三）弘扬民主科学精神就必须坚持求真务实的兴邦作风

求真务实体现了民主与科学的宗旨，也是弘扬民主与科学的一个关键点。从理论上讲，求真务实体现了辩证唯物主义和历史唯物主义，从工作思路和方法上讲，求真务实是确保工作扎实的优良传统。坚持求真务实的作风，是对新形势下全面建成小康社会、努力构建社会主义和谐社会，并最终实现中国梦的根本性要求。邓小平同志一再强调“要多办实事，多做少说，要鼓实劲，要切实解决问题，要踏踏实实地工作”。求真务实最关键就是说实话、办实事、真抓实干，要把国家的利益放到最重要的位置上，千方百计地去办实事，办好事。

“实干兴邦，空谈误国”。坚持求真务实，是一种科学精神，更是一种工作作风。每一名九三人要深刻认识求真务实的重要性，从政治的高度，把求真务实落实到全面建设小康社会和构建社会主义和谐社会的每个环节，在实现“中国梦”的进程中做出九三人应有贡献！

（作者赵静系福建省漳州市副市长）

责任编辑：张博燕

民主与科学精神在基层组织建设中的重要作用及实践思考

张子文

九三学社成立之初即宣言："为民主与科学之实现而努力，始终不懈。"半个多世纪以来，九三学社始终坚持弘扬民主与科学精神，逐渐发展和形成了以爱国、民主、科学为核心，坚持中国共产党领导、坚持走中国特色社会主义道路，坚持加强自身建设、不断进步的优良传统。特别是改革开放以来，九三学社进一步明确了自身性质、地位、作用，认真履行参政党职能，不断加强参政党自身建设，民主与科学精神在自身建设中的指导作用得到不断加强，在基层组织建设中也进一步发挥着重要作用。

一、民主与科学精神在基层组织建设中的重要作用

（一）强大的感召作用

九三学社在各个时期都涌现出许多杰出代表人物，例如"两弹一星功勋奖章"获得者王淦昌、邓稼先等，"国家最高科学技术奖"获得者王选、黄昆等，以及被称为"中国软实力"的杨佳等社员，在这些杰出代表人物的先进事迹和优异成就中，民主与科学精神得到了最突出的个体表现和最完美的充分诠释，这些杰出代表人物，不仅是民主与科学精神的优秀践行者，更是民主与科学精神的最佳"活注解"。正是他们的突出表现和完美诠释，合力形成了一股崇高的感召精神。在基层组织社员发展过程中，许多人志愿加入社组织的原动力和目的十分单纯：例如"我知道某某是九三学社社员，他是大科学家，取得了非凡的成就，我也想成为和他一个组织的同志"，"某某的事迹令人鼓舞，他的精神值得我学习，加入九三学社组织不会错"，以及"某某是我的同事，我非常敬佩他的专业水准

和为人处世原则，我想向他学习靠拢”等等，此类话语都是我们在与发展对象聊天谈心中经常听到的最直白的心声。

（二）凝聚共识和引领思想作用

在历史不同时期，九三学社先贤们始终秉承民主与科学宗旨，与中国共产党风雨同舟，团结合作，为我国新民主主义革命取得胜利、为新中国社会主义建设事业做出了积极贡献，特别是在改革开放进程中，为建设中国特色社会主义事业都做出了重要贡献和显著成绩。作为民主与科学精神的核心部分，爱国主义、爱社会主义在九三学社先贤们身上得到了充分体现。先贤们所坚持弘扬的真理和信念无疑对后来者具有明确方向、引领道路的重要示范作用。正是先贤们在弘扬民主与科学精神道路上的跋涉和努力，不断向后来者证明九三学社所走道路是唯一正确的选择，即坚持中国共产党领导，共同走中国特色社会主义道路，而先贤们在共同道路上取得的瞩目成就，更是鼓舞和激励着后来者。

近年来，我国已进入改革发展的关键时期，社会思想观念也在发生着深刻变化，各种错误思潮披着真理的外衣到处游荡泛滥，令人迷失方向，丧失理想信念，道德观念紊乱。九三学社始终坚持倡导社会主义核心价值观，积极弘扬和践行社会主义核心价值理论体系，坚持弘扬民主与科学精神，积极宣传九三学社先贤们的先进事迹，倡导社员学习模范典型，引导社员树立社会主义荣辱观，共同遵循社会主义道德，形成民主与科学精神的联系纽带，筑牢社组织的思想基础。

（三）社务活动中的指导作用

基层组织班子建设是基层组织建设的重中之重，民主与科学精神在基层组织班子建设中也起着重要的指导作用。民主议事，民主决策，民主办事，接受社员监督评议，虚心接纳社员批评意见等都是老一辈九三人给我们留下的优良传统和道德风范，作为新一代九三人我们必须坚持和传承下去，并不断发扬光大。

基层组织是九三学社的“活力分子”和根本基础。基层组织负责人应深入到社员中去，与社员坦诚交流沟通，听取社员意见建议，了解社员思想动态，反映社员合理诉求，帮助社员解决问题，维护社员切身利益，同时，基层组织要坚持用好民主与科学精神这个法宝，凝聚情感，增进共识，不断夯实基层组织的基础。

（四）团结力量、共同奋斗的重要作用

“半个多世纪以来，本社秉承爱国、民主、科学的优良传统，同中国共产党在争取民族独立和人民解放的宏伟事业中风雨同舟，在社会主义革命和建设的历史进程中携手前进，在改革开放和社会主义现代化建设的伟大实践中团结奋斗，发展成为一支建设中国特色社会主义事业、维护国家安定团结的重要力量”。九三学社章程中的这段话，包含了对自身历史、地位、性质和作用的阐述，点明了民主与科学精神贯穿于这支“重要力量”形成的全过程。继承和弘扬老一辈九三人的优良传统，就要求我们坚持“科学”精神，积极调研，了解社会实际，深刻研究焦点问题；同时认真履行民主监督和参政议政职能，不做旁观者，发现问题勇于指出弊端，敢于提出意见和建议。

二、实践思考

（一）充分关注和紧密联系基层组织

九三学社杰出代表人物的先进事迹在社内乃至全社会广为流传，使广大社员受到极大鼓舞，他们是我社组织践行爱国、民主、科学精神的典范，树立起民主与科学精神的一座座丰碑。同时，作为在平凡岗位上做出无私贡献的社员，大家也在为建设和谐小康社会、实现民族伟大复兴共同奋斗，正是大家的共同奋斗凝聚成民主与科学精神的牢固基石。我们在大力宣传杰出代表人物的同时，也应及时、广泛地宣传基层社员在平凡岗位上所取得的业绩，让广大社员发现、感受、学习身边的先进典型，这更有利于民主与科学精神在基层组织和广大社员中深入扎根，植入人心。抓好社史编纂工作对各级社组织继承和弘扬民主与科学精神有着极其重要的促进作用。非常遗憾的是，目前在社史记录工作中，我们很多基层组织是存在严重缺失的，其中基层组织专职力量薄弱是重要原因之一。要推动和帮助基层组织做好社史记录工作，除了要抓紧整理记录基层组织的现实活动外，

还应特别整理好参与了基层组织甚至更高一级组织筹建的老社员的生平事迹。

（二）基层组织要抓紧落实各项工作机制

进入新时期，虽然全国社员人数不断增多，组织架构进一步完善，但在基层组织中，界别特色不再明显，社员结构趋向多元复杂。有些基层组织纪律涣散，各项工作和活动效果不理想，社员参与程度低，思想建设基础薄弱，社务工作不透明，班子宗旨意识薄弱等问题逐渐增多，社内社外也颇多负面评价。面对这些问题，我们必须进行深思和有所作为。

总之，作为参政党，面对新形势新问题，要继续保持进步性与广泛性相统一，必须不断反思和总结。我们应始终坚持践行民主与科学精神，不断加强基层组织建设，而目前较为迫切的就是要建立和完善基层组织各项工作机制，例如建立完善民主议事和民主决策的制度、民主选拔和推荐后备干部的制度、社务公开的制度等；在基层组织中，特别要抓紧建立和落实谈心制度、民主评议制度、社内监督制度以及社员退出制度等。这是促进基层组织不断加强自身建设和不断进步的根本保障，也是基层组织进一步贯彻民主与科学精神的有力措施和必要途径。

（作者张子文系九三学社江西省宜春市委会秘书长）

责任编辑：邹晶

以先锋精神捍卫民主与科学之尊严

杨素娜

一、民主与科学的起源

民主与科学最早萌芽于古希腊文化，后在欧洲国家发展成熟。1915 年，中国新文化运动的发起人陈独秀在其创办的《青年杂志》（后改为《新青年》）创刊号上发表的《敬告青年》一文中提出民主与科学口号。他指出：民主是指“民主思想和民主政治”，科学主要是指近代自然科学法则和科学精神。陈独秀在文章中号召人们拿起民主这个武器与旧的意识形态进行斗争，并号召人们坚持科学的精神，成为自然界的统治者和主人。

正如任何新事物一样，随着时间推移，民主与科学的生存土壤和发展环境逐步有了变化。当前，民主被确定为是保护人类自由和平等的原则及行为方式，它是自由体制化的表现。民主虽然以多数决定，但同时尊重个人与少数人的权利。所以，民主保证了人们的基本人权，给人们提供平等的机会，是人类的基本价值观之一。

科学作为社会发展的一种力量，是对自然和社会规律认识上的民主，这种民主不是简单地以多数人的意志来决定真理，而是靠“摆事实、讲道理”的方法来判定真理。科学的发展是导致社会发展的根本性力量之一，因为科学减少了盲目，让思想得到解放，让思维得到提升，它打破了愚昧传统的桎梏和羁绊。作为推动社会进步的主要力量，在新时期，我们怎样才能更好地弘扬科学与民主精神？应该以怎样的姿态和精神去捍卫民主与科学的尊严，以使民主与科学能在当今的社会背景下得到更好的发展？

二、民主科学的精神

"先锋"一词最早来自法国著名的《拉鲁斯词典》。所谓先锋是指一支武装力量的先头部队，其任务是为这支武装力量进入行动做准备（军事术语）。"先锋"一词始于革命，后逐渐转向文化和文学艺术领域。在20世纪90年代，中国出现了先锋派作家，他们开创了中国的先锋文学，并起到了意想不到的成效。先锋作家们往往在文学创作中表现出了去伪存真，进而对生活的本质和人的根本问题进行苦苦探索以及对旧模式、旧意义和旧传统进行有力反判和消解的先锋精神。总结起来无外乎以下几点。

（一）敢说真话

所谓真话即是客观事实。尊重客观规律既是科学精神的需要，也是民主精神的需要。敢说真话是尊重科学、尊重民主的前提。而尊重科学、民主是说真话的必要条件。人类历史的发展表明，在一个真理尚未让大多数人公认为真理的时候，敢于说真话的往往是很少一部分人。此外，要实行民主就必须有言论、出版、集会等自由，特别是要给予少数人充分发表意见的权利。而历史往往表明，真理经常是掌握在少数人的手里，但一个社会如果严格禁止言论自由，也就在一定程度上限制了科学发展和社会创新。

中国历史上，曾经出现过因不说真话或者以各种权威压制真话（即不尊重客观事实、不尊重客观规律）而给国家发展和人民身心造成巨大重创和不可挽回损失的时期，例如20世纪50年代末、60年代初的"大跃进"和"浮夸风"。"大跃进"是我国探索建设社会主义道路中出现的一次严重失误，由于严重忽视客观经济发展规律，过分夸大主观意志和主观作用，使得高指标、瞎指挥、浮夸风、共产风等错误大肆泛滥，工农业生产遭到极大破坏，国民经济比例严重失调，人民生活发生严重困难。相比之下，浮夸风的兴起更是缺乏科学的基本观念。在1958年的"大跃进"中，很多地方向上报告了高得离谱的所谓农业"卫星"产量。例如河南西平县和平农业社报出小麦高产7320斤，湖北麻城县建国农业一社早稻亩产3.6956万斤，广西环江县红旗公社中稻亩产13.0434万斤10两4钱，这一数据在当年诸多的“卫星”中显得特别耀眼。1958 年 9 月 18 日，《人民日报》（党报）竟然在头版头条进行了这类“卫星”报道，使假话达到了登峰造极的地步，其影响可想而知，也在某种程度上使“浮夸风”盛行于整个中国。在科学界，“人有多大胆，地有多大产”的狂热思想也颇为流行并发挥到了极致，当时很多科学家也丧失了基本素养，说话、办事完全不以科学和事实为基础。

（二）敢为人先

敢为人先即勇于开拓，敢于创新。科学的本质是创新，从一定意义上说，在探索科学、寻求真理的路上，走弯路、说错话也是科学走向成功的先期实验。而这一切必须要有敢为人先、敢于创新的勇气。30 多年前推出的“家庭联产承包责任制”的发起可以看作中国近代史上敢为人先的一个典型案例。1978 年 11 月 24 日晚，安徽省凤阳县凤梨公社小岗村西头严立华家低矮残破的茅屋里挤满了 18 位农民，他们正在召开关系全村命运的一次秘密会议。这次会议的直接成果诞生了一份不到百字的包干保证书。最主要内容有三条：一是分田到户；二是不再伸手向国家要钱要粮；三是如果干部坐牢，社员保证把他们的小孩养活到 18 岁。队长严俊昌特别强调，“我们分田到户，瞒上不瞒下，不准向任何人透露”。这个举动在“文革”结束后不久的 1978 年可是“冒天下之大不韪”，是一个十分勇敢甚至是伟大的壮举。而其后的成果确实证明了这一来自基层创新的正确：1979 年 10 月，小岗村当年粮食总产量达到 66 吨，相当于全队 1966 年到 1970 年 5 年粮食产量的总和。1980 年 5 月 31 日，邓小平在一次重要谈话中公开肯定了小岗村“大包干”的做法。当时，国务院主管农业的副总理万里和改革开放的总设计师邓小平对这一举动的支持更是传达了一个明确的信息：农村改革势在必行。于是才有了 1982 年 1 月 1 日中国共产党历史上第一个关于农村工作的一号文件的正式出台，文件中明确指出包产到户、包干到户都是社会主义集体经济的生产责任制。此后，中国政府不断稳固和完善家庭联产承包责任制，鼓励农民发展多种经营，使广大农村地区迅速摘掉贫困落后的帽子，逐步走上富裕的道路，中国因此创造了令世人瞩目的“用世界上 7% 的土地养活世界上 22% 人口”的奇迹。而这一奇迹的实现，不得不说是来自于中国小岗村的那 18 户农民的开拓创新。

（三）敢于批判

所谓批判，其实就是站在更高的层面对历史或现实做出甄别和审视，对人或事进行分析和解剖，以期发现问题和解决问题，其最终目的是为了更好地发展。批判是建立在尊重科学、尊重事实基础上的反思，反思是建立在拥有独立思考和独立负责精神之上的，而民众的独立思考和独立负责精神是现代文明社会与民主政治不可或缺的重要素养。中国历史上的新文化运动就是高举反传统旗帜，对以儒学为主的中国旧的传统文化进行猛烈的批判和反思。新文化运动彻底批判了封建思想，动摇了封建思想的统治地位，促进了中国人的觉醒，是中国历史上又一次思想解放的潮流，为中国革命进入新民主主义革命奠定了思想基础。新文化运动的先驱们在对中国的历史和事实进行深刻反思后对旧的封建传统和思想进行大批判，它为中国的发展指出了一个前进的方向。

三、结束语

总之，一个国家无论其自然资源如何丰富，地理位置如何优越，如果没有科学的指导，发展也将停止不前；而一个国家的人民即使有最现代的衣食住行，如果没有民主的权利，其人格就是不完整的。真正的先锋是精神的超前，先锋精神可能无法改变社会，却能慢慢改变国民对社会的看法。正是从这个意义上说，只要先锋活着，民主与科学就会得到更快更好的发展；只要民主与科学存在，就永远不会缺少先锋。

（作者杨素娜系山东省青岛市市北区档案局干部）

责任编辑：邹晶

弘扬民主科学精神　推进政府职能转变

贾国哲

一、民主和科学是中国共产党和九三学社的共同追求

民主与科学舶来于20世纪初，发扬光大于“五四”新文化运动，其旗手陈独秀以《新青年》为阵地，热忱欢迎“德先生”与“赛先生”，而后无数进步青年与各党派踏上了力促中国走向民主与科学的伟大征程。历史饶有兴味之处在于，陈独秀后来成为中国共产党的创始人、初期最高领导人；而九三学社直承“五四”精神，以弘扬民主与科学为己任。所以说，九三学社与中国共产党在追求民主与科学精神上一贯“志同道合”，在追求民族振兴上“殊途而同归”。

新中国成立前夕，九三学社与中国共产党同气相求，结为战友，大力宣扬民主与科学；携手并肩，同国民党独裁政治进行坚决斗争。新中国成立之后，中国共产党组织各民主党派参与政治协商会议，实现各民主党派长期追求的理想。九三学社与其他党派一道欣然加入新政协，为新中国建设尽心竭智，一时光风朗日，人心大振。

尽管我们经历了反右运动和“文化大革命”，政治协商制度受到一定破坏，民主进程与科学发展受到了很大冲击。但是，我们始终相信中国共产党带领全国人民走向民主与科学的真诚，相信中国共产党追求民主与科学的意志和决心。

二、关于民主和科学在政府职能转变中的功效

（一）民主思想在政府职能转变中的功效

首先，思想领风气之先，换言之，一个社会有什么样的社会思潮，就会产

生什么样的社会现象。一个不具有民主思想的政府和社会，政府职能的转变不可能成功。其次是民主思想的弘扬会逐渐形成民主文化。民主文化是一个社会共同遵循和追求的价值体系，也是社会的基础秩序。如果我们仅仅把民主思想停留在思想观念层面，而无法转化为社会共同遵循的价值秩序，效果必然有限。再次是由于民主思想的弘扬和民主文化的逐渐形成，建立民主制度就会水到渠成。民主思想是引领人们进入民主社会的先决条件，民主文化是民主社会的最高境界，也就是说，民主文化是政府和社会群体的自觉行为标准。但政府和社会是动态复杂的，民主文化不可能成为政府和每个人的自觉追求和自觉行为，这就需要以制度程序规范政府和人们的行为，使社会保持在动态有序的民主状态中。

（二）科学精神在政府职能转变中的功效

关于科学精神的社会功能，恩格斯在撰写《政治经济学批判大纲》时，就把科学发明和科学思想作为生产的主要因素即劳动要素中的精神要素。马克思认为：科学作为一种以实践为依据并随着实践的发展而不断更新的理论体系和思想体系，成为各个历史时期思想解放的先导。16 世纪的哥白尼天文学革命动摇了欧洲一千年封建神权统治的思想基础，17 世纪的物理学成就和崇尚理性的科学精神引发了法国大革命的启蒙运动，都是有力的证例。我们今天推进的政府职能转变，如果没有科学精神的引领，不按科学规律办事，就难以达到预期目标。

（三）民主和科学在政府职能转变中的关系

民主与科学具有一致性，它们是一对孪生兄弟，存在历史和逻辑的纽带关系，二者的产生和发展互为因果。一致性不仅表现在内涵和精神的一致、历史和逻辑的联结，也表现在民主与科学相辅相成的互动上。一方面，民主在与科学共同推动政府职能转变中，其民主秩序、民主环境、民主思想为科学提供发展条件和机会。很大程度上，科学在民主自由的基础上茁壮成长。人的好奇心、对真理的追求和新观念的应用，在无拘无束、富有激励的环境中才能得以最佳发展。民主的本质和科学的本性在许多方面是平行的。另一方面，科学在推动政府职能转变中，促使民主价值观念对绝对集权主义和权威专制的反对，对封建遗毒的否定，对更大范围经济领域的思想开放都有助推作用。比如，信息时代为百姓言论自由、民主监督提供前所未有的平台，这是“赛先生”（科学）帮了“德先生”（民主）的忙。科学执政、民主执政不仅是相容的，而且科学和民主的合作为我们提供了实现中国梦的最大可能性。事实上，政府职能转变已成为调节生产关系、缓和社会矛盾的有效手段。有了民主，多数人的利益和意志得以表达和反映，官员不能为所欲为滥用手中的权力。中国正是在很大程度上借助民主和科学的力量，落实科学发展观，使经济得以持续发展，多数人的生活水平得以逐步提高。民主和科学，既是治国理政、经济管理、社会管理的法宝，也是同各种落后势力做斗争的有力武器。

总之，科学能使物尽其利，民主能使人尽其能；一个能使物和人都充分发挥作用的社会，必然拥有无穷的生命力。可以说，民主与科学不是某种文化的特殊追求与特殊道路，而是人类社会发展的必然走向，是现代社会赖以发展、现代国家赖以生存、现代经济赖以增长的重要内在动力。

三、如何在推进政府职能转变过程中弘扬民主和科学精神

（一）实现民主政府和科学政府是政府职能转变的目标

政府职能中不民主、不科学的弊端日益凸显并沉淀为进一步发展的障碍和潜在危机。政府管理理念固守“官本位”、“万能政府”的窠臼与民主科学精神难以相容。中国的高速增长依赖于它独有的增长模式，但这种“三高一低”即高投入、高消耗、高污染、低产出的增长模式及其“政府与市场相结合”的集权体制无法持续。例如，政企不分，政社不分，政事不分，党政不分，权力高度集中，权力与市场混合的集权型体制；政府组织（广义的政府，包括党政组织）、企业组织和社会组织的分化程度不够且发育不全。三者边界不清，独立性不足，企业组织和社会组织都不同程度地依附政府；在制度规则层面，政治权力和经济产权界定不清，如政府权力和公民权利，行政、立法、司法部门之间的权力同样界定不清；潜规则与显规则并行不悖等。如果不改革现行体制，不进行政府职能转

变，诸如贫富悬殊、分配不公、吏治腐败、土地、环境、扭曲的工业化和畸形的城市化以及社会冲突等问题，不仅不能合理有效解决，还会演化成新的社会危机。唯一的选择就是主动改革。只有主动、自上而下、有计划有步骤地转变政府职能，才能兴利除弊、转危为安，实现经济转型升级的推进，才能实现建立一个民主、科学、高效、廉洁、服务的中国特色政府体制的目标。

（二）用民主和科学精神科学合理地界定政府职能

政府职能包罗万象，与民主和科学精神难以相容。政府职能和政府能力密切相关，政府的能力是有限的，有限的政府能力只能承担有限的政府职能。政府职能的无限扩张必然造成管理效力的衰减，从而导致管理失误，导致社会管理功能的萎缩，导致社会对政府的高度依赖，也抑制了企业、社会组织和公民的活力。搞政府职能转变，就是从全能（集权）政府转向分权制衡的政府；从行政依附的事业单位或团体转向独立的社会组织；从人治规则转向法治规则；从行政指令计划规则转向市场规则；从国家集权包办规则转向社会民主自治规则。政府应当处理好政府与市场、政府与社会的关系，放掉该放的权力，管好该管的事务，把工作重点转到创造良好发展环境、提供优质公共服务、维护社会公平正义上来。

（三）把公共行政民主化科学化作为政府职能转变的内在动力和要求

过去许多“官”习惯了“为民做主”，要进行政府职能转变，必须树立真正的民主和科学精神，必须经历艰苦努力，同反民主反科学的封建遗毒进行不懈斗争。李克强总理曾就机构改革和转变政府职能问题时谈道：“如果说机构改革是政府内部权力的优化配置，那么转变职能则是厘清和理顺政府与市场、与社会之间的关系。说白了，就是市场能办的，多放给市场。社会可以做好的，就交给社会。政府管住、管好它应该管的事。机构改革不易，转变职能更难，因为它更深刻。既然政府有错位的问题，那就把错装在政府身上的手换成市场的手。这是削权，是自我革命，会很痛，甚至有割腕的感觉，但这是发展的需要，更是人民的愿望。”以上论述体现了对公共行政民主化科学化的迫切要求。

（四）围绕政府职能转变的主要目标，带动社会和政治体制改革，推进民主政治建设

许多问题看似经济问题，实际上是政治问题。政治问题的解决又往往从经济问题入手。现阶段的中国最大的问题仍是民生问题，大多数中国人还处于初等温饱状态，不少人尚未完全脱贫，即便是民权问题也多因民生而起。未来数年内，过去遗留下来的各种民生问题可能会演化成民权问题，各级政府应当理性对待，学会在民主与法治的轨道上科学处理问题。只要发扬民主，科学求实，这些问题甚至危机都是可以化解的。民生问题的解决仍然要以经济发展为基础。经济发展最直接的动力就是搞经济体制改革。按照成熟的市场经济目标，我国的经济领域改革远没有到位，国企改革、资源性产品价格和要素市场的改革、财税金融体制改革、与经济相关联的行政体制改革和政府职能的转变、公共产品的供给和分配制度的改革、城乡一体化的改革等远远没有完成。如果我们加快上述领域的改革，那么未来中国经济的发展还是比较乐观的。当然，在深化经济体制改革的同时，必须配套政治和社会体制改革。以推进经济体制改革为中心，带动相应的政治、社会、文化等体制改革，是我们大力弘扬民主科学精神的目的所在。

（五）要形成政府职能转变的普遍共识

推动政府职能转变，应有一个发扬民主、科学求实、公开讨论和论证的过程。由于利益和认知的不同，人们对政府职能转变的认识有所分歧。只有通过公开透明的讨论和交锋，才能消除歧见，求大同存小异，从而找到改革的最大公约数和最小公倍数。消除经济上的封建化倾向，即目前形成的各种垄断性的土围子经济或统制经济特殊的既得利益集团，也就是被人们形象化地称为地方政府控制的“诸侯经济”，部门控制的“王爷经济”，大国企控制的“垄断经济”等等。政府职能转变是一场深刻的革命，既得利益者谁也不会主动放权，他们会自说自话、自弹自唱，这就需要一种民主的环境和氛围进行讨论和争鸣。如今，民生、民主已更紧密连在一起，涉及民生多涉及民主，群众利益诉求得不到充分表达与合理吸纳，就谈不上改善民生。以讨论求共识，也是用民主办法解决民生问题，实现群众满意度和政府公信力同步提升。上下同欲者胜。通过讨论和碰撞提高

集体的认知能力和共识，把思想统一到中共中央和国务院政府职能转变的部署上来。这是民主科学推动政府职能转变的重要环节和必要程序。

一个民族的活力植根于每一个国民心中，一个社会给每一个国民以充分发挥自己能量的空间，这个社会就会生机勃勃，活力蒸腾。只要有一个机制，能够让我们将自己的能量连通到民族振兴的能量网中，中华民族就真正获得了腾飞的力量。这个机制，就是民主与科学！

（作者贾国哲系九三学社山东省威海市委会主委）

责任编辑：张博燕

浅谈民主治教与科学治校

杨竹贵

学校的管理是学校发展的生命所在，决定着教育教学质量的好坏，影响着学校发展的前景。学校管理的最高境界是“让每个教职员工都感到自己存在的价值，让每个学生都感到自己学习的快乐”，从而最大限度地激发全体师生的积极性。而达到这种境界，离不开学校的民主科学管理。一所充满生机与活力的学校必定是体现人文精神、实行民主科学管理的学校。

一、民主管理重于泰山

学校管理民主化是社会主义民主建设的必然要求。学校管理，从宏观上说，应该为提高广大人民的科学文化水平服务，为提高民族素质服务。从微观上说，应该直接为全校师生服务，为教师的教和学生的学服务。在学校里，管理者可以监督群众，群众也可以监督管理者。教师这个职业是一碗“良心饭”，因此行政民主就显得格外重要。

（一）公仆情怀是民主行政的关键

学校要实行民主行政，关键是校长要摆正自己的位置。如果校长把自己高踞于师生之上，那根本谈不上民主。校长应树立为全体师生服务的观念。只有放下身段，才能赢得全体师生的亲近与信赖，为工作的顺利开展奠定坚实的群众基础。这种平等、团结、尊重的组织氛围，对主体意识较突出的教师来说，具有极大的感召力。

学校管理的一个重要任务就是关心每一个人、关注每一个人的价值和奉献，想方设法满足教职工的合理需要，因此校长等行政领导应尽量营造和谐宽松的工作环境，例如经常与教师沟通思想、交流体会，增进了解。教师们都怀着一种快乐的心情为学校工作，自觉做到自己管好自己，从而实现学校的自动化管理。

尽管校长一个人的能力是有限的，但当他凭借公仆情怀，运用民主科学的方法，把全体教职工的积极性充分调动起来以后，产生的作用力却是无法估量的。

（二）阳光校务是民主行政的前提

实行阳光校务，既是实现学校民主行政的重要举措，也是前提条件。如此，不仅促进了学校的改革和发展，更能进一步提高办学质量和办学效益。全方位、多层次地推行校务公开，有效保证广大教职工的知情权，是保证学校民主管理和民主监督的前提。

古人云："积力所举，无不胜也；而众之所为，无不成也。"学校各项重大事项、制度、规定的出台，都应该做到首先由校长办公会提出方案，行政会负责审查，然后由教代会审议通过，最后由相关部门负责实施。

校务公开的形式可以多样化。一是会议公开，可以通过教职工代表大会、教职工大会、全体党员会，学校办学领导小组会议、家长委员会或家长会、学生会等公开有关校务；二是媒体公开，可以通过通知、公告、简报、壁报栏、校刊、校内广播、校内电视等各种媒体公开校务；三是其他形式公开，例如通过校长信箱、校长接待日、学校开放日等形式公开校务。

校务公开的主要内容涵盖面要广，例如学校的发展规划、学期工作计划、学校整体改革方案；学校章程、学校内部管理的各项制度；学校财务收支；学校基建、教学设备添置的计划及实施方案；职称评定、评先评优等有关政策规定和程序；学校内部改革方案、结构工资及奖金分配等；校长任期目标、年度述职、各类人员岗位责任及实施情况等。

将学校的一切重大事项置于教职工监督之下，学校就能增强凝聚力和向心力，学校的改革和发展就能呈现新面貌新气象，各项工作就能事顺心畅、蓬勃发展。

（三）人本理念是民主行政的核心

在学校管理的所有要素中，教师管理是第一要素，也是核心。因此，学校管理应树立“以教师为本”的管理思想。树立“教师为本”的思想，其实质就是重视教师的参与意识和创造意识，使教师的才能得到充分发挥，人性得到最完善的发展。

一所学校，如果它的教师感到很苦、很累，不能感受到生活的幸福和美好，也不能体会到职业的内在尊严，即使其他方面都很好，也不能算是一所好学校。只有教师感到生活充满希望和阳光，工作过程是享受而不是劳役，是自我价值实现的过程而不是单纯的付出，他才能创造出充满生命力的、温馨的课堂，才能为学生提供优质的教育服务。

为此，学校每一项制度的出台，每一项大事的决策都要有一个商量的过程，都在各位教职工仁者见仁、智者见智的畅所欲言之后，采取投票表决的方法确定下来。在学校事务中，教师作为主人翁，通过各种方式和渠道参与学校管理，一方面能激发起主动性和创造性，提高教师的自我成就感，另一方面也增加了管理的透明度和可信度。每个职工都意识到，学校与个人是一个密不可分的整体，个人的成长发展与学校事业的发展密切相关，由此大大提高其自豪感、责任感和使命感。

同时，学生是学校各项工作的起点和归宿，学校的管理要紧紧围绕学生成长进行。学生是发展中的个体，学校的一切行为方式均对学生的成长起着引导作用。因此要努力打造“绿色教育”品牌，即：既重视基本知识和基本技能，又重视其自我发展能力；既弘扬科学精神，又培养人文精神；既培养完美高尚人格，又发展其强健体魄；既发展个体思想，又使之积极付诸行动，从而成为全面、和谐发展的人；既注重拔尖人才的脱颖而出，又因材施教，全面提高人才培养质量与办学效益。

每个孩子都有自己的特点，作为学生当然希望自己的一技之长、性格中与众不同的地方在学校里不仅不被抹平，还能有机会进行展示。因此，学校应该开展一系列活动，达到帮助寻找闪光点、提高综合素质的目的。例如，体育节、读书节、艺术节等特色活动，培养学生的人文素养和科学精神；评选“十佳”、“百优”学生等活动，为学生树立良好的德育形象；积极宣传科普知识，组织学生参观科技馆，增强学生们的科学意识；规范升旗仪式，祭扫烈士墓等，让学生在庄严之中接受思想的洗礼。通过系列活动，让学生们加深理解和运用科学知识，进而提高自身的综合素质，培养其社会责任感。

此外，学校还可以倡议班级通过民主的方法来制定班规、处理班务等，以充分发挥学生的主人翁精神。

二、科学管理、势在必行

教育是科学。学校管理必须科学化，即在遵循一般教育规律的同时，潜心治校，用先进的教育理念武装广大教师的头脑，最大限度地发挥教职员工的积极性、主动性和创造性。

（一）先进教育思想是科学管理的灵魂

著名教育家苏霍姆林斯基认为：校长对学校的领导首先是思想的领导，其次才是行政的领导。作为管理者，我们首先应该思考的是用什么样的办学思想来指导学校管理工作。其实，一个高明的、有事业心的校长，他是在遵循教育方针的前提下，按自己的思想来办学的；一个人云亦云的校长，他所领导的学校，是不会有特色，也不可能有什么成绩的。

当然，学校的特色建设最初会遇到很多困难，包括社会的压力，家长的压力，甚至教师内部的压力。但是，只要学校在某一方面的管理独具特色，就不乏竞争力和吸引力。只要这种先进的德育思想切合实际，又能被大家接受，所有的困难险阻终会迎刃而解。

（二）切实的办学措施是科学管理的保障

1. 制度管理和量化管理相结合

制度管理和量化管理，二者不可偏废。要大力推行“制度化管理”的模式，使管理工作有章可循，并根据制度规定把教师的各项工作都计入量化分，最终评优评模时以此为准。无规矩不成方圆，如此一来既解决了管理中的薄弱环节，形成用制度管人管事的良好局面，又进一步规范了教育教学行为，全面提升了学校科学管理水平。

马克思曾经说过："一切科学只有成功地运用数学时，才算达到真正完善的地步。"教育管理也不例外，量化考核确实在学校日常管理中发挥了积极作用。量化管理是指学校在布置工作时，将工作以量化的形式提出，并使之涵盖工作全过程的一种管理方法。

2. 教的管理和学的管理相结合

教师的教和学生的学相互影响，互相促进，教师乐教、善教，学生才能乐学、会学。如此以往，良性循环，则能不断地提升教学境界。在教的管理上要紧紧抓住教师素质提高、教学环节和教研工作三个方面进行管理。教师素质提高方面，可以从抓中青年教师的业务进修和继续教育，进行现代教育理论的学习，开展教学经验总结活动等方面入手。在教学诸环节的管理中，要重点抓课堂教学 40 分钟这一中心环节的管理。举行各种公开课是开展这种研讨和探索的极好形式，这样不仅可以展示教学成果，推动教学改革，而且有利于树立典型，指导教学。

在教学研究工作管理中要紧抓数量、质量、成果三要素，要求三位一体共同实现，并以此作为检验教学研究工作的标准。

3. 高效的激励机制是科学管理的手段

奖励在推动教育教学工作的开展、促进教育质量的提高中具有不可或缺的作用，应作为学校工作的重要环节。奖励要具有鲜明的导向性，要向薄弱环节倾斜，引导学校相关部门解决工作中的滞后问题，使工作全面平衡发展。例如，中青年教师是学校教学质量提高的中坚力量，因此，要加大这方面的奖励力度，切实提高中青年教师的业务素质。

奖励的目的是激励，但并不是所有的奖励都能达到这个目的，如奖励上的平均主义就是白花钱而得不到预期效果。我们在工作中要敢于重奖，敢于拉开距离，使奖励产生强烈的激励性，有了刺激便有了效果。

总之，无论在何时何地，民主是途径，唯有如此才能集思广益，更好地做好事情；科学则是我们所追求的目标，也是摈弃愚昧无知的手段。只要管理者秉承

“科学性、公正性、合情性、自主性”原则，认清自己所处的阶段，随着学校的发展不失时机地、积极主动地、分阶段地、脚踏实地地进行管理变革，正确处理科学决策和民主管理的辩证关系，就能充分调动师生的智慧和力量，提高办学效率，促进学校的全面发展。

（作者杨竹贵系山东省临沂市第一实验小学高级教师）

责任编辑：张博燕

再谈民主科学之传统

谢 筠

一、九三学社与民主科学

（一）九三学社的核心价值理念与内在灵魂

九三学社缘起于抗日战争后期，一批从全国各地来到重庆的文教、科技界的人士如许德珩、褚辅成、税西恒、潘菽、黎锦熙、黄国璋等经常举行座谈会，响应中共提出的“立即结束国民党一党专政，成立民主联合政府”的主张，提倡发扬五四反帝反封建、民主科学精神，倡导“团结、民主，抗战到底”，在这样的口号影响下，其他一些进步科学家如梁希、金善宝、涂长望等先后加入，并命名为“民主科学座谈会”。后为纪念抗日战争和世界反法西斯战争的伟大胜利，改为“九三学社”。

1946 年 5 月 4 日九三学社在重庆宣布成立时即发表了《九三学社缘起》、《成立宣言》等文件。《成立宣言》指出：“中国今日，舍和平团结，实无救济之策，而和平团结之能实现与否，端赖民主宪政之实施”，“‘五四’所号召于国人者，为科学与民主，今时间过去虽已二十余年而民主与科学之要求，实较前迫切，本社同人，即本‘五四’的精神，为民主与科学实现而努力，始终不懈。”

（二）九三学社老一辈的精神遗产与优良传统

九三学社的历代领导人都将“民主与科学”视为九三学社的灵魂。新中国成立后，一些同志曾对“民主与科学”的提法提出否定意见，而作为九三学社主要创始人的潘菽先生等对民主与科学情有独钟，深知“民主”、“科学”这两面旗帜与九三学社的渊源关系，极力主张《社章》中仍保留“民主与科学”的提法。许德珩主席在总结其一生的著作《为了民主与科学》中说：“当今天下政党繁多，以高级知识分子为主体的九三学社若不以‘民主与科学’为主要内涵，那就不是一个有个性的民主党派了”。改革开放后担任九三中央主席的周培源和吴阶平也都就民主科学有过阐述，周培源主席指出，要“弘扬民主科学精神，促进社会主义建设”，吴阶平主席也强调，“兴国犹需民主与科学”。进入新世纪，九三学社新一代领导人韩启德主席更是坚定不移地表明，“坚持九三学社民主与科学的传统，用民主与科学的精神凝聚人心”。

二、对民主科学的再认识

（一）早期新文化运动的民主与科学

民主与科学是陈独秀首先提出的两个口号，树起的两面旗帜。以 1915 年陈独秀创办《新青年》杂志（创刊时称《青年杂志》）为标志，中国 20 世纪初兴起了一场以民主和科学为基本口号的新文化运动。当时提倡民主是为了反对北洋军阀的封建专制，反对仍然在中国占支配地位的封建主义的专制思想、等级观念和伦理原则；提倡科学是为了反对封建复古的潮流和迷信盲从的倾向。

五四以前，陈独秀等人所说的民主是指“西洋式”之“新国家”，即西方资产阶级的现代国家及其民主主义的制度，也是指“自由平等之新信仰”，即资产阶级民主主义的思想。那时的科学狭义地说是指自然科学，广义地说是指那些运用了某种自然科学方法的资产阶级唯心主义理论体系。当时所提倡的民主、科学是为了给在中国建设资产阶级共和国扫除思想的障碍，开通前进的道路。所以，五四以前的新文化运动，本质上乃是资产阶级的文化运动。

但五四以前，以民主和科学为基本口号的新文化运动仍然存在着严重的弱点。首先，它没有明确反对帝国主义的内容。其次，新文化运动还是存在脱离群众的弊端。毛泽东主席曾经指出：“革命的或不革命的或反革命的知识分子的最后的分界，看其是否愿意并且实行和工农民众相结合。他们的最后分界仅仅在这一点，而不在乎口头讲什么三民主义或马克思主义。真正的革命者必定是愿意并且实行和工农民众相结合的。”

正因为五四以前的新文化运动存在着严重的弱点，所以从 1915 年到 1919 年，新文化运动影响有限，更没有改变中国“一天天坏下去”的情况。这一时期，一些新文化运动的发起者和参加者在宣传资产阶级民主主义的同时，就已经开始对它持有某种怀疑和保留的态度了。李大钊在 1916 年 5 月说过：“代议政治虽今犹在试验之中，其良其否，难以确知，其存其易，亦未可测。”毛泽东主席在 1917 年 8 月也指出：“东方思想固不切于实际生活，西方思想亦未必尽是，几多之部分应与东方思想同时改造也。”

（二）五四精神与民主科学

中国在巴黎和会上的外交失败宣告了资产阶级的新文化运动的破产，但五四运动却促使科学社会主义思潮在中国传播开来。科学社会主义思潮发展成了新文化运动的主流，给了新文化运动新的生命。中国的马克思主义者把前期新文化运动的民主和科学的精神在马克思主义的基础上加以改造，从而赋予了新时代的内容，使之在更高的层次上得到了进一步的发扬。关于民主的问题，李大钊指出，社会主义与民主不是互相排斥的。不过，“今之德谟克拉西有两种，一为中产阶级的德谟克拉西，一为无产阶级的德谟克拉西”。而工人政治可以说是一种新的“德谟克拉西”。这样就把资产阶级民主和无产阶级民主、少数人的民主和广大人民的民主区分了开来。显然，提倡无产阶级的和广大人民的民主，这不是对民主的否定，而是把民主提到了更高的层次，扩展到了更广的范围。至于科学，李大钊指出，“自有马氏的唯物史观，才把历史学提到与自然科学同等的地位。此等功绩，实为史学界开一新纪元”。唯物史观也使研究社会学的人“有所依据，俾得循此以考察复杂变动的社会现象，而易得比较真实的效果。这是唯物史观对于社会学上的绝大贡献，全与对于史学上的贡献一样伟大”。

其实，五四精神不但不是宣传资产阶级自由主义，而是宣告了资产阶级自由主义的破产。五四精神的核心内容为“爱国、进步、民主、科学”，即“彻底地、不妥协地反帝反封建的爱国精神”。五四精神的“爱国”绝非资产阶级民族主义，而是和无产阶级国际主义结合的爱国主义；五四精神的“进步”绝非资产阶级的“普世价值”、“全盘西化”，而是无产阶级的社会主义革命和社会主义建设思想；

五四精神的“民主”绝非资产阶级的民主主义，而是无产阶级的人民民主；五四精神的“科学”绝非运用了某种自然科学方法的资产阶级唯心主义理论，而是无产阶级的科学社会主义思潮。可以说，五四运动从西方文化的许多特点中，主要引进了、突出了“科学、民主”这两个东西。“五四运动”提出的科学、民主两大诉求，开辟了反封建的民主革命的新阶段。

今天我们谈科学第一含义还是自然科学的发展，然后是科学的唯物史观和社会科学；谈民主也不是简单的投票选举，这仅仅是民主的一个方面，而应该是无产阶级的民主。在五四运动后期，就民主问题之争，就有以胡适为代表的买办阶级的自由主义民主的“问题与主义”之争，与黄凌霜、区声白为代表的无政府主义民主的“个人绝对自由”之争，最终确立了马克思主义理论的主体地位，社会主义五四精神得到发展，为中国共产党的成立打下了基础，使中国历史发展到一个新的阶段。

三、新时期九三学社如何弘扬民主科学精神

2012 年，温家宝总理在清华大学的演讲中再提“民主与科学”精神，历数中华民族因坚持民主与科学精神而取得的胜利与成就。“一种精神得以永恒，不仅在于它的精髓与内涵超越了时空，更在于它在时代的变更中能不断地被赋予新的色彩，这才是其生命力强大所在。”民主与科学正是这样的精神。它是中国几代人为之而奋斗的目标。

回首五四运动以来我国走过的道路，当坚持了民主与科学精神的时候，便能引导整个民族战胜困难、走向进步；而罔顾民主与科学精神的时候，便将国家和人民拖向灾难。在这一方面我们曾有过惨痛的教训。从 20 世纪 50 年代末的“大跃进”到 70 年代末的“洋跃进”，无论是高产“卫星”、大炼钢铁，还是“赶英超美”，全国上下都充满了乌托邦式的盲目和狂热，缺乏的恰恰是审慎理性的思考、科学的论证和民主的决策，结果都对国民经济发展造成了巨大的破坏。胡耀邦在 1978 年 5 月 6 日的理论动态组会议上说：“这篇文章（注：指 1978 年发

表在《理论动态》第58期的《民主和科学》一文），几十年来的问题，一下抓住了，科学和民主。”这是他对十年“文革”的深刻总结，也是对基本国情的深刻认识。回顾十年“文革”，这一场大灾难所以能发生，能延续十年之久，与当时的社会缺失民主精神和制度，缺失科学精神紧密相关。“文化大革命”借助于个人迷信这样的愚昧而发动、延续；但另一方面，“文化大革命”又依靠以“大民主”为重要表现形式的专制而发动、延续。真理标准问题讨论推倒了“两个凡是”，破除了个人迷信，恢复和确立了实事求是的思想路线，即科学的态度和方法。

但恢复、发扬、发展民主和科学精神，绝不是一朝一夕可以完成的事，只能随着经济、政治、文化的发展而逐步实现。任何时候我们都应该举起民主和科学这两面旗帜。

九三学社作为以科学技术界高中级知识分子为主的参政党，肩负着参政议政、民主监督的历史重任，爱国、民主、科学的优良传统是我社半个世纪以来形成的优良传统，但作为一支建设中国特色社会主义的重要力量，我们该如何弘扬民主科学精神?

（一）树立为科学事业而献身的精神

在这方面，我社老一辈科学家为我们做出了杰出榜样。例如在地质矿产行业，我国著名地质学家黄汲清针对国际地质学界一直信奉的“海相生油论”，断定中国是贫油国，他提出了“陆相生油论”和“多期多层含油论”，并成功勘测了大庆油田、胜利油田和大港油田，为我国甩掉“贫油国”帽子做出了艰苦卓绝的努力。地质矿床学家谢家荣在被错划“右派分子”后仍然忍辱负重，协助黄汲清同志做了大量的科学研究和实地考察工作，为我国大庆、华北油田的普查、勘探和开发做出了卓越的贡献。

在核技术方面，我社王淦昌、邓稼先、程开甲、赵九章、陈芳允等五位同志为1964年我国第一颗原子弹爆炸和1967年我国第一颗氢弹爆炸做出了不可磨灭的贡献，1986年，他们荣获“原子弹的突破及武器化”、“氢弹的突破及武器化”两项国家科技进步特等奖，赵九章、邓稼先、王淦昌、程开甲、陈芳允等五位同志还被誉为“两弹元勋”。

在“两弹元勋”中，最典型的人物就是邓稼先，他在50年代末苏联撕毁协议、撤走专家时表示：“研制战略武器，是中国人民和世界人民利益所在，任何困难都不能把我们吓倒，中国人有能力走出自己的道路。”接受研制“两弹”特别任务后他对夫人说：“以后家里的事全托付给你了，我的生命将全部献给未来的事业。”即使在妻子被批斗、孩子遭流放、自己随时可能因为科学实验失误被扣上“反革命”帽子的情况下，邓稼先仍然不屈不挠，为祖国的核工业和科学技术发展做出了彪炳史册的贡献。

（二）以科学的态度和科技工作者的独立精神参政议政

周培源先生是九三学社中央第二任主席。他不仅是本专业的巨匠，也是参政议政的先锋。20世纪80年代，他屡次对三峡工程提出“先上（游）后下（游），先支（流）后干（流），先易后难”的建言。50年代，周培源先生是三峡工程的支持者，曾经参与领导1958年至1960年期间三峡工程的论证工作。1988年他亲率全国政协视察团对拟建的三峡工程进行实地考察。之后，他本着向国家和人民负责的精神，向中央多次直陈己见，引起了中央领导的高度重视。周老说，关于三峡工程的争论，实质上是要不要科学、要不要民主、要不要决策民主化的问题。周老的观点导出了作为科学家或科技工作者应有的原则，作为以科技界中高级知识分子为主的党派，我们更应向我们的前辈学习，在未来中国的政治建设中大胆建言，科学思考。

（作者谢筠系九三学社湖北省武汉市委会宣传部负责人）

责任编辑：邹晶

九三学社的“德赛”之光

李 沛

“德赛”，即德先生和赛先生，是对民主与科学的一个形象称呼。“ 德先生”（democracy）民主是指民主思想和民主政治。“赛先生”（science）科学是指近代自然科学法则和科学精神。德赛是五四运动的宝贵遗产，也开启了中国唯一一个以学社命名的政党的大门，并吸引着无数九三人为之奋斗。

一、正确把握德赛与九三学社的关系

德赛是一件舶来品，由五四运动时期中国的先进分子引进。它的到来，是时代的产物，也是先行者正确的选择。

第一次世界大战期间，在列强无暇顾及东方诸国的间隙中，我国的民族资本主义曾经有过短暂的繁荣，一场以《新青年》为主阵地，高举民主与科学口号的新文化运动应运而生：反对封建专制的政治制度，要求民主；反对封建礼教和旧道德，要求个性解放和思想解放；反对旧文学，提倡文学革命，主张用白话文代替文言文。这是一次重大的启蒙运动，激发了广大青年对国家、民族命运的思考以及追求真理的热情。同时也为马列主义在中国的传播打下了基础。

1919 年 5 月 4 日，一场以“爱国、进步、民主、科学”为核心内容的五四运动爆发了。五四运动是中国新民主主义的开端，是一次最广泛的阶级联合行动，具有彻底的反帝反封建性。同时，它也是世界无产阶级革命的一部分，它使中国的先进知识分子逐步认识到共产主义，并接受其思想的引导。随着运动的不断深入，这次伟大的群众运动促使革命知识分子认识到：应以马列主义为行动指南，并依靠工人阶级的力量才能取得中国革命的最后胜利。五四运动促进了马列主义和工人阶级的结合，同时也为中国共产党的产生提供了思想和干部上的双重准备。

直接受到“德赛”影响的许德珩、潘菽、涂长望等人在抗日战争时期便组织一批进步学者，以民主、科学为宗旨，在重庆组成“民主与科学座谈会”，表明继续发扬五四运动的反帝爱国传统，提倡民主科学之志。自那时开始的60多年中，民主科学都一直成为九三人奉行的宗旨，它像一面大旗，引领着一代又一代的九三人在社会主义现代化建设中不懈努力，奋斗终生。

二、德赛是照耀九三学社的光辉

（一）德赛如灵魂，始终贯穿在九三人的思想与行动中

九三学社的优良传统是爱国、民主、科学。《九三学社成立宣言》中就提出："本社同人，即本‘五四’的精神，为民主与科学之实现而努力，始终不懈”。尽管九三学社随着时代的变迁也在不断地更换领导人和修改章程，但历届章程中始终不变的是弘扬民主与科学精神。不仅如此，九三学社在其出版物中都始终突出民主与科学的灵魂，例如九三中央主办了刊名为《民主与科学》的学术期刊；许德珩老先生将其回忆录命名为《为了民主与科学》，且请邓小平为之题写书名。

（二）德赛如灯塔，引领九三学社走向正确的航道

就九三学社的起源来说，它是“五四”精神的直接产物，满身带着鲜明且强烈的爱国情怀和崇尚民主与科学的精神。多年来，五四运动倡导的精神和情怀鼓励着一代又一代的九三人甚至是中华民族。在外有强敌、内有独裁、积贫积弱的旧中国，民众民主和科学意识匮乏，是一批九三学社先驱们高举德赛大旗，发出民众内心最真的时代呼声。中华人民共和国成立以后，一批批九三人满怀热情，投入到建设新中国的浪潮之中。在民主与科学这块吸引人才的磁石和试金石指引下，“两弹一星”的元勋邓稼先以及朱红元、严济慈、茅以升等无数九三人，为

新中国的创立与建设做出了不可磨灭的功勋。在改革开放的年代，王选、吴阶平等九三人继续发扬九三人的科学民主精神，为改革开放先试先行，努力践行着“科学技术是第一生产力”这一真理，为中国的科技、医疗等事业贡献了毕生精力。

（三）德赛是基石，奠定九三学社履行职能的方向

近代中国，由于最高皇权或决策层盲目自大，闭关锁国，中国无论在社会政治制度还是科技水平方面都远远落后于西方发达国家。在过去封建主义根深蒂固的年代，能够以无畏的革命气概，大声呼喊“民主、自由、平等”的口号，实属破天荒的壮举。

经历了辛亥革命、五四运动、国内革命等各时期，于1921年成立的中国共产党继承和发扬了民主与科学的精神。1940年，毛泽东提出新中国要有“新经济、新政治和新文化”。改革开放后邓小平关于“没有民主就没有社会主义，就没有社会主义现代化”、“科学技术是第一生产力”这两句著名论断，也充分反映了执政党在新时期对民主和科学的高度重视。半个多世纪以来，九三学社在民主与科学这一宗旨的指导下，与中国共产党在争取民族独立和人民解放的宏伟事业中风雨同舟，在社会主义革命和建设的历史进程中携手前进，在改革开放和社会主义现代化建设的伟大实践中团结奋斗，坚定地履行参政党的基本职能，可以说，九三学社的宗旨——民主与科学与中国共产党的执政理念是一脉相承的。

三、九三学社如何将德赛光辉发扬光大

（一）将民主与科学有效地结合

西方国家多推崇“三权鼎立”和“两院制”，其政治制度的基本取向是发展民主。然而，不同的政党代表的是不同的阶级或不同利益集团的心声，并不能很好地反映最基层或弱势群体的呼喊。从这点看，就不难解释意大利等一些西方国家目前所处的政治灾难。中国的民主虽然还不是十分完善，但却是经历了近百年的探索和磨炼，形成了具有本国特色的民主，是适合当下中国社会的适当方式。

中国的科学水平也是随着中国社会的发展而逐步形成的。民主与科学在任何国家都是需要有机结合在一起，是不能随意割裂和抛弃的。当然，实行充分民主是保持社会和谐的主要手段。在中国，以爱国、科学和实事求是的精神积极推行协商民主制度，一定能有效地化解各类社会矛盾，减缓并消除社会差距，而这也是九三学社所要树立的核心价值观。

（二）履行参政党职能需要弘扬民主与科学传统

九三学社主要以科学技术界高、中级知识分子为主，而知识分子历来是社会发展不可或缺的中坚力量。在这方面，邓稼先、朱红光等九三前辈为我们树立了很好的榜样。

作为九三社员，我们在踏实干好本职工作的同时，还应用科学的眼光和善于发现问题的态度积极践行参政党职能；我们应牢固树立“参政为民”的意识，多渠道、多元化地收集社情民意，用务实的态度履行好参政议政的职能；同时还应创新民主监督的职能，多角度参与国家建设，开拓政治协商的方式和手段。

（三）坚定以民主和科学为核心的价值观

在信息技术飞速发展的现代社会，人们的思想观念和价值观都在发生巨大的变化，社会也在滋生着落后甚至是腐朽的价值观，作为社会中素质相对较高的群体，九三社员应保持真我，以民主与科学精神为指向，即牢牢保持九三的重要特色：不唯上，不唯权，坚持唯真唯实的价值观；实事求是，勇于创新，以批判和改革的态度，为社会进步、国家发展贡献自己的力量。

（作者李沛系九三学社湖南省衡阳市委会干部）

责任编辑：邹晶

弘扬民主与科学精神 在新时期做出新贡献

毕昌胜

九三学社成立宣言里明确指出，要继承和发扬“五四”精神，为民主与科学之实现而奋斗。自此之后，民主与科学成为九三学社的旗帜，指引一代又一代九三人前赴后继，向着光明的未来奋勇前行。光阴荏苒，历史的车轮进入21世纪，我们的国家面貌发生了天翻地覆的变化，九三学社也顺利实现新老交替和政治交接。作为九三人，我们需要思考，在新时期新形势下，民主与科学精神是否还有价值，我们又该如何践行、如何作为。

一、民主与科学在近代中国的历程

严格来说，民主与科学是近代才姗姗来到中国。虽然在中国漫长的历史发展长河中，民主与科学的思想时有闪现，也有一些尝试，但基本上是零打碎敲，不成体系。正是五四运动作为中国新文化运动和启蒙运动的发端，将民主与科学这两位在西方备受推崇并做出杰出贡献的先生请进了中国。从此，中国的思想界发生了激烈的碰撞，迸发了前所未有的思想火花。

鸦片战争打开了中国的国门，中国被迫放眼世界；甲午战争的惨败标志以李鸿章为首的洋务运动彻底失败，表明在封建专制制度下推进近代化根本行不通。在西方列强的枪炮威逼之下，中国对外签订了一个又一个丧权辱国的不平等条约。变革的呼声越来越高，先后进行了戊戌变法、“宪政”改革、辛亥革命，虽然最终推翻了长达数千年的专制政体，但并未夯实建立民主共和国的基础。

真正在中国大地上燃起民主与科学思想火花的当属1919年爆发的五四运动。在这场史无前例的新文化运动中，陈独秀等一大批仁人志士，高举民主与科学的大旗，横扫一切封建专制文化残余，为中国的未来探寻希望之路。陈独秀在1919年1月发表的《本志罪案之答辩书》一文中说："这几条罪案，本社同人当然直认不讳。但是追本溯源，本社同人本来无罪，只因为拥护那德谟克拉西（democracy）和赛因斯（science）两位先生，才犯了这几条滔天的大罪。要拥护那德先生，便不得不反对孔教、礼法、贞洁、旧伦理、旧政治。要拥护那赛先生，便不得不反对旧艺术、旧宗教。要拥护德先生又要拥护赛先生，便不得不反对旧国粹和旧文学。"他明确宣言："我们现在认定只有这两位先生，可以救治中国政治上、道德上、学术上、思想上一切的黑暗。"自此，德先生与赛先生，即民主与科学，真正来到了中国。

中国从"师夷长技以制夷"到"中体西用"，从自由、平等、博爱到民主和科学的正式传入，其过程之艰难、之曲折让人动容。

二、民主与科学在当代中国的意义

在中国共产党的领导下，中国人民推翻了三座大山，走上了社会主义道路。特别是改革开放三十多年来，中国的各项事业都取得辉煌成就。民主与科学精神于当代中国的意义何在？对此问题的深刻认识，无疑有助于我们坚定信念，振作精神，众志成城，在全面建成小康社会的伟大征程中再立新功。

（一）解放思想的有力武器

民主与科学作为五四精神的集中体现，是近代中国孜孜以求的目标；作为一种先进的思想方法和政治原则，在荡涤旧思想和旧文化的斗争中发挥了极其重要的作用。

中国经历了漫长的封建社会，积淀了大量封建残余思想，除了根深蒂固的等级观念、官本位，还有许许多多亟须打破的枷锁，例如固步自封、官僚专制、迷信愚昧、人治等等；弄虚作假和形式主义盛行，反科学、伪科学的活动频频发生，这些无不严重阻碍了社会进步。解放思想、实现启蒙教育的任务远未完成，依然是我们这一代知识分子应尽的责任。

新中国成立后，社会主义事业取得了丰硕成果，但也并非一帆风顺。20世纪50年代后期，接连出现一系列严重违反民主与科学精神的事件，如1957年的“反右”和1958年的“大跃进”，不仅极大地阻碍经济建设的发展，更使国人丧失应有的理性和判断能力，整个中国滑向危险的边缘。党内民主和社会民主遭到严重破坏，个人崇拜登峰造极，一言堂大行其道，本本主义和教条主义盛行，“人有多大胆，地有多大产”的谬论成为主流声音，这些都使本已相当脆弱的民主与科学的基础更加岌岌可危。更遑论紧随其后的十年“文革”浩劫，更对中华民族造成了深重灾难，经济遭受重创，刚刚步入正轨的国家政治制度几近崩溃，民主法治不彰，科学精神殆尽，中国再一次走到了重大的历史关头。

改革开放初期所做的最重要的工作之一，就是开展声势浩大且收效显著的解放思想运动。通过实践是检验真理的唯一标准的大讨论，全国人民重新统一了思想，树立了实事求是的良好风气。在改革开放三十多年后的今天，民主与科学仍然是我们解放思想的有力武器。我们不仅要满足人民日益增长的物质和文化需求，还要更多地弘扬民主和科学精神，同专制愚昧等一切反民主反科学的行为做坚决斗争。

（二）实现中华民族伟大复兴的必由之路

实现中华民族的伟大复兴是几代中国人的梦想，民主与科学就是实现这一伟大目标的必由之路。

民主是一个社会发展到高级阶段的政治形态，是截至目前人类文明的最高级的社会方式。现在全世界绝大多数国家都建立了程度不同的民主制度，中国也不例外。中国共产党的领导人多次强调，民主是社会主义的生命，我们要建立的是人民当家做主的人民民主国家。为了建立适应中国国情的民主制度，中国共产党和全国人民一直在探索中前进。宪法将全国人民代表大会制度确立为我国的根本政治制度，将中国共产党领导的多党合作和政治协商制度定为我国基本政治制度。除了广泛开展党内民主和基层民主并尝试基层直接选举外，我国还在健全社会主义协商民主制度方面做出了积极探索，民主政治氛围逐步形成，广大人民群众越来越多地参与到民主政治活动中。

相对于民主，科学精神在中国尤其缺乏。邓小平曾经指出，科学技术是第一生产力，表明中国共产党人对科学技术有了崭新的认识。我们过去习惯于已有的安逸的生活方式，害怕创新和变革，更缺少追求科学真理的勇气和实践。久而久之，中国的科学技术大大落后于西方国家。现在，我们虽然经过几十年的努力，科技实力大为增强，但与发达国家相比，我们的科技水平还不高，国民的科学素质还有很大的提升空间。振兴中华，需要我们发扬科学精神，即实事求是的精神，求真务实的精神，不唯上，不唯书，坚持真理，在创新中求发展，促进社会全面进步。

三、在新时期做出新贡献

民主与科学作为人类的共同财富，对推动世界文明发展做出了不可磨灭的贡献，在中国的历史发展进程中也发挥了重要作用。从五四运动开始，民主与科学在中国几经起伏，命运多舛，但最终得到了全国人民的真诚拥护，成为执政党的执政理念，从而推动了中国社会主义事业的蓬勃发展。

在新的历史时期，继续弘扬民主与科学精神，已成为时代的需要。作为参政党，我们应该在完善中国共产党领导的多党合作和政治协商制度方面做出更积极的努力。我们被法律赋予参政议政、民主监督等职责，就应该当仁不让，勇于担当，通过各种渠道，采用各种有效方式，积极建言献策，反映社情民意，与执政党同心协力，完善各种政治制度，促进社会和谐发展。

九三学社的成员大多来自科技界，对科学有更深的体会。我们不仅要服务社会，让科学技术创造更大的生产力，造福人民，而且要让科学精神在更广的领域和更深的层次被更多的民众理解和接受。传播和弘扬科学精神，是我们应尽的职责。

民主与科学相辅相成。不讲民主，就谈不上科学，贯彻落实科学发展观需要民主政治做保证；民主需要科学化，只有坚持科学精神，才能真正推进民主。我们应该坚持民主与科学双轮驱动，坚持实事求是的原则，不断探索，促进民主建设，推动民主的法律化、制度化，勇于践行科学思想、科学方法和科学精神，为实现中华民族的伟大复兴做出新的贡献。

民主与科学精神已然成为中国迈向新的伟大目标的不竭动力，我们九三人将作为这一精神的守护者和弘扬者，披荆斩棘，奋勇向前。

（作者毕昌胜系广东省珠海市宇扬翻译咨询服务有限公司总经理）

责任编辑：张博燕

论新时期的民主与科学

黄元丁

五四运动至今，知识界人士凡论及社会之进步与发展，必提到两位“先生”——“德先生（democracy）”和“赛先生（science）”。这两位“先生”是在将近100年前、由陈独秀经《新青年》杂志创刊号所发表的《敬告青年》一文首次隆重“邀请”到中国来的。那时的旧中国，虽然经由孙中山先生建立了形式上的资本主义国家，但仍摆脱不了半封建半殖民地社会的印记。面临民族危亡的艰难时刻，面对积重难返的社会危机，中国的先进分子从西方列强和东方的社会主义革命中，苦苦求索改造社会、拯救民族的济世良方。最终，两位“先生”在1915年漂洋过海受邀来到中国，成为新文化运动中思想解放运动的两面大旗——民主、科学。

陈独秀曾指出：“近代欧洲之所以优越他族者，科学之兴，其功不在人权说下，若舟车之有两轮焉。”如果把中华民族比作一架古老的龙舟，那么民主和科学则好比是推动它逆流而上的巨桨。在近百年来的民族复兴运动中，无数仁人志士手握着这两叶巨桨，向着封建制度和愚昧落后的思想发起攻击，前赴后继才重新将中华民族推到了历史舞台的中央。经历了旧民主主义革命时期、新民主主义革命时期、社会主义国家建设初期和中国特色社会主义建设时期的百年洗礼，“德先生”和“赛先生”不仅没有“作古”，反而愈发显示出“他们”的强大生命力和光辉价值。

在新的历史时期下，中华民族正面临着史无前例的挑战与机遇，执政党和各民主党派应当牢牢紧握两面大旗，在继承五四时期光荣传统的同时，站在新的历史高度上重新审视民主与科学的内涵和外延，并赋予它们以新的历史含义。概而论之，当今我们所追求“民主”既不是五四时期的资产阶级民主，也不是新民主主义民主，而是更高类型的社会主义人民民主；当今我们所倡导的“科学”也已不仅仅局限于“科学思想”、“科学精神”，而是发展繁荣自然科学和社会科学，甚至整个科学文化。

在新的历史时期，我们应当从以下四个方面继续推进民主：

第一，在国家制度层面巩固民主建设成果。西方政治学认为，“民主是保护人类自由的一系列原则和行为方式，它是自由的体制化表现”；因此，也正如马克思主义所指出的——“民主是一种国家制度”。我国的人民代表大会制度和共产党领导的多党合作和政治协商制度具有鲜明的民主特征，是保障全体公民平等权益、并按照“少数服从多数原则”来共同管理国家事务的基本国策。在刚刚闭幕的十二届全国人大一次会议上，全体代表共提出建议 7569 条，议案 401 件，不仅充分表现出全国人大代表发扬民主精神、积极建言献策的高涨热情，也有力证明了人民代表大会制度的蓬勃活力。因此，在新的历史时期下，我们绝不能照搬西方民主那一套，绝不搞多党制和轮流坐庄，而要坚定信心继续坚持和完善这两项民主制度。在此基础上，我们还要按照十八大报告的要求，把社会主义协商民主制度建设作为未来中国政治体制改革和政治建设的重要内容，把政治协商彻底贯穿到国家政权机关、政协组织和党派团体中去，使政治协商嵌入整个政治体系。

第二，以执政党内部民主建设推动基层民主。执政党的党内民主对社会主义人民民主具有重要的示范和带动作用。鉴于“文革”对党内民主的蔑视和破坏，邓小平在改革开放之初就大力倡导党内民主，他指出“党内要畅所欲言”，“党内斗争要有原则”。在中共十六大报告中，党内民主被强调为“党的生命”，更是被提到历史上从未有过的高度。十六大以来，中国共产党在完善党的代表大会制度和党的委员会制度方面，在市、县一级扩大党的代表大会常任制试点方面，在完善党委内部的议事和决策机制，进一步发挥党的委员会全体会议作用方面，在改革和完善党内选举制度方面，在建立和完善党内情况通报制度、情况反映制度和重大决策征求意见制度等方面，都进行了一系列广泛的探索和试点。以执政党的内部和谐带动社会和谐，以执政党的党内民主推动基层民主，已成为新时期人民民主建设的重要课题。

第三，切实保障人民的民主权利。在现代民主和法治国家，民主权利是公民基本权利的重要组成部分，而公民民主权利的内容则是人民主权的具体表现，保障人民民主权利是国家确认和践行人民主权原则的必然要求。在新的历史时期，中国社会的市场化改革和经济发展日新月异，但同时也引发了越来越强烈的个人意识觉醒，公民维权此起彼伏。因此，在切实保障了宪法中所规定的公民享有的一切权利基础上，还要不断丰富公民民主权利的内容，拓展民主权利的范围，创新民主权利的实现形式，完善民主权利的保障制度，这已成为目前我国在政治发展、法治建设和人权保障中面临的重要历史任务。

第四，以法制建设推动国家的法治民主。民主属于国家权利最终归属的范畴，而法治则是国家治理方式的范畴。民主不是不可能产生专制，法治也不一定诞生民主。所以，民主与法治并非天然统一，但在一定条件下却也可以融合为一体，而这正是现代法治所追求的目标。2009 年，中共十五大提出“依法治国，建设社会主义法治国家”的目标，标志着中国从“人治”到“法治”的历史转变。从根本上说，法治是民主的基础和保障，离开了法治，便没有真正的民主，民主不过成了虚假骗人的幌子。法治是对以各种特权为基础的人治的否定，它以平等公正为原则，有效地消除了社会特权，既维护了人民大众的权益，也保障了每个人的基本权益，确保了人民当家做主、社会稳定和谐。对于正处在走向民主和法治的中国现代社会来说，只有坚持用法制保障民主，使民主制度化、法律化，才能更好地保障人民的民主权益。

此外，在新的历史时期，我们还应当从以下两个方面继续推进科学：

第一，依靠科学技术创新推动国家战略发展。当前，国家之间的竞争实质上是以经济科技实力为基础的综合国力的较量。能否在科技发展上取得优势，增强经济、科技为基础的综合国力，将最终决定这个国家在国际上的地位。事实上，国际竞争归根到底是科技和人才的竞争。1995 年，中共中央、国务院发布了《中共中央、国务院关于加强科学技术进步的决定》，首次正式提出实施科教兴国发展战略。同年，中共十四届五中全会在关于国民经济和社会发展“九五”计划和 2010 年远景目标的建议中把实施科教兴国战略列为今后 15 年直至整个 21 世纪加速中国社会主义现代化建设的重要方针之一。1996 年，全国人大八届四次会议正式将科教兴国定为基本国策，截至 2013 年，科教兴国战略已实施了 17 年。

然而，尽管我们在航空航天、军事科技、大型制造业方面取得了辉煌的成果，奠定了21世纪中国的世界大国地位，但在许多基础科学和精工制造业方面，我们仍与世界先进国家有一定的距离。面对差距，摆在我们前面的道路只有一条，那就是从教育入手扩大创新型人才的培养，从制度入手保障创新型企业的可持续发展。

第二，以科学发展观建设中国特色社会主义。科学有两个范畴，一个是自然科学领域，一个是社会人文科学领域。这两个方面犹如鸟儿的两个翅膀，缺一不可。如果说国家经济发展主要靠自然科学技术的话，那么国家社会治理则必须依赖于社会人文科学的指导。2003年，中国共产党正式提出“科学发展观”这一重大战略思想，即“坚持以人为本，树立全面、协调、可持续的发展观，促进经济社会和人的全面发展”。中共第十七次全国代表大会上，科学发展观又被写入中共党章，成为执政党的主要指导思想之一。这一理念的提出是历史的创举，但现实与目标仍然有一定的差距，在经济发展中各级部门都需要进一步贯彻这一思路，着眼于经济社会和生态环境的双赢，真正实现“美丽中国”的梦想。

综上所述，新的历史时期，我们更要继承和发扬五四运动的光荣传统，在中国特色社会主义民主和科学的发展道路上，以众人的智慧创造民族更美好的未来。

（作者黄元丁系重庆市医科大学附属口腔医院种植科主任）

责任编辑：邹晶

对弘扬民主科学精神与建设创新型国家的思考

彭靖里　邹　凡

“民主与科学”是由五四新文化运动发起人陈独秀、李大钊、鲁迅、胡适等在国家主权遭受宰割、民族存亡危在旦夕之际而积极倡导的一个重要政治口号。它冲破了封建思想的藩篱，将民主与科学精神作为近代新文化的核心观念或基本价值加以追求和崇尚，不仅体现了民主与科学的旗帜性意义，也体现在对民主与科学精神的深刻认识和理解上，鼓舞了一代又一代青年挣脱封建思想的精神枷锁，投身于争取民族解放和国家进步的斗争中，掀开了中国思想文化史上崭新的一页。因此，民主与科学的口号对于中国人民的思想和文化进步起到了巨大的启蒙作用，最终成为反对封建主义文化的有力思想武器以及五四新文化运动最伟大的历史功绩之一，在推动中国近代化发展过程中功不可没。而许德珩、潘菽等九三学社的创始人也是那场伟大爱国运动的亲历者，在五四新文化运动中得到了全面的锻炼。

从五四运动以来的100多年间，特别是九三学社成立时，在成立宣言中就明确宣告：“本社同人，即本五四的精神为民主与科学之实现而努力，始终不懈。”从此无论社会环境如何变化，九三人始终秉承五四爱国精神，弘扬民主与科学光荣传统，为实现中华民族的伟大复兴而努力奋斗。例如解放战争时期，九三学社赞同中国共产党的各项政治主张，与中共团结合作，为争取新民主主义革命的胜利而斗争；1949年初，九三学社发表宣言，积极响应中共中央“五一口号”和毛泽东主席的八项和平主张，拥护召开新政治协商会议；1949年9月，九三学社代表参加了中国人民政治协商会议第一届全体会议，参与了《共同纲领》的制定、中央人民政府的组成和中华人民共和国的成立；新中国成立后，九三学社又以《共同纲领》作为自己的政治纲领。

自成立起，历代九三学社的前辈们将“民主与科学”视为九三的灵魂，高举民主与科学的伟大旗帜，始终把大力弘扬、发扬光大民主与科学精神作为九三学社发展的根本宗旨。改革开放以来，九三学社进一步继承弘扬民主与科学精神，为建设有中国特色社会主义事业，为国家振兴和民族富强做出了重要贡献。目前，我国正处在新的历史发展阶段，国际国内形势发生着深刻变化，在新形势下，九三学社又该如何进一步弘扬发展民主与科学精神？

从当前我国经济社会和科技发展中存在的突出矛盾和问题看，新时代民主与科学精神所体现的意义更加现实与清晰。比如：科学技术进步与国民经济建设和社会发展严重脱节的问题始终影响着中国社会的科学发展。一方面，随着科技投入的迅速增加，我国已经成为世界上拥有科研人员和公开发表科学论文数量最多的国家之一。但在国内众多产业尤其是高新技术产业的发展方面，由于企业普遍缺乏自主创新能力，重大关键技术仍然受制于西方发达国家，导致发展长期处于全球产业价值链的低端，严重制约了我国经济发展由外延扩大型向质量效益型转变的步伐。而另一方面，一些地方政府和官员过于急功近利，片面追求 GDP 和短期政绩，听不进不同的意见和建议，不惜违背客观规律，在发展中大搞脱离实际的“大跃进”，不仅使地方财政债台高筑，老百姓怨声载道，而且还给当地的生态环境和社会风气带来严重负面影响，使人民群众的长远利益受到不同程度侵害。上述种种现象都是和民主与科学精神背道而驰的。然而，要把我国真正建设成一个创新型国家，不仅需要加快科学发展与技术革新，更需要坚定不移地高举民主与科学的伟大旗帜，促进政治文明与社会进步。

特别需要指出的是，随着世界经济和科技发展一体化进程的不断加快，我们这样一个经济科技相对落后的发展中大国，不仅要面对来自欧美西方发达国家的竞争，还要面临其他发展中国家的追赶和挑战。因此，要保持我们目前来之不易的建设成果，就必须大力实施建设创新型国家的重大战略，即要处理好民主和科学精神与建设创新型国家的关系。正如邓小平所指出的，“没有民主就没有社会主义，就没有社会主义现代化”、“科学技术是第一生产力”。其实，九三历代领导人都对此有过类似的看法，例如早在改革开放之初，周培源主席就明确提出，要“弘扬民主科学精神，促进社会主义建设”；吴阶平主席也强调“兴国犹需民主与科学”。进入 21 世纪后，九三新一代领导人韩启德更是坚定不移地表明：“坚持九三学社民主与科学的传统，用民主与科学的精神凝聚人心。”那么，究竟如何实现这些目标和措施，笔者以为：首先，建设创新型国家所需要的民主既不是五四时期的资产阶级民主，也不是新民主主义的民主，而是在建设具有中国特色社会主义中人民群众当家做主的民主，靠的是中国共产党领导、人民当家做主和依法治国三者的统一，即提倡“不迷信、不盲从”，敢于怀疑、独立思考、勇于进取、敢于承担的负责任态度，并将其贯穿到社会各个方面，最终让坚持公开、平等、自由，与强权和独裁做不懈斗争的精神成为我们社会的普遍意识和价值观念。具体而言，我们要通过坚持和完善人民代表大会制度和共产党领导的多党合作和政治协商制度，以政体民主促进国体民主。同时，还要加强法制建设和建设法治国家，不断强化人民权力观念，切实保障宪法规定的公民享有的一切权力，坚持用法制保障民主，使民主制度化、法律化。

其次，建设创新型国家强调的科学应该是一种广义上的世界观和方法论，包括科学技术、科学思想、科学精神和科学观念，社会应该提倡一种“不唯上、不唯权、只唯实、只唯真”的价值观，坚持实事求是的理性精神，反对迷信、盲从和愚昧的传统糟粕。在弘扬科学的问题上，要坚持以人为本、全面协调可持续的科学发展观，坚持“发展要靠科学”和“发展必须是科学发展”的基本原则。

最后，民主与科学仍然是新时期九三学社的大旗和鲜明特色，作为主要从事科技工作的九三人要在实践中向邓稼先、朱红元、严济慈、茅以升、王选、吴阶平等九三知识分子前辈学习，始终坚持把民主与科学放在重要的位置，立足本职、报效国家，认真践行社会主义核心价值体系，在建设创新型国家中做出自己新的贡献。同时，还要积极参与国家政治生活，认真履行好参政议政、民主监督的职责，紧紧围绕经济建设这个中心，结合自己的业务专长，就教育、科技、经济建设等方面存在的问题进行深入调查研究，提出意见建议，从而继承和发扬五四优良传统，秉承忧患、担当、包容、改造的意识，立足于新时期的民主这片沃土，高举科学这面旗帜，更好地为社会服务，为中国科技事业发展和民主制度建设做出应有的贡献。

（作者彭靖里系云南省科技情报研究院副总工程师，
邹凡系云南省科技宣传教育中心副主任）

责任编辑：邹晶

九三学社内部监督机制建设应体现“民主与科学”精神

李　宏

从五四运动开始，九三学社的前辈们就一直秉承民主与科学的精神，特别是从重庆“民主科学座谈会”到如今拥有14万社员的参政党，“民主”与“科学”这两面旗帜就一直是九三学社的灵魂。只是不同时代，民主与科学有着不同的含义和诠释。

一、“民主与科学”的精神实质

对于整个国家来说，长期以来，很多人都把科学和民主看作是两个并行的、互不相关的概念，认为是两种改造世界的手段。科学往往被当作一种改造自然、发展经济、增强国家实力的工具；而民主则是一种改造政治、维护政权的手段。21世纪的今天，我们重新审视科学和民主关系时，应更清楚地认识到这两者是密切相关的，在本质上是一致的。科学和民主是实现国家兴盛、民族富强的两个必要前提，两者相互补充、相辅相成，具有统一的内在联系。科学的本质是民主的，民主是科学的精髓，没有民主，科学将无以立足和发展；但同时科学也促进民主的提高，科学精神的发展及科学技术对社会影响的不断深化和扩大，也使得民主的内涵有了科学的保证。

“五四运动”所倡导的民主与科学精神，是一种爱国主义的精神，更是一种革命的精神。“五四运动”集中体现了近代中国人民的爱国主义精神，并且给它注入了新的内涵。更重要的是，爱国主义与民主和科学精神相联系，爱国运动与思想启蒙运动有机地结合在一起，使爱国主义深化为对民主科学精神的追求，形成了那个时代的时代特色，给予后来的人们以深刻的启示。

五四时期所倡导的民主，并非仅仅指作为政治制度的民主，而是泛指民主观念和民主精神，是一种与封建伦理道德和专制制度相对立的精神。“法律上之平等人权，伦理上之独立人格，学术上之破除迷信，思想自由”，就是对五四时期民主含义的概括。作为五四新文化旗帜的科学，并不单指提倡自然科学的具体研究，而是提倡科学精神或科学思想。民主是专制主义的对立物，科学是蒙昧主义的对立物。主张自由平等和个性解放的民主精神与反对愚昧落后和迷信盲从的科学精神，在反对封建专制主义和蒙昧主义的目标下紧密地结合起来，成为五四时期反对封建主义的一面光辉的旗帜。

二、九三内部监督机制建设要体现民主科学精神

在新世纪、新的历史阶段，国际、国内形势都发生了深刻的变化：一是我们面临更加复杂的国际环境。世界形势风云变幻，尤其是进入新世纪以来，各种西化思维、反共思潮、台独、藏独等蓄意分裂国家行为无时无刻不在影响着甚至威胁着国家的安全。二是社会价值观趋于多元化。改革开放 30 多年来，多元化的社会价值得到承认，现实社会的各种思想观念、道德观念、生活方式和价值取向发生了根本的变化，其中也包括一些负面的、不良的因素。

中共十六届五中全会以来，党中央适时提出了建设和谐社会的构想，而社会的和谐首先就要求各个阶层的全体公民能够充分、自由地表达其利益诉求。此外，民主协商、民主监督、民主决策等一系列民主制度也被逐步建立和完善，这充分体现了中央政府维护社会最广大人民群众根本利益的决心和信心，这些举措都将化解社会各种矛盾，真正实现建设和谐社会的目标。

面对新的形势，九三学社作为参政党要与时俱进，加强自身建设，规范和完善参政党内部监督体系、机制。随着我国社会主义民主政治进程的加快，共产党领导的多党合作和政治协商制度的发展和完善，我社自身建设也应整体推进，而内部监督就是一种很好的途径。我们必须依照有关法律和自身章程开展内部监督，应按照社章和其他法规、制度的要求，对九三各级组织和成员，尤其是领导

干部的行为实施有效的监察和督促。而在这一过程中，民主与科学精神和宗旨应该是我们奉行的原则。具体包括：

（一）内部监督要体现民主性

在社内，健全内部监督机制一方面可以进一步推动我社工作制度化、规范化、程序化，另一方面也可保障社员的民主权利，维护社员的合法权益，并提高工作透明度和公信力，在社内做到“公众参与”，这也是进一步保持和发展九三学社作为参政党的进步性和广泛性的需要。另外，它也可以激励社员“内强素质”、“外塑形象”，进一步增强九三学社的凝聚力、战斗力和影响力。

如何做到？首先应确保社员的知情权，做到社务公开、政务公开，保证“权力在阳光下运作”；其次，要充分调动社员的积极性、主动性，提高社员的监督意识和水平，完善举报人和证人保护制度。同时，要将内部监督与法律监督、舆论监督、群众监督相联系，发挥系统效能，形成合力，从而对权力运行实行有效监督。

内部的监督应是专业监督和民主监督相结合，是由上而下和由下而上的双向监督，首先应设立自上而下的社内监察机构。这个监察机构应该是由社的代表大会民主选举产生，并对社的代表大会负责。

此外，监督授权和监督运作，包括监督的具体路径、方法、形式等，也是使社内监督能有序进行的重要条件，如上级监督下级的机制、下级监督上级的机制、平行监督的机制等。例如：建立上访制度、实行领导干部民主评议制度、完善各类公开办事制度、民主选举领导干部等。这些具体监督机制在结构和功能上相互联系、相辅相成。

（二）内部监督机制的建设要体现科学性

科学精神，本质是实事求是，从尊重客观规律和真实情况出发，来不得半点虚假。它要求各项决策必须以可靠的科学研究为基础，要有严格、缜密的科学论证，而不是盲目决策。党中央最近提出，要提高全社会自主创新能力，就是充分体现了科学精神的这一内涵。

我国改革发展仍处于攻坚克难的关键时期，共产党领导的多党合作环境发生了重大变化，面对新形势，作为执政党亲密的挚友参政党，提高自身参政能力与提高共产党的执政能力同样重要、同样迫在眉睫。九三学社作为参政党，在履职尽责的工作体制、机制和工作方式方面还存在与新形势、新任务不相适应的地方。因此，建立和完善内部监督机制的建设就要体现科学性，必须建立切实有效的监督机制。

因此，参政党内部监督体现科学性就是要从实际出发，建立整套科学的、完善的、系统的适合参政党的党内监督制度和专门的监督机构。另外，还应该健全一套监督检查的刚性的保障制度。使监督权的运用渠道畅通，独立行使监督权确有保障，也使监督权的行使有规可依、有据可凭，达到切实有效。这就需要在条件成熟时制定《内部监督条例》，建立整套科学的、完善的、系统的适合参政党的社内监督制度，从内容、形式和方法等方面做出明确具体的条文规定，以社内法规的形式颁布执行，彻底厘清一些模糊认识和不规范做法；要有效防止因监督主客体的个人原因或外在因素干扰而导致监督的主观随意性，以确保监督的严肃性。

我们要从本社的实际情况出发，结合新时期形势发展的需要，坚持继承和发扬“民主与科学”精神，坚持民主与科学性，做到权力配置科学、界限明确、行使依法、运行公开，把制约和监督权力落实到权力结构和运行机制的各个环节，逐步推进权力在阳光下运行，建立一套行之有效、运行成本相对较低的动态的内部监督机制。体现“民主与科学”精神所构建的这一套自身免疫系统，将使九三学社保持旺盛的生命力。

（作者李宏系九三学社云南省委会副巡视员）

责任编辑：邹晶

后 记

民主、科学是九三学社的创社动机与立社宗旨，是九三学社从成立到现在始终坚守的精神旗帜。为了在新的历史时期，更好地继承爱国、民主、科学优良传统，在理性上深刻认识民主与科学对我社自身建设和履职工作的重要引领作用，2013 年，九三学社中央宣传部与九三学社中央思想建设研究中心联合开展了“九三学社民主与科学研讨会”论文征集活动。这次活动得到广大社员的积极响应和热情参与，共收到征文 148 篇。我们从中收录 67 篇征文，编辑了《九三学社民主与科学专题论文集》一书，由学苑出版社出版发行。

本书按照理论、历史、实践等三个篇章分类，并按作者所在地区的行政区划排列。

参与本书编辑的同志有：彭官章、李海彬、郑晓东、邹晶、张源、张博燕。

由于编者水平有限，疏漏与差错在所难免，敬请读者见谅并指正。本书的编辑出版得到了社中央丛斌副主席的亲切关怀以及学苑出版社的大力支持，在此表示衷心感谢！

编 者

2014 年 3 月